村落体系空间形态变迁
村落内部空间形态要素轴、核、架、群、界、结构变迁
宅院空间形态规模、建筑、院落、过渡空间、结构变迁

The changes of space form of village system
The changes of axis, core, frame, group, boundary and structure
The changes of space form scale, architecture, courtyard,
transition space and structure of house

关中乡村聚落空间形态百年变迁研究

Study of the Space Form Changes of Guanzhong Rural Settlements in One Hundred Years

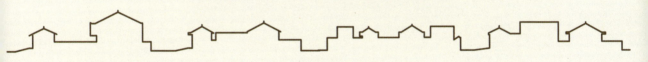

王晓静

杨丹 李宣霖 许懿

著

"十三五"重点研发计划
"特色村镇保护与改造规划技术研究"项目（2019YFD1100700）
陕西重点产业创新链（群）重点研发计划
"乡村既有民居建筑绿色宜居功能品质提升关键技术与应用"项目（2020ZDLNY06-01）
资助

图书在版编目（CIP）数据

关中乡村聚落空间形态百年变迁研究 = Study of the Space Form Changes of Guanzhong Rural Settlements in One Hundred Years / 王晓静等著. -- 北京：中国建筑工业出版社，2022.4
ISBN 978-7-112-27217-4

Ⅰ. ①关… Ⅱ. ①王… Ⅲ. ①乡村地理—聚落地理—研究—关中 Ⅳ. ①K928.5

中国版本图书馆CIP数据核字（2022）第043832号

本书通过对关中典型乡村空间形态变迁特点的分析，提出传统乡村发展变迁中的共性与个性，总结出关中乡村聚落空间形态的百年变迁模式，包括村落体系空间形态变迁、村落内部空间形态要素轴、核、架、群、界、结构变迁和宅院空间形态规模、建筑、院落、过渡空间、结构变迁。对空间形态变迁动力系统做了定性研究，并提出乡村价值复兴、空间形态优化的办法和策略。本书适用于建筑、民居、聚落等专业的从业者和在校师生，以及相关政府机构人员阅读参考。

责任编辑：张 华 唐 旭
责任校对：李欣慰

关中乡村聚落空间形态百年变迁研究
Study of the Space Form Changes of Guanzhong Rural Settlements in One Hundred Years
王晓静 杨丹 李宣霖 许懿 著
*
中国建筑工业出版社出版、发行（北京海淀三里河路9号）
各地新华书店、建筑书店经销
临西县阅读时光印刷有限公司印刷
*
开本：787毫米×1092毫米 1/16 印张：16 字数：413千字
2022年5月第一版 2022年5月第一次印刷
定价：158.00元
ISBN 978-7-112-27217-4
（38642）

版权所有 翻印必究
如有印装质量问题，可寄本社图书出版中心退换
（邮政编码 100037）

序言

  建筑学是研究建筑及其环境的学科。有关"建筑"的概念，我们接受了西方文化的影响并在此基础上构建了国内的专业教育体系。我国的建筑学人便是在此概念及教育体系下一代一代地被培养成专业人才，从事着国家的建设事业。本人1978年进行建筑学专业学习前的十八年完全是在乡村小镇度过的，进入城市，周遭环境及建筑的变化带来的不适应与专业学习思考的脱节是巨大的。后来回想，那种不适感主要是对"建筑"认知的巨大反差所致。虽在后续的海外留学及欧美城市的建筑考察中体悟了这些差异，并对自己所从事的建筑教育有了强烈的反思，更多的是引发了对自己及所带团队的学术研究的思考与实践。

  机缘所致，我个人硕博期间的课题均为教育建筑的研究，所承担的五项国家自然科学基金均围绕教育建筑空间环境的品质提升进行研究，亦在该领域得到了学界认可。然而从教40年间，无论个人研究、指导硕博研究生论文还是带领学术团队，半数以上的精力均致力于乡村居住建筑研究。特别是在1984年参与了中日联合"60人传统民居共同研究团"（标志性的成果为"党家村"）之后，对"建筑"的理解为之一新，引发出深藏在内心、自幼形成的住居认识，这些经历促使我重新思考在建筑教育中被灌输，又倾囊相授给了学生的"建筑"概念。近20年间，国家战略发展逐渐由城市建设转入乡村营建，众多学术团队及城市建筑设计师陆续进入乡建领域。这期间涌现了各式各样的乡村实践案例，众多项目成果"不约而同"地、不同程度地表现出了城市建筑设计的痕迹。这样下来，乡村越来越像城市，却越来越没有其本质的韧性。这时常让本人及团队反思项目与其设计者的生活经历、教育背景的关系及其投身乡村建设理念的偏差。在团队的反思与探究下，逐步形成从理念着手，探讨乡村建设的有效方法及路径，着眼因什么而建、为谁而建、由谁承担建设成本及由谁反馈考评体系等思考重点及研究方向。

  在这样的研究与学术背景下，自我开始指导学生研究后，就一直在物色理念相近、具有长期乡居经历、且致力于乡村建设研究的硕博研究生，以期不计名利地共同研究反馈乡众。本书作者王晓静就是弟子中适宜的人选之一。2019年本人有幸承担科技部的"十三五"重点研发计划"特色村镇保护与改造规划技术研究"项目（2019YFD1100700）合作课题，王晓静、杨丹等学生作为课题核心成员，在项目负责人段进院士带领及项目大平台全力支持下，研究推进有了显著提升。本书是课题研究的重要内容之一，亦是团队基于目标研究的基础性及阶段性研究成果。

  本书以关中平原乡村聚落空间形态从民国时期至现阶段的演变作为主要内容，以自上而下和自下而上的双重视角从土地制度、政策经济、生产方式、生活方式四个方面探讨空间形态的变迁特征、规律和机制，发现关中乡村聚落空间的形成与变迁受多方因素共同制约与引导，形式与功能仅是作用结果并非主动因素，不同时代、不同背景下总蕴含着乡村经济韧性、社会韧性、生态韧性的客观辩证思维。这与城市设计有着本源性的差异。

  出版该书，供与同行交流，既希望在内容上能加强设计人员、乡建工作者对乡村的理解和认知，亦希望在研究方法上对乡村规划设计工作具有借鉴价值。

2022 年 5 月 28 日于西安

前言

回首人生历程,孩时的乡村生活、劳作的场景与长大后进入城市的学习、工作场景总在脑海里叠合。时常在从老家到单位的 40 分钟车程中思考个人成长的意义,其中最大的改变是自己在地理空间上 60 公里的物理距离,生活背景由乡村转换到城市,生产对象由广阔田野转变成一张办公桌,居住环境由熟人社会的乡村空间转变为单栋建筑的某间房。最后发现,不管何时何地,自己一直都在留恋着乡村的那份亲切和宁静。同时也在思考:个人能够凭借努力离开乡村,而离开后的那个村庄呢?

事物发展总遵循其客观发展规律。这些没有任何产业、景观优势的村落,只能在岁月中静静地老去、消亡。然而这样普通的村落在关中平原上还有千千万万个,正是普通的它们养育出千万质朴的关中子民;正是普通的它们代表着关中灿烂真实的农耕文化。在资本和市场为主流的时代,这些微小的村落难道真逃不掉在平凡中没落的宿命?带着思考,笔者及团队在导师——西安建筑科技大学李志民教授的指导下开始了"关中乡村聚落空间形态百年变迁"的研究。

自 2005 年我国推进社会主义新农村建设,乡村聚落发生着前所未有的巨变。乡村政策与制度的不完善以及城乡势差导致乡村产业落后、文化失语、空间混乱等问题显著。但由于各界对乡村的认知广泛流于表面,针对乡村空间建设问题,专业人员往往打着"美丽乡村建设""乡村人居环境整治"的旗号盲目运用城市建设的方法于乡村之中,严重脱离乡村语境,违背其人居环境的在地性与复杂性,并未成功推动乡村社会与空间环境的良性发展。2021 年国家全面推进乡村振兴,乡村聚落将继续大规模重构、更新。笔者深刻意识到探讨乡村适宜性发展之道的必要前提应是科学认知乡村建设语境,解析乡村聚落空间背后的形成规律与机理,在此基础上对乡村聚落空间发展趋势提出预判参考,这也是本书研究的初衷。

乡村空间形态是国家、社会、个体各方面长年累月作用的结果,且无论聚落与建筑性质、形态、结构还是规模，总是处于不断地演变和发展之中。本书以关中乡村聚落为研究对象，运用建筑学、社会学等学科理论方法，截取民国至当下（1912~2015年）激烈变化的百年为时间跨度，选取薛录村为重点调研对象，北党村、六营村为辅助调研对象，自上而下以土地制度为首的政策与制度和自下而上以生产与生活活动事件为村落空间形态的双向影响主线，解读乡村典型空间问题源起，寻求村落变迁机制和空间形态变迁模式。

根据土地制度和生产生活方式变迁特征，研究将百年变迁分为民国时期（1912~1949年）、农业合作化至人民公社时期（1950~1983年）、改革开放初期（1984~2001年）和现阶段（2002~2015年）四个阶段。土地制度部分展开耕地与宅基地制度下的村落空间变迁研究。生产部分展开农业副业生产力、生产关系、生产情况、投入产出、产业结构下的空间变迁研究。生活部分展开日常生活、春节、婚嫁、丧葬和庙会事件下的空间变迁研究。

研究成果包括以下三部分：

第一部分：以薛录村为例，解读乡村体系快速变化、村落内部空间结构混乱、宅院空间空废问题源起。村落体系快速变化由城乡关系决定。村落内部空间由政策与制度定义功能、管理力量组织骨架、生产生活调节形态。当前村落管理力量薄弱，生产析出，依托于传统农业生产建立的乡村生活秩序破裂，村落内部空间缺乏科学规划引导出现结构混乱。宅院建设由土地制度控制总开关，经济增长作为推动力，改革开放后住房需求从物质满足向心理追求转变，理性建设变为非理性。

第二部分：综合薛录村、北党村、六营村变迁规律总结出空间变迁作用力分为外扩力和内聚力。外扩力包括城乡关系、政策与制度、市场经济、乡村生产、对外交通和子嗣传承。内聚力包括自然因素、安防、集体文化和人生信仰。民国时期、农业合作化至人民公社时期、改革开放初期和现阶段四个阶段。四个变迁阶段主驱动力分别为以自然因素为首的传统内聚力、政策与制度、乡村生产和城镇化建设（城乡关系）。纵观百年发展，国家政策与制度是村落面对整合重构的关键驱动力，乡村生产结构是村落功能转型或升级的着力点，而平衡城镇化建设过程中的村民物质需求和乡土文化需求则是改善村落人居环境的关键所在。

第三部分：综合薛录村、北党村、六营村变迁规律总结出关中村落空间形态变迁模式分为村落体系、村落内部空间和宅院空间三个层级：（1）村落体系趋于复杂化与体系化，经历散点、团状、树状、网状结构变迁模式。（2）村落内部空间形态变迁包括自然村整合和自然村"轴、核、架、群、界、结构"内部更新模式。（3）宅院空间经历基本完成数量建设，亟须质量建设转变，包括指标、建筑、院落、过渡空间、结构变迁各种模式。

最后，基于结论本书尝试对关中乡村聚落"力动体"和空间形态优化策略提出几点拙见，以期为乡村建设提供思路和方法参考。

本书从选题到出书全过程得到了李志民教授的大力指导和帮助，在田野调查、数据分析、撰写出版中得到了研究所杨丹同学的鼎力协助以及李宣霖、许懿同学的补充与修正，同时研究取得的较好成果也与团队韩明、史锦东同学的帮助分不开，在此向各位一一表示深切感谢。

2022 年 2 月 6 日于西安

目 录

第1章 绪论　　002
1.1 课题的提出 ———————————————————————— 003
1.2 相关概念 —————————————————————————— 006
1.3 相关理论研究现状 ————————————————————— 009
1.4 研究对象与内容 —————————————————————— 016
1.5 研究方法与技术路线 ———————————————————— 017

第2章 关中乡村聚落发展概况及特征分析　　020
2.1 关中乡村发展历程 ————————————————————— 021
2.2 关中乡村聚落特征分析 ——————————————————— 027
2.3 关中乡村典型案例选取 ——————————————————— 035
2.4 本章小结 —————————————————————————— 037

第3章 土地制度下的薛录村空间形态百年变迁　　038
3.1 历史阶段与时间切片选取 —————————————————— 039
3.2 现阶段（2002~2015年）空间形态 —————————————— 039
3.3 民国时期（1912~1949年）空间形态 ————————————— 057
3.4 农业合作化时期（1950~1958年）空间形态 ——————————— 062
3.5 人民公社时期（1958~1983年）空间形态 ——————————— 069
3.6 改革开放初期（1984~2001年）空间形态 ——————————— 077
3.7 调研总结 —————————————————————————— 093
3.8 本章小结 —————————————————————————— 101

第 4 章　生产活动下的薛录村空间形态百年变迁　　**104**

4.1　历史阶段划分 ———————————————————————— 105
4.2　民国时期（1912~1949 年）————————————————————— 105
4.3　农业合作化至人民公社时期（1950~1983 年）————————————— 109
4.4　改革开放初期（1984~2001 年）——————————————————— 112
4.5　现阶段（2002~2015 年）—————————————————————— 114
4.6　调研总结 ————————————————————————————— 119
4.7　本章小结 ————————————————————————————— 126

第 5 章　生活活动影响下的薛录村空间形态百年变迁　　**128**

5.1　历史阶段划分 ———————————————————————— 129
5.2　民国时期（1912~1949 年）————————————————————— 129
5.3　农业合作化至人民公社时期（1950~1983 年）—————————————134
5.4　改革开放初期（1984~2001 年）——————————————————— 137
5.5　现阶段（2002~2015 年）—————————————————————— 141
5.6　调研总结 ————————————————————————————— 150
5.7　本章小结 ————————————————————————————— 159

第 6 章　典型村落空间形态百年变迁综合分析　　**160**

6.1　薛录村空间形态百年变迁分析 ———————————————————— 161
6.2　北党村空间形态变迁分析 —————————————————————— 168
6.3　六营村空间形态分析 ———————————————————————— 182
6.4　重点调研村、辅助调研村综合分析 —————————————————— 189
6.5　本章小结 ————————————————————————————— 191

第 7 章 关中乡村聚落空间形态 "力动体" 作用机制研究　　192

7.1 "力动体" 体系 —— 193
7.2 外扩力及其作用 —— 193
7.3 内聚力及其作用 —— 198
7.4 驱动机制 —— 204
7.5 本章小结 —— 205

第 8 章 关中乡村聚落空间形态百年变迁模式研究　　206

8.1 乡村聚落体系空间变迁模式 —— 207
8.2 乡村聚落内部空间形态变迁模式 —— 208
8.3 乡村聚落宅院空间形态变迁模式 —— 214
8.4 本章小结 —— 221

第 9 章　结论　　222

9.1 主要结论 —— 223
9.2 研究展望 —— 225
9.3 项目实践 —— 232

参考文献

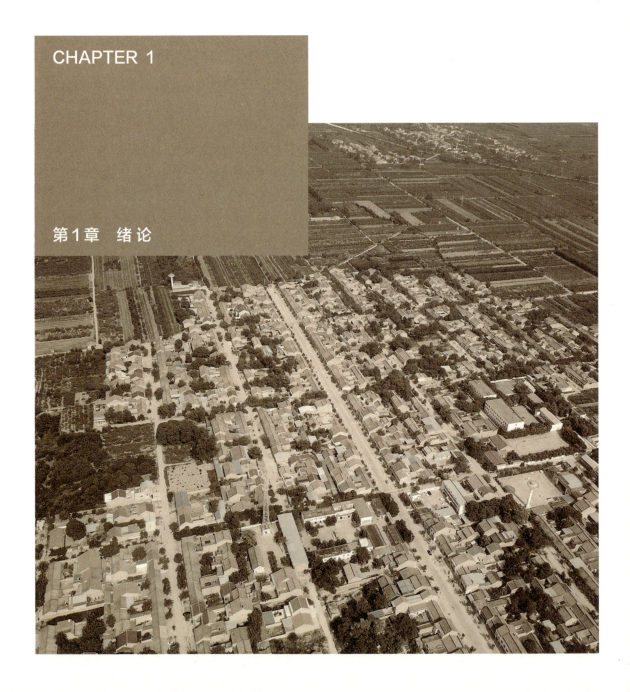

CHAPTER 1

第1章 绪 论

1.1 课题的提出

1.1.1 研究背景

从古至今，我国均是农业大国。21世纪的城镇化建设致使乡村已不再是原来意义上从事单纯个体农业生产的聚落，"农业、农村、农民"面临着新的问题与需求，国家对乡村的关注度越来越高，社会和学界对乡村建设的参与度也越来越广。

1. 新时期国家对乡村建设的重视

2005~2020年，中央连续十六年出台"一号文件"，聚焦解决"三农"问题，体现出国家对乡村给予了前所未有的重视。

1) 美丽乡村建设政策提出

2005年，党的十六届五中全会通过了《中共中央关于制定国民经济和社会发展第十一个五年规划的建议》，提出把社会主义新农村建设作为"十一五"经济社会发展的一个重大历史任务，提出"生产发展、生活宽裕、乡风文明、村容整洁、管理民主"的要求。

2006年，中共中央公布了《中共中央国务院关于推进社会主义新农村建设的若干意见》，文件中出现多个有关社会主义新农村建设的新提法。

2013年，党的十八大、十八届三中全会和中央城镇化工作会议、中央农村工作会议要求，持续贯彻城乡发展一体化要求，围绕人与自然和谐相处，以治理垃圾、污水为重点，以保障农村居民住房、饮水和出行安全为基本要求，统筹规划，因地制宜，全面开展村庄人居环境整治，持续推进功能提升、符合实际、富有特色的美丽乡村建设。美丽乡村建设承认乡村自身价值，明确乡村发展和城镇化是发展中的两极，不能相互替代，需要消除城乡壁垒，通过市场机制加强城乡之间的联系，最终实现在城乡一体化背景下乡村的生态、生产、生活协同大发展。

2015年，中央发布《美丽乡村建设指南》国家标准，规定了美丽乡村的村庄规划和建设及生态环境、经济发展、公共服务、乡风文明、基层组织、长效管理等建设要求。

2) 乡村振兴战略实施

2017年，党"十九大"报告指出，农业、农村、农民问题是关系国计民生的根本性问题，必须始终把解决好"三农"问题作为全党工作的重中之重，并实施乡村振兴战略。

2018年，中央一号文件《中共中央国务院关于实施乡村振兴战略的意见》指出，实施乡村振兴战略，是解决人民日益增长的美好生活需要和不平衡、不充分的发展之间矛盾的必然要求，是实现"两个一百年"奋斗目标的必然要求，是实现全体人民共同富裕的必然要求。文件从提升农业发展质量、推进乡村绿色发展、繁荣兴盛农村文化、构建乡村治理新体系、提高农村民生保障水平、打好精准脱贫攻坚战、强化乡村振兴制度性供给、强化乡村振兴人才支撑、强化乡村振兴投入保障、坚持和完善党对"三农"工作的领导等方面进行安排部署。到2020年，乡村振兴取得重要进展，制度框架和政策体系基本形成；到2035年，乡村振兴取得决定性进展，农业农村现代化基本实现；到2050年，乡村全面振兴，农业强、农村美、农民富全面实现。

2019年，中央一号文件《中共中央国务院关于坚持农业农村优先发展做好"三农"工作的若干意见》指出全面建成小康社会决胜期"三农"领域必须完成的硬任务，包括精准扶贫、夯实农业基础、推进乡村建设、深化农村改革、完善乡村治理机制等八个方面。

2020年，中央一号文件《中共中央国务院关于全面推进乡村振兴加快农业农村现代化的意见》对新发展阶段优先发展农业农村、全面推进乡村振兴做出总体部署，要求巩固拓展脱贫攻坚成果同乡村振兴的有效衔接、加快推进农业现代化、大力实施乡村建设行动、加强党对"三农"工作的全面领导。

3) 国家对重点村落的保护与发展

2020年，我国行政村数量总计约为69万个。面对量大面广的乡村现状，政府评选出为数不多的资源与价值突出，兼顾保护与发展的重点村落进行示范扶持，作为我国实现乡村建设的重要聚焦点。

2003年，建设部与国家文物局下发《中国历史文化名镇（名村）评选办法》（建村〔2003〕199号）规定，为弘扬传统民族文化，促进优秀传统建筑艺术的传承和延续，将保存文物特别丰富并具有重大历史价值或革命纪念意义、能够完整地反映一定历史时期的传统风貌和地方文化特色的村落评选为中国历史文化名镇（名村）。截至2018年12月，共计799个历史文化名镇名村被公布，累计六批。

2010年，住房和城乡建设部、国家旅游局下发《关于开展全国特色景观旅游名镇（村）示范工作的通知》（建村〔2009〕3号），要求各地发展全国特色景观旅游示范镇（村），即自然环境、田园景观、传统文化、民族特色、特色产业等特色明显、旅游资源丰富，并已形成具有一定的旅游规模、人居环境较好的村庄，通过示范镇（村）的带动，促进城乡交流，增加农民收入，促进农村经济社会全面发展和人居环境的改善。2010年公布第一批"全国特色景观旅游名镇（村）示范名单"，共105个。截至2015年8月共公布三批"全国特色景观旅游名镇（村）示范名单"，共计553个。

2012年，住房和城乡建设部、文化部、财政部下发《关于开展传统村落调查的通知》（建村〔2012〕58号），开始对全国传统村落进行摸底调查，成立了传统村落保护和发展专家委员会，制订了传统村落评价认定指标。定义传统村落是指拥有物质形态和非物质形态文化遗产，具有较高的历史、文化、科学、艺术、社会、经济价值的村落，被誉为中华民族的"DNA"。住房和城乡建设部表示，根据最新的摸底调查，传统村落现存数量仅占全国行政村总数的1.9%，自然村落的0.5%，有较高保护价值的剩下不到5000个。三个部委鼓励社会力量参与传统村落的保护发展，多渠道筹措保护发展资金，各地村庄整治等建设项目要向传统村落倾斜。截止到2019年6月，共评选出五批中国传统村落，数量达到6819个。

此外，国家和各地政府还陆续评选出美丽乡村、一村一品示范村、特色村镇、特色田园乡村等各类示范村镇，推动乡村振兴。

2. 城乡可持续发展新需求

1）城镇化加速期的乡村动态

2003年，我国城镇化率为40.53%；2019年年末，我国城镇化率达到60.6%[1]。二十年间，我国城镇化以1%/年左右的速度稳步增长，这深刻改变了我国城乡的经济、社会和空间格局。

城镇化意味着人口、土地等资源由乡村向城镇的集中过程。一方面，城镇化导致大量乡村人口由乡村向城镇转移或者转型，然而受城乡二元制的制约，在城乡空间之间缺乏有效的人口、土地等资源流动的途径；城镇规模不断扩张，建设用地不断增长，人多地少的国情决定了农业用地保护的重要性，两者之间的矛盾已经严重制约了区域的发展。在全国划定18亿亩保护红线的制约下，城乡发展陷进土地困局，在国家政策、市场经济等外力的作用下，乡村地区开始迅速推进聚落空间形态的整合与重构。另一方面，城市就业的推动与农业生产力陷入瓶颈导致农村劳动力大量涌入城市，进一步加重了原生乡村空心化，留守老人、留守儿童问题严重，乡村传统文化逐步瓦解。

2）乡村可持续发展需求

2020年，我国评选出历史文化名村、特色景观旅游名镇（村）、传统村落等重点村落累计仅约8000个。相对69万的基数，受国家重视保护和发展的村落如同沧海一粟。那么，其余乡村该如何开拓其发展道路？它们是大多数人的故乡。

中国经济增长和发展的"发动机"在城市，但中国现代化的"稳定器"和"蓄水池"在乡村。城市偏向的发展模式将会扭曲中国经济发展，乡村的发展是中国现代化道路的基础。"拉美经验"为我国工业化、城镇化发展提供了反例，揭示了城乡统筹发展的重要性。否则，随之而来的城乡发展不平衡极容易造成人口膨胀、城市失业、环境恶化等"过度城镇化"现象。

"尊重自然、顺应自然、天人合一的理念，依托现有山水脉络等独特风光，让城市融入大自然，让居民望得见山、看得见水、记得住乡愁"的目标描绘了未来聚落系统的美好图景。届时，乡村聚落的自然生态、设施网络、社会文化等方面均将得到充分提升，乡村聚落系统的人居环境价值得以充分体现，乡村聚落将逐步发展成为独具魅力和富有竞争力的新型家园。

3）乡村建设面临技术瓶颈

（1）相关理论薄弱

随着可持续发展观念深入乡村发展的各个层面，乡村人居环境研究的发展展现出更为丰富的内涵，与社会学、人文地理学等学科结合，产生了新的学科激发点。尤其是在中观和微观层面的基于可持续目标的乡村聚落空间研究均成为学科的热点。同时，学术界对典型村落演变及发展研究较多，而一般村落、非典型村落相关研究较为欠缺。

（2）当前乡村建设误区

陕政发〔2014〕14号文件《关于全面改善村庄人居环境持续推进美丽乡村建设的意见》对乡村发展给出了明确的引导意见：通过村庄规划编制确立区域内村镇体系，对村庄科学分类，确定需要整体搬迁、撤并集中和保留提升的村庄，制定差别性目标。对具有历史遗迹、特色景观和民俗文化的村庄，在规划和整治时，保留村庄的文化传承和自然风貌。对其他经济和交通条件较好的普通村落主要的途径是通过"中心村""移民新村""新型农村社区"的建设，大力推行乡村归并、集中居住、产业聚集等政策。通过适度聚集乡村的居住生活空间，提供较

高水平的集中生活配套设施；同时置换出空间，进行产业规模化的生产，退出的建设用地进行复垦，增加耕地面积，通过基础设施的建设，有效改善乡村生态环境，从而促进乡村聚落的可持续发展。

事实上，外力主导的乡村建设，极易脱离乡村聚落自身的发展规律和结构，反而加剧乡村社会与空间的混乱。同时，伴随着工业化建设方式和手段的广泛采用，乡村建设节奏和尺度发生了巨变，单户单栋的自建尺度、原址嵌入的建设方式被群体标准化规模化的工业化尺度、择址新建、拆除重建等建设方式所取代。原生、多元的乡村聚落迅速被形态单一的"中心村""移民新村""新型农村社区"所取代，乡村已不再是乡村，乡村已成为"回不去的故乡"。

因此，当前乡村建设的种种误区亟须在乡村社会自身发展规律的基础上对聚落体系及聚落个体单元做出正确的判断与研究，透过物质层面探求其深层的驱动机制，并依据乡村社会发展的需求为目标，寻找真正适宜乡村地区发展下的空间形态。

1.1.2 研究的主要问题

基于以上研究背景分析，科学认知乡村建设语境，解析乡村聚落空间背后的普适性形成规律与机理，在此基础上对乡村聚落空间发展趋势提出预判，这是本书研究的出发点，并尝试提出和解决以下几个问题：

问题一：当前关中乡村典型空间问题是如何一步步形成的？原因是什么？未来将如何发展？

当下乡村空间问题繁多，笔者经过调研着重总结出三方面的空间问题。其一是乡村聚落体系方面，城镇化建设迅速，村与村之间联系已突破行政界限进行快速地空间重构。这种体系变化从何时开始，由哪些原因导致，未来如何变化？其二是乡村聚落内部空间功能组织混乱，

是内部需求还是外界原因导致，村民对于村落空间使用评价如何，传统农业时期空间结构是什么，未来将怎么变化？其三是宅院空间趋于空废，空废程度是多少，从村民使用角度看空废化是基于村民的实际需求还是心理期许，未来如何发展？

问题二：关中乡村聚落空间形态演变的基本规律是什么？

关中村落空间形态演变受哪些因素影响？作用机制是什么？演变呈现什么规律？应重点从行为学角度关注人的需求与空间的关系，并结合自上而下的国家制度与政策，双向解析演变规律。

问题三：关中乡村聚落空间演变模式是什么？

关中村落演变的空间模式是什么？各阶段空间特征是什么？依据乡村社会发展需求推测乡村空间的发展趋势。

1.1.3 研究目的与意义

1. 研究目的

1）寻找当前乡村聚落空间问题的根本，找准病变基因。2）提取乡村聚落空间的变化规律，摸索乡村聚居动力机制。3）凝练乡村聚落空间的演变模式，推测空间发展方向。

2. 研究意义

1）现实意义

（1）以资源不突出的普通村落为研究对象，其代表着关中平原广大的乡村聚落。探讨其变迁规律，对后续的广大乡村建设更有普世性的参考性意义。

（2）为乡村聚落的适宜性发展提出来自本源的参考策略。现行乡村聚落建设模式中，常采用简单易行的面子工程或整体迁并模式，在土地效益和居民行为的双重作用下，聚落空间的单一化、均质化现象非常普遍，根植于空间之上的乡村文化、文明面临着断层的可能。本书通过研究乡村聚落的变迁，从政策、经济和村民行为上解读乡村影响和变迁机制，从根源厘清乡村发展逻辑，辅助后续的适宜性发展研究。

（3）研究乡村聚居动力机制推测空间发展趋势，对乡村建设提供新思路，对乡村建设研究提供新启示，引导乡村科学发展，配合新型城镇化进程对于整个关中乡村建设具有重要的现实意义。

2）理论意义

（1）从建筑学角度全面还原并记录村民活动包括生产、生活，结合国家制度政策双向视角下的关中乡村社会百年图景和变迁，解读乡村内涵，系统性地梳理关中普通乡村聚落空间形态的变迁轨迹，对建筑历史的研究具有较为重要的意义。

（2）将社会学与建筑学专业结合，挖掘乡村社会与空间形态结构体系，对促进专业新的研究视角，深化与丰富乡村聚落研究方法具有较好的学科指导意义。

（3）作为基础研究，区别于城市发展模型，建立乡村聚居发展模型具有重要的学术价值。

1.2 相关概念

1.2.1 关中

关中位于中国陕西中部，一般指秦岭山脉以北，子午岭、黄龙山以南，陇山以东，潼关以西的区域。按照2004年陕西省行政区划，关中包括西安、宝鸡、咸阳、铜川和渭南五个地级市及杨凌农业高新技术示范区，下辖19个区，32个县，3个县级市；共390个镇，241个乡；土地面积为55477平方公里，占陕西省土地总面积的27%。

1.2.2 乡村与农村

农村是相对于城市而言的，又称为非城市化地区，指以从事农业生产为主的农业人口居住的与城市相对应的区域。而乡村，是指一种非城市的社会形态和文化上重要的建构类型。

一般语境中乡村即农村。但是随着生产结构的调整与改变，我们可以不再认为乡村的本质一定要与农业相关，作为一种聚居空间的基本形式，乡村空间的性质可以不是农业，而是其社会空间的集合形态所体现的与自然、生活基本事实的依存关系。抛开产业的固定功能关系，乡村将寻求到与自然更加纯粹的关系，人类乡村存在的永久性就潜藏在这种本质关系之中。"离土不离乡"——生活在田园风光的乡村里，这应该也是我国乡村的真正意义与内在价值所在。

1.2.3 乡村聚落与村、镇

聚落是由功能空间、社会空间和意识空间三位一体，多层结构的统一形态。聚落不仅是满足生活、生产活动的功能空间，是反映某种生产关系和社会关系的社会空间，还是反映聚落群体共同信仰和行为规范的意识空间。现代建筑理论对聚落解释为人类各种形式的聚居地，人类聚落由不同层次的空间构成，大到区域、地景和都市，小到村落及院落，彼此间相互关联构成有机的整体。

乡村聚落内容上是指村民以从事农业生产为主要经济活动形式而形成的具有一定规模的聚居地，是村宅院住、生活、休闲和进行各种社会活动的生活场所，也是进行劳动的生产场所，不仅包括房屋建筑物，还包括聚落内部的道路、休闲活动场所、河沟池塘及空闲地和农用地等[2]。

乡村聚落具有职能等级性，涵盖自然村、行政村、集镇(乡)和建制镇三个等级。不同等级的乡村聚落单元承担不同职能建制镇或集镇作为职能较高的中心地，为周边村庄提供货物和服务，构成一个良性运转的有机整体(图1-1)。

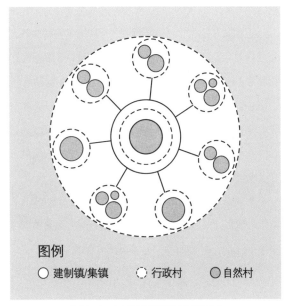

图 1-1 乡村聚落等级层次体系图
（图片来源：研究小组绘制）

图例
○ 建制镇/集镇　　◌ 行政村　　● 自然村

在我国，与村落相关的常见概念除行政村、自然村外，还有中心村、基层村和村民小组等。行政村是从行政区划角度对村落进行的划分，是中国最小的行政区划单元，以村委会为组织构建，是乡(镇)的下一级组织；自然村与行政区划无关，是行政村内部若干院落在空间上的集聚，各自然村之间具有一定的空间距离，虽然随着村庄的发展，部分自然村建筑已相互连接，但仍然具有明确界限。自然村内部人际关系密切，而行政村之间人际关系相对疏远。自然村是对传统乡村聚落的传承，其分布与过去的生产队组建有很密切的关系，自然村一般包括一个或几个村民小组。中心村是从发展角度划分的一种村庄形式，是若干个村庄中发展规模较大、设施配置较为齐全、能够为周边村庄提供服务并具有一定辐射范围的村庄，一般位于若干村庄的中心位置。基层村是在村镇规划中相对于中心村而提出的，指中心村之外受中心村所辖射的其他一般村庄。村民小组是行政村之下方便进行基层组织管理的单元，但不是国家的行政单元。村民小组大多是过去的生产队，部分乡村地区仍习惯将小组称为队。

建制镇一般位于某一行政村，而其镇区与村庄并无明显界限，且建制镇与周围村庄联系紧密，是周围村庄的政治、经济中心和交通枢纽。《关于调整建制镇标准的报告》中规定：总人口在20000人以下的乡，乡政府驻地非农业人口超过2000人的，或人口在20000人以上的乡，乡政府驻地非农业人口占全乡人口10%以上的，可以设建制镇。

集镇则是指未达到建制镇标准的镇，即一般镇(乡)，由集市发展而成的作为乡村一定区域经济、文化和生活服务中心的非建制镇，大多以乡的形式存在。

1.2.4　土地制度、生产与生活

土地制度是一定社会经济制度下一个国家与社会因人们利用土地而产生的人地关系以及其中人与人关系的一种法定的结合形式，即由国家社会制定的人们共同遵守的土地利用法制规范与政策[3]。传统观念上的土地制度仅仅被理解为土地的所有制度、土地的使用制度和土地的国家管理制度。改革开放后，我国土地制度不断深化和发展，至现阶段主要包括农村土地产权制度、农村土地经营制度、农村土地流转与配置制度、农村土地收益制度等。

生产指人类从事创造社会财富的活动和过程，包括物质财富、精神财富的创造和人自身的生育，亦称社会生产[4]。本书中所述的生产仅指农民创造物质财富的活动和过程，包括农业生产和副业生产。其中，农业生产包括生产力、生产关系和农业生产情况三个方面。生产力三要素指劳动者（人），劳动资料（工具、农业设施），劳动对象（土地、作物），生产关系就是人与人之间的联系。

生产是为生存而进行的活动。

生活在《现象汉语词典》里的解释为，为了生存和发展而进行各种活动。本书将生存划入生产范畴，生活指比生存更高层面的状态，包括所有的日常和特殊节日的总和。日常生活包括日常基本活动，即居住安全、衣食住行、日常交往和娱乐；特殊节日活动指春节、农民的婚嫁、丧葬和庙会。

1.2.5　空间形态

空间，与时间相对的一种物质存在形式，表现为长度、宽度、高度。

形态（Morphology）一词来源于希腊语Morphe（形）和Logos（逻辑），意指形式的构成逻辑。《辞海》中的解释是：形状和神态，也指事物在一定条件下的表现形式。在生物学中，专指研究动植物的整体及其组成部分的外形和结构。因此，形态的概念不仅指事物的几何形态，还包含几何形态传达的表层和深层意义。

空间形态是各空间要素通过结构关系形成整体后所呈现的形式和意义。这种概括包含两个方面：一方面是各空间要素，即人们用肉眼可以看得到的、已存在的、客观的空间形态；另一方面是通过结构关系形成整体后所呈现的形式和意义，这里不但包括构筑方式、生活方式、文化观念所形成的空间特色和所含的意义，也包括人们对空间的认知和心理感觉，这就形成了主观空间形态。

1.2.6　百年变迁

"变迁"一词在《现代汉语词典》中释义为：事物情况或阶段的变化转移。研究中，百年变迁则是指1912~2015年间关中村落的物质空间形态变化。

选取民国时期至当前百年时间段的原因如下：
（1）多数普通村落的物质环境遗存保存有限，仅可追

溯到清末民初。(2) 普通村落的历史资料有限,村志、县志等文献记录极少,需多与村中老人口头访谈获取,由此限制可追溯时段约为百年。(3) 民国时期社会动荡,关中乡村破败不堪,生产几近崩溃。后经历抗日战争、中华人民共和国成立、"文化大革命"、改革开放城镇化建设、新农村建设、美丽乡村建设等社会发展多重激变节点,村落空间变化迅速且激烈。2017年国家实施乡村振兴战略,2020年全面推进乡村振兴,以乡村振兴为事件节点与背景,选取1912年至2015年的时间段,充分展现了乡村空间的剧变过程,具有代表性。

1.3 相关理论研究现状

1.3.1 关于我国乡村发展研究现状

1. 变迁道路

村落是人类最早的社会聚居形态。旧石器中期,以穴居、半穴居或地面房屋形式的出现,原始聚落形成[5]。新石器时期,人类已从穴居发展到建筑永久性居所并形成最早的以农业生产为主的乡村聚落——氏族公社。每个公社有自己的居住用地、耕种土地。随着生产工具和耕种技术的提高,乡村由原始农业进入传统农业,以氏族为基本单位的公共经济实体开始解体为以家庭为单位的私有经济实体。

自唐代到清代前中期,我国乡村社会一直以小农生产的传统农业为主。这一时期,人们生产能力有限,处于农业和家庭手工业相结合的自给自足的自然经济阶段。由于单位土地供养人口的能力薄弱,加上农业耕作的半径限制,村落整体规模较小且布局分散。此外,生产方式与生活方式的统一带来工作地与居住地的统一,乡村形成村落形态封闭、内向的特征,呈现出男耕女织、日出而作、日落而息的生活图景[6]。

随着第一次、第二次的社会大分工,农业、牧业与手工业的分离,产业的分离促进生产效率提高,同时也促使各产业之间进行物资交换。交换出现经常性,就形成固有的交换场地——集市,集市再发展成为城镇,城由此分离而出。传统农业时期,城乡社会分工并无二异。城中农业与手工业并未分开,城内有农业居住者,也有手工业者,但作为统治者的政权中心,城镇的政治性与消费性大于生产性。城镇服务于乡村,但城镇经济活动完全依赖于乡村,乡村仍是社会经济活动的中心。

鸦片战争以后,民族工业萌芽并兴起。机器大生产取代手工业小生产,比起农业生产,机器生产更具复杂性和规模性,这就使得以家庭为单位的传统生产模式不再适合工业生产。因此,具备人口规模的城市负担起这一生产功能。在工业生产的推动下,城市形成了有别于农村社会制度、生产生活方式、价值观念全新的社会系统。但城市的发展依然依附乡村的支持,城乡关系以乡村为主导,城镇的消费依靠乡村的供给。

而此时的乡村聚落依旧是一个具有内在权力结构、宗族组织和信仰合一的闭塞型共同体,自给自足的经济单位与城市有着明显的生产与消费界线;同时由血缘、地缘和宗教作为村落内部连接纽带,使得村民的本能、习惯和思想达到同质,有着强烈的身份认同和社区归属感,人们真正而持久地共同生活。

20世纪初,随着人口的膨胀与大地主所有的土地制度,乡村面临巨大的资源压力。同时,传统农业的增长接近极限,加之城镇工业的冲击,乡村经济处于崩溃边缘。20世纪二三十年代,梁漱溟、千家驹等对乡村问题进行了大量调研和实践,针对乡村建设关于改良还是改革、依靠城市工业救济还是乡村自建等提出了各自的见解。

中华人民共和国成立后,政府选择了优先发展工业和城市以带动乡村。制度上进行土地改革,大搞农业合作社、人民公社运动。乡村定位为城市大后方。国家权力开始控制农民土地，耕地、宅基地等乡村私有资源转为集体所有，对农村集体用地进行大量征用，对农产品实现统购统销政策。传统乡村的藩篱被制度强制打开，由此整合到政治经济系统之中。这个系统拥有和支配乡村的资源利用和产权的权力，乡村自身的资源管理机制彻底崩溃。

在城乡关系方面，城市几经发展，在国家的政治、经济生活中扮演着越来越重要的角色。城市逐渐确立起其在工业化时代的主导地位。传统农业时期以乡村为主导的城乡关系变为以城市为主体，在特殊的政治干预下，城乡二元强制分立。

到人民公社结束，传统村落经历了从自然聚落"共同体"到"行政单元"的演变。通过农业合作化和人民公社乡村改造工程，国家权力不断向下延伸，乡村被国家纳入正式的行政组织，村落党政等级建立，资源由国家统一管理。乡村日益成为社区、工作场所、个人社会身份证的集成，新经济共同体出现。

改革开放至今，乡村进入新一轮变迁，这一时期比任何阶段都复杂，乡村从"国家行政单元"向"国家治理单元"演变。城市和乡村共同卷入市场经济体制中。乡村发展面临着重要挑战，家庭联产承包责任制使得乡村恢复小农家庭生产模式，市场化和城市化对其持续冲击，人口、土地、资源、文化不断从乡村抽离，"农业、农民、农村"三农问题越演越烈。城乡分化严重，乡村发展受城市控制，不断萎缩；农业效益日益低下，现代农业水平极低；大量农民弃农务工，人口大量流失；盲目征地用地，乡村土地频频流失，空心村、村外村现象严重；传统乡土文化瓦解；村镇工业颓败等。面对"三农"问题，国家高度重视。2005年，国家首次提出"新农村建设"，把乡村发展列为国家战略之首。此后，乡村研究逐渐成为各领域的热门研究，争相为乡村发展提出具有价值的意见和建议。

2. 发展方向

1）城乡建设

近年来，我国城乡联系和资源配置不断得到优化。城乡发展已从城市工业主导型向城乡协调发展方向转变，乡村的经济、文化、基础设施建设归并到城乡网络一体化中。对于城乡关系的发展模式，部分学者支持发展小城镇，如陈晓峰[7]认为城乡关系应以小城镇就地发展乡村为主；部分学者则提出应以城市与小城镇综合发展为主，如刘英群[8]提出小城镇应向大城镇区域集中发展，陆大道[9]认为城镇发展应避免小城镇遍地开花、盲目发展，应走高效率、节约型、现代化的多元城镇发展道路，赵新平等[10]提出取消城乡壁垒，综合发展城市和重点城镇。

2）产业发展

20世纪80年代以来，乡村产业从单一农业向多元产业发展，第二、第三产业比例大幅上升。

由农业发展来看，多数学者认为乡村的转型是"去农业化"。学者认为[11]"去农业化"进程还可以分为两类。一类是农业的"去中心化"发展，包括农业产业的边缘化，农业就业比例，农业整体收入，农业对家庭经济的贡献比例都在下降；农业政治意识形态的影响趋减。另一类是农村经济的"后农业式"发展，包括村庄农业化发展、零售、服务业发展，即农业的后生产性。"后生产"有五个主要特征[12]：从重视农产品的数量到重视农产品的质量；农业多样性的增加与非农就业的增加；通过对农业环境的关注，降低单位投入并提高农业可持续性耕作；农业生产形式的多样化；政府支持下的环境规制与重构。

对于乡村的工业发展学术界也有两种观点。一种是基于乡镇工业过于分散，对环境、资源压力越来越突出，缺乏聚集经济效益和统一治理污染的可能性，乡村工业应当集中。另一种则认为乡村工业应当结合小城镇建设，通过小城镇架起城乡桥梁分散到广大乡村中去。农民离土不离乡，进厂不进城，留住乡村人口。

3) 村落集聚化

在城市化和市场经济的双重夹击下，乡村人口大量流失，空心村、村外村现象普遍，为了高效利用、节约土地资源，乡村集聚化正成为主流趋势。集聚化的核心是聚落空间的整合和重构，学术界对此从不同方向探讨出多种空间集聚模式。孙晓中[13]将集聚模式与乡村的城乡定位结合，提出空间集聚模式分为：整体搬迁类型、归村并点类型、内部整理类型。王焕[14]则从生产水平角度将集聚模式分为：适用于经济发展落后地区低密度块状农村居民点的设施集中型；丘陵山区低密度点状并且交通不便的农村居民点的聚落整合型；经济刚起步高密集点状分布的农村居民点的资源整合型；经济水平低且土地浪费现象严重的高密度条带状农村居民点的综合整治型。宋卿[15]则结合地理因素将河北省乡村集聚研究分为高原区、山地丘陵区、中南部平原区、沿海平原区四区模式。张金荃[16]等人则根据集落过程中面对千村一面的问题提出乡村建设需要探寻传统村落精神，营造和谐的村落氛围和适宜公共活动的外部空间，促进村落邻里之间的公共活动，形成紧密的邻里关系，建设基于现代场所感和社区关系的新型村落。

4) 功能定位

对于未来村落的发展，社会学学者认为农村社区建设应把村落培育成为社会生活居住共同体，使居民在共同体中有着共同的经济、文化利益，培育利益共识以及维护机制，建构真正的社区功能。重建村庄的重点在于重建社区机体内部人与人之间和群际之间的有机联系，再造社区自身的活力和价值，激活公民对社区的依恋、认同和骄傲之情[17]，把村庄恢复为一个完整有机、自在自卫的实体，在地理、语言、文化、心理和生活习惯上保持同质性。

1.3.2 关于乡村聚落空间形态研究现状

20世纪20年代，梁漱溟、晏阳初、卢作孚等知识分子掀起第一次中国农村研究高潮，这些研究多偏向对乡村提出现代化建设设想。20世纪70年代末，中国乡村问题研究围绕农业集体化展开。20世纪80年代，乡村聚落发生剧烈变化，学者围绕农村现实问题，关注乡村社会结构、人口构成、经济发展、日常生活等方方面面。建筑学领域首先开始对传统村落与地域民居单体展开研究。2000年之后，农村问题更加突出并趋于复杂，建筑学领域开始关注普适性村民居住点，从多方面对乡村聚落空间做出大量研究。笔者将结合与聚落空间形态研究紧密相关的研究视角、形态类型、空间层级和空间结构进行综述。

1. 研究视角

总结近十年建筑学领域的研究成果，乡间聚落空间形态研究可分为传统村落与单体空间形态解析、普通村落空间形态演变研究、普通村落(公共)空间现状研究及优化设计、乡村自建房现状研究及优化设计四个方面。

建筑学关于乡村聚落空间形态的研究视角可分为两类。一类是单学科视角，仅从建筑设计领域对村落空间尺度、形态、构成与结构秩序作研究。另一类是复合学科视角，即建筑学结合社会学、地理学、经济学等相关学科，此类研究更注重探讨乡村聚落空间的关系与意义。

单学科角度传统村落方面主要是对具体村落的布局、街巷、节点、建筑、环境进行空间生成解析以及传统村落和院落空间的适宜性发展策略，如苏杭地区西递[18]、宏村[19]古村落、中原地区的张店村[20]、关中地区灵泉村[21]。建筑学单学科研究普通村落演变较少，极少数仅是依托实践项目研究某具体村落形态结构自身的演变规律，对现行的村落规划设计做前期目的准备[22]。普通村落空间形态研究则多从少数民族特色角度，分析某类型村落空间特征，以及从特殊地区适宜性更新视角形态入手，如杜佳[23]的《黔中喀斯特山区屯堡聚落空间特征研究》、张欣宇[24]的《基于改善冬季风环境的东北村落形态优化研究》；较少文献从地域角度分析自然村落的空间特征，如丁沃沃等[25]的《苏南村落形态特征及其要素研究》；也有研究从新型农村社区建设空间布局与模式角度入手[26]。普通村落公共空间研究则是多从人群使用行为角度探讨空间特性，如基于老年人使用的村落公共空间研究[27]、湖南当代村落的隐性公共空间研究[28]。乡村自建房研究则多从村民空间行为角度研究空间使用现状和优化设计[29]、历史时期的住宅设计[30]以及空间演变视角[31]。

复合学科方面，研究视角包括与物质空间紧密联系的乡村生产生活各个方面，多集中于普通村落和农村自建房空间现状分析、优化设计以及历史演变领域。如林琳等[32]在《传统村社组织对聚落空间形态演变的影响——基于山西水北村的实证》中，从祭祀对象、体系、组织和基层管理要素着手探讨村社组织发展与聚落空间形态演变的耦合关系。郭建伟[33]在《曼贺村水利灌溉与聚落空间形态演化之研究》中，运用建筑学和民族学、人类学的研究方法，对傣族稻作文化的核心要素——水利灌溉与聚落空间的关系进行分析。叶力天[34]在《城乡统筹下生产方式对农村聚落形态的影响研究——以成都平原为例》中，从人类聚居学、农村社会学、现代城市设计理论等角度，深入探讨农村聚落基于生产方式的改变所做的形态上的变化（表1-1）。

2. 形态类型研究

以聚落个体的形态分类，乡村聚落因地理条件的不同呈多种分类方式。

德孟雄在《法国乡村聚落的类型》中把聚落划分成聚集和散布两种形态；然后把聚落再细分为线形、团状和星形。克里斯泰勒把村庄类型分为不规则的群集村庄和规则的群集村庄，后者又细分为街道村庄、线形村庄、庄园村庄等类型。胡振洲[35]在其著作《聚落地理学》中，将聚落的形态分成了集居型和散居型，集居型一般指的是规模比较大，一般上百户或者几百户甚至上千家，呈团状形态；而造成散居型村落的主要原因为自然地形、特殊类型气候、安全因素影响、农业制度、交通不便、社会习俗等方面的影响。司徒尚纪[36]在《广东文化地理》中综合地理、历史社会和风俗等因素将广东的农业聚落分为了组团状、长条状、阶梯状、"丁"字型、弧形、自由型等几种分布类型。张金珊[37]在《关中农村住宅的使用现状及规划设计对策研究》中将关中乡村聚落概括为两个大类：积聚型和散漫型，积聚型主要分布在平原或较为开阔的地方，散漫型主要分布在丘陵、山地等没有开阔建设用地的地区。积聚型又可以分为团状、带状和环状（表1-2）。

3. 空间层级研究

克里斯泰勒在中心地理论中提到聚落是有层次级别的，各聚落间有机合成一个区域联合体，聚落的级别层次越高，其职能越高。道萨迪亚斯在人类聚居学中以相互之间的沟通方式为标准将聚落分为房间、住宅、住宅群、小邻里、邻里等15个层次，每一个层级的递进，对应着空间尺度和用地规模的扩大。张玉坤在《聚落·住宅——居住空间论》中强调居住空间的基本层次是区域形态、聚落、住宅和住宅的组成部分。台湾学者郭肇立的分析角度从宏观的聚落或者城镇整体、区域、社区或者邻里直至居住单元；段进在《世界文化遗产宏村古村落空间解析》中指出宏村古村落是以基本原型—居住单元—组团邻里空间—村落内部空间—村落整体空间的层次递进和演变的（表1-3）。

部分学者关于乡村聚落空间形态研究的方法与视角　　　　　　　　　　　　　　　　　　　　　表1-1

代表人	学科	视角
段进	建筑学	古村落空间解析
王竹	建筑学	普通村落空间形态解析
林琳	建筑学+社会学	村社组织与乡村聚落空间形态变化关系
郭建伟	建筑学+民族学+人类学	水利灌溉与傣族乡村聚落空间形态演化关系

部分学者关于乡村聚落空间形态分类　　　　　　　　　　　　　　　　　　　　　　　　　　　表1-2

代表人	对象	类型	细分特征
德孟雄	法国乡村	聚集型、散布型	线形村庄、团状村庄和星形村庄等
克里斯·泰勒	德国乡村	均匀型、不均匀型	街道村庄、线形村庄、庄园村庄等
胡振洲	中国台湾乡村	集居型、散居型	集居型规模大、团状，村间相距远，受地形、生产资料、交通影响；散居型受地形、气候、农业制度、交通的影响
司徒尚纪	中国广东乡村	组团状、长条状、阶梯状、"丁"字型、弧型、自由型	平原、山间盆地多团状，山麓、谷底、河岸或公路两旁多长条状，沿河谷山坡拾阶而建，为阶梯状，河流、公路的交叉地带呈"丁"字形
张金姗	中国关中乡村	积聚型、散漫型	积聚型主要分布在平原或较为开阔的地方，散漫型主要分布在丘陵、山地等没有开阔建设用地的地区。积聚型分为团状、带状和环状

部分学者关于乡村聚落空间层级研究　　　　　　　　　　　　　　　　　　　　　　　　　　　表1-3

代表人	研究角度	空间层次
克里斯·泰勒	中心地体系	市场村、镇中心、地方中心、地区城市、小邦首府、省府城市和区域首府
道萨迪亚斯	人居环境构成要素	房间、住宅、住宅群、小邻里、邻里等15个层次
张玉坤	人与环境要素的一对一的认知结构	区域形态、聚落、住宅和住宅的组成部分
郭肇立	实质空间分析系统	聚落或城镇整体、区域、社区或者邻里、居住单元
段进	村落空间是从下至上的组织过程	村落整体空间、村落内部空间、组团邻里空间、居住单元、基本原型

表格来源：张东. 中原地区传统村落空间形态研究[D]. 广州：华南理工大学，2015:20.

4. 空间构成研究

对于聚落空间结构的研究，凯文·林奇[38]在《城市意象》中运用认知心理学的方法提出"边界、通道、标志、节点、区域"五要素的聚落空间意象结构，对乡村聚落空间结构研究影响深远。齐康[39]在《城市建筑》中对城市聚落提出"轴、核、架、群、界"五要素的空间结构，对乡村聚落空间结构具有借鉴意义。张玉坤[40]在《聚落·住宅——居住空间论》中认为结构是"人与环境要素一对一的认知结构，各种要素罗织在一起形成较完整的整体印象"。王昀[41]在《传统聚落结构中的空间概念》中认为"聚落空间内部出现了中心和边缘上的这样空间上的质的差异，于是在空间内部便出现了中心和边缘这种非匀质性"。张东华[42]在《浅谈聚落空间的组织要素及相互作用》中将聚落空间的组织要素分为场所、路线、领域以及与聚落空间有关的网络、空间场力（表1-4）。

部分学者关于乡村聚落空间结构研究　　　　　　　　　　　　　　　　　　　　　表1-4

代表人	研究角度	空间构成
凯文·林奇	城市的心理意象	边界、通道、标志、节点、区域
齐康	城市建筑	轴、核、架、群、界
张玉坤	道路或者路线是结构主线	边界、结点、中心、结构和要素限定
王昀	人向心性的属性产生从中心向边缘空间的流动	聚落空间内部中心和边缘上的非匀质性
张华东	聚落空间组织要素	场所与节点、路线与轴线、边界与领域、空间场力

1.3.3　关于乡村聚落空间演变研究现状

通过知网以"乡村聚落空间变迁、变化、演变、演进、演化"为题名进行检索，检索文献结果涵盖建筑学、地理学、经济学、社会学多个领域，其中建筑设计、城乡规划和人文地理三个专业的文献数量最多，各占30%左右。

1. 建筑学领域

研究对象方面，建筑设计专业主要集中在传统村落、古村落方面，而普通村落研究成果相对较少，两者比例约为3∶2。研究地域方面，成果主要分布在华南、华东、华北等地，与各高校学术团队所在地域分布相关，如华南理工大学主要关注岭南村落[43]，浙江大学主要关注浙北村落[44]，天津大学主要关注河北堡寨聚落[45]。研究视角方面，部分研究以村落个例实证为主，强调聚落内部空间和建筑空间规模、形态、构成、结构演变，部分研究以区域村落为例结合社会学、地理学等学科知识，对聚落进行分类对比，强调区域村落空间演变的规律以及深层次的影响机制。研究方法方面，调研阶段以田野调研为主，辅助无人机拍摄和谷歌地图定位测绘，理论阶段多结合系统科学理论，如耗散结构论、协同论、自组织理论等分析动力机制。

2. 相关领域

比起建筑设计专业的微观研究尺度，城乡规划和地理学专业则关注乡村聚落的中观和宏观研究尺度，因此决定了研究对象、视角和方法的差异性。研究对象方面，城乡规划和地理学专业多聚焦当下普通乡村聚落、农村居住点的研究而较少研究传统村落[46]。研究地域方面研究成果主要分布于陕西[47]、湖南[48]、湖北[49]等地。研究视角方面，部分规划研究关注村庄经济、产业、人口、建设用地面积和建筑的演变、村庄拆并、城乡结构重构模式演变以及乡村规划新思路；部分规划和地理研究关注区域村落斑块的分布、肌理的量化演变状态以及未来聚居模式的演变趋势。研究方法方面，城乡规划和地理学专业，除田野调研外借助谷歌地图遥感影像数据，运用地理信息系统软件（ACRGIS）空间分析功能和景观分析软件（FRAGSTATS）分析斑块总数、斑块总面积、平均斑块面积、斑块密度、最大斑块指数、平均斑块形状指数、破碎度、聚集度等数据指标，理论方法则多借用地理学聚落区位理论——中心地学说和各种聚落结构模型方程。

1.3.4 关于乡村变迁机制研究现状

1. 动力要素

变迁动力要素研究成果因研究地域、内容的差异和学者主观分类大同小异。

范少言[50]提出乡村经济、社会文化是推动乡村空间结构的两大动力。何军[51]提出关中乡村动力要素包括人口、土地、政治经济体制、城镇化、农业和农耕文化。李立[6]提出中国乡村变迁动力包括人口、制度、产业、组织、观念五个方面。郭晓东[52]提出影响陇中黄土丘陵区乡村聚落的动力要素包括自然因素和人文因素（人口、家庭、经济、政策制度）。吕静[53]提出吉林乡村聚落动力因素包括自然环境（地形地貌、对外交通）、经济发展（次区域中心城市、粮食生产）、地域文化（民风民俗、多元文化）、城市职能和军事战争。史焱文[54]提出河南传统农区乡村聚落动力因素包括自然地理环境、社会人文经济、工业发展、政府机制、城镇发展。潘莹[55]对众多动力要素再次整理将地理自然民俗文化归为传统动力要素，将工业化和城镇、基础设施、个体意愿归为新型动力要素，将国家政府制度与政策划为特殊动力要素。

2. 动力机制

何峰[56]认为湖南汉族传统村落近代（晚清~1949年）演变中，社会经济衰落、战乱、近代交通兴起是推动力，而传统文化方面因乡绅阶层扩大则是稳定力；现代（1949~1978年）演变中，国家政权、人口增长是推动力，经济增长缓慢、宅基地审批严格是稳定力。当代（1978年至今）变迁中，社会经济增长、生产结构变化、传统文化衰减、宅基地无偿获取是推动力，地方政府保护政策、市场旅游产业兴起是稳定力。王勇[57]认为改革开放后苏南乡村经历的"苏南模式""外向型经济""新农村建设"三次转型中，内部生产是第一次转型推动力，市场经济是第二次转型核心推动力，城镇化、政府政策是次要动力，而第三次转型中政府政策则成了核心推动力。史焱文[58]提出在工业化进程中河南乡村变迁核心推动力是工业发展、城镇发展、社会人文经济、政府机制是次要推动力。成亮[59]对甘南藏区乡村空间构成机制提出宗教信仰认同是向心力，居住生活延续特别是血缘关系是稳定力，社会组织变动是推动力。潘莹[43]总结我国乡村变迁根据驱动力可分三个阶段：传统自然地理主导阶段、国家政策主导阶段、城镇化与国家政策因素共同主导阶段，整体来看，自然地形地貌、战争、灾害和风水、宗法礼制、宗教信仰、民俗习惯等动力影响在逐渐减弱，工业化、城镇化、基础设施尤其是交通设施、个体意愿的动力在加强，而国家政策与制度对乡村聚落变迁具有决定性和控制性作用。

1.3.5 文献评述与研究思考

1. 关于选题与方法

梳理建筑学领域乡村聚落空间演变已有成果可知，关注关中地区普通村落空间形态变迁，尤其是对聚落进行分类对比强调区域村落空间演变的规律以及深层次影响机制的研究较为欠缺。因此，本书的内容对丰富该领域研究具有较好的学术意义。

研究方法方面，现有成果多以田野调研为主，辅助无人机拍摄和谷歌地图定位、人工测绘分析聚落内部空间和建筑空间规模、形态、构成、结构演变，但对村落空间使用主体的行为和心理需求研究较少。空间与行为的关系研究应是建筑设计及其理论方向研究的关键点。而田野调研不仅是对村落物质空间进行静态调研,而且应对村落人群的生产生活仪式进行动态调研。因此,村民的行为活动、心理需求是本书研究的另一个侧重点。

2. 关于研究视角

梳理已有成果得出乡村变迁动力涵盖多方面,包括自然地理、人口、土地、经济、政策制度、城镇化、基础设施、个人意愿、民俗文化多种。笔者将其总结为自上而下和自下而上的双向作用。但笔者认为,现有成果多聚焦于自上而下的审视研究,而自下而上研究主体人的行为活动对乡村变迁的推动作用相对薄弱。

因此,本书的研究将视角切入点定为制度与政策、生产活动、生产活动三方面。政策与制度主要指农民最根本的经济制度——土地制度,关乎土地分配、使用和管理,从而影响着农民的经济效益、人地关系,自上而下地直接影响着乡村变迁。生产不仅是一种经济行为,也是村庄建构社会关系、治理结构、生活方式以及文化价值观念的根本、生活则包括村民追求幸福意义的所有消费活动,两者自下而上影响着乡村变迁。

3. 关于空间形态研究

结合村落空间层级和构成的现有研究成果,本书对关中村落空间形态的研究分为三个层级,即聚落体系层级、村落内部层级、宅院层级。聚落体系构成指村落与周边村落的空间关系。考虑到关中乡村聚落特有的空间特征,村落内部空间形态构成指"轴、核、架、群、界(面)"五要素和要素结构,宅院空间形态构成指"建筑、院落、过渡空间"三要素和要素结构。

1.4 研究对象与内容

1.4.1 研究对象

本书的研究对象指关中地区除历史文化名村、特色景观旅游名村、传统村落等重点村落之外的量大面广的普通村落。在历史演变中,这些村落并未大规模地保留传统建筑风貌特色、传统村落选址与格局和非物质文化遗产。同时乡村聚落特指行政村而非自然村,行政村又分为建制镇(乡)所在村和普通行政村。

1.4.2 主要内容

1. 以重点考察村薛录村为例,梳理土地制度、生产活动、生活活动百年变迁,分析土地制度、生产活动、生活活动影响下的空间形态百年变迁,包括村落体系层级、村落内部层级、宅院层级三个方面。

2. 以辅助考察村北党村、六营村为佐证和补充,梳理土地制度、生产活动、生活活动百年变迁及其影响下的空间形态百年变迁。

3. 综合对比与分析,重点考察村与辅助考察村的空间形态变迁特点,提出共性与个性。

4. 提出关中乡村聚落空间形态"力动体"作用机制。

5. 提出关中乡村聚落空间形态变迁模式,包括村落体系空间形态变迁、村落内部空间形态要素轴、核、架、群、界、结构变迁和宅院空间形态规模、建筑、院落、过渡空间、结构变迁。

1.5 研究方法与技术路线

1.5.1 研究方法

1. 文献查阅法

查阅近年城市规划、建筑设计、地理学、社会学、经济学等有关乡村聚落发展的相关文献，包括学术论文、著作和政府机关发布的相关资料；进行报纸与互联网检索。收集到的资料在不同程度上对关中乡村土地制度、关中乡村聚落空间形态等方面进行了探讨，为本书的深化研究提供了必要的理论基础和实践背景。查阅区域县志、调查村落相关传说轶事，为研究提供了真实的历史基础资料。

2. 田野调查

1) 考察村落的调查

选择关中地区具有代表性的村落，采用深度结合广度的方法，将考察村落分为基础考察村落、重点考察村落、辅助考察村落。通过对基础考察村落的特征分析并分类，选定重点考察村落和辅助考察村落，并对其进行实地访谈、测量、记录、观察、摄影，以获取村落空间形态的历史变迁数据。

2) 典型家庭的调查与定义

因本书侧重对使用者行为心理需求的研究，故村落入户调研极其必要。选取典型调研户，调研其家庭各个历史阶段住宅的功能构成、空间布局以及村民对宅基地的使用观念、使用变化等。

由于本书选定的研究对象均为非典型村落，难以找到相关图文记录，只能从村干部、村中老人等群众处访谈获取，因此调研对象限定在一个直观、可观察的小群体内——典型家庭，每个调研村落选取三个典型家庭。

典型家庭的选择应体现村落及空间形态的代表性。所选家庭常住人口应体现村落的本土性；经济条件应体现村落的大众性；宅基地址应体现村落变迁的典型性。此外，家庭现有成员应包括在民国时期至人民公社期间内出生的人口；家庭产业应包括现代农业和副业不同产业；家庭党政背景应包括普通民众和村干部。

选定的时间跨度为百年，体现在普通家庭则需从当代追溯到祖父或曾祖父代，家庭变迁必定存在一户分裂成多户的现象。考虑到农村家庭结构称呼模糊的干扰，本书在此区分和定义家庭与户的概念：户——以成年男子或女子结婚成家为一户，家庭——具有相同血缘和未曾分家的几户为一家，一家由几户组成。

3. 区域与个案分析相结合的方法

关中乡村聚落不是孤立的，而是与整个区域的自然环境、社会文化、政治政策、经济技术密切相关，因此应把关中乡村聚落空间形态的变迁研究放在地域自然和文化环境的综合背景中进行剖析观察。当然，在选择对象时采用同类对比分析，旨在以点带面，明确剖析从关中乡村聚落个案具体的形态变迁中探究具有普遍意义的变迁研究。

4. 长时段研究

为全面把握关中普通乡村聚落空间形态百年变迁轨迹，本书采用历史比较法，把百年时段划分出五个历史时期、六个时间节点作为研究切片的时间基准，对多视角在不同时段的表现对比分析，揭示出关中乡村聚落空间形态的变迁轨迹。

5. 多视角研究

本书结合建筑学、城乡规划学、社会学、人文地理学从空间形态以上的范畴——土地制度、生产、生活三个研究视角入手，通过层层梳理乡村在三个视角下的空间要素及结构关系的变化，自下而上地探讨其引发的空间形态变化，更具说服力。

1.5.2 技术路线

本书研究技术路线如图 1-2 所示，见下一页。

1.5.3 研究创新点

1. 研究视角创新

1) 研究对象

目前建筑学领域关于关中传统村落的研究成果较为丰富，而普通村落的系统研究成果较少。本书以关中普通村落为研究对象，其代表着关中乡村的普遍性和真实性，具有较好的创新性。

2) 切入点

现有变迁研究成果多聚焦于自上而下的审视研究，而自下而上研究主体人的行为活动对乡村变迁推动作用相对薄弱。本书结合自上而下和自下而上双向作用，研究视角切入包括政策与制度（土地制度）、生产活动、生活活动三个方面，并更侧重自下而上的形态影响研究，具有较好的创新性。

2. 研究方法创新

1) 通过具体事件展开研究

现有研究多以田野调研为主辅助无人机拍摄和谷歌地图定位、人工测绘分析聚落内部空间和建筑空间规模、形态、构成、结构演变，但对村落空间使用主体的行为和心理需求研究较少。空间与行为的研究应是建筑设计及其理论方向研究的关键点。而田野调研不仅是对村落物质空间进行静态调研，也对村落人群的生产生活仪式进行动态调研。针对空间演变研究，本书更强调具体地研究村民的生产行为、衣食住行、日常娱乐与特殊节日，通过具体事件与行为变迁研究空间变迁，此方法具有较好的创新性。

2) 变迁时间划分研究

本书选取民国至当下时间跨度 100 年，根据土地制度、生产与生活的变迁规律将 100 年划分为多个时间段。考虑到人行为活动追溯，对每个时间段选取代表性时间切片落脚到具体某年。此方法在当前村落变迁研究成果中具有较好的创新性。

3. 研究成果创新

建筑学领域对乡村聚落空间演变研究的已有成果中，关注关中地区普通村落空间形态变迁，尤其是对聚落进行分类对比，强调区域村落空间演变的规律以及深层次影响机制的研究较为欠缺，本书研究成果在当前领域有较好的创新性。

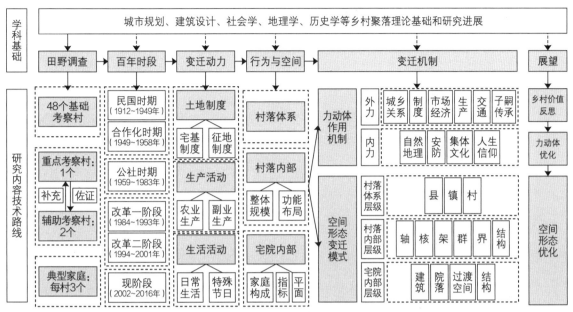

图 1-2 技术路线图

CHAPTER 2

第 2 章
关中乡村聚落发展概况及特征分析

2.1 关中乡村发展历程

2.1.1 关中乡村聚落的形成与发展

新石器时期，仰韶文化母系氏族公社形成了最早的乡村聚落和房屋。每个聚落就是一个氏族居住地，其布局与氏族社会结构密切相关。西安半坡氏族公社聚落包括居住区、制陶区和公共墓葬区三部分。居住区内，住房紧密排列在一起，聚落中心有一所氏族成员集体活动的大房子。住房最普遍的形式是方形或者圆形平面的半穴居，中央都有一火塘供取暖煮食之用。居住区四周设置了一条五六米宽的防御大沟，沟北是墓地，沟东是烧陶窑址。龙山文化时期进入父系社会，出现家庭私有化。住房双室相连，平面呈"吕"字形，内室是取暖煮食的地方，外室是储藏的地方。仰韶文化时期的聚落布局消失，房屋、制陶区和墓葬区交错在一起，没有了明显分区。

人类第二次劳动大分工之后，氏族聚落逐渐分化成乡村和市镇。在此之后漫长的三四千年间，从奴隶社会到封建社会再到半殖民地半封建社会，乡村聚落的发展和变化缓慢。金其铭先生[2]认为，我国古代农村聚落具有如下特征：(1)人口稀少，耕地面积相对较多，耕作粗放，村庄比较稀少。(2)既有人口较多的大村庄，也有零星分散的三家两户的小村。(3)县城与农村聚落之间的界限，有时不明确。(4)居住条件差，一般民房结构简单，以蓬舍茅屋为主。(5)封建社会后期，我国经济有较大的发展，产生了一些规模较大的农村集镇，集镇的数量也有了很大发展。

特别是明清时期，社会经济发展迅速，关中地区村落和住宅建设基本成熟，形成了与自然、政治、文化相匹配的独特的关中特色。清中后期关中受到西北方游牧民族的侵略，所以村落多具备独特的封闭性和警惕性。很多村镇以"××堡""××寨"作为村名，许多古村还保存有完整独立的寨门或堡门，例如潼关县西北村文明寨，寨门以55厘米×35厘米砖体砌筑，门上有瞭望孔，寨内的主干道南北朝向，两侧民居入口均开至主干道上，并设有专门的排水系统；也有的村落以夯土砌筑围墙，与高大的院墙合围成封闭聚合的村落形态[60]。村内常设有戏台和庙宇、宗祠（图2-1）。

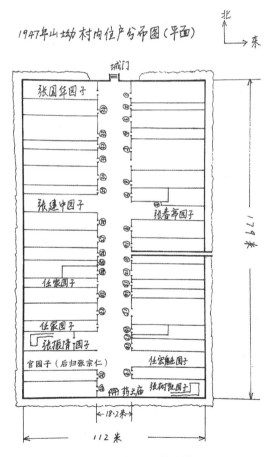

图2-1 乾县山坳村民国时期村落平面图
（图片来源：摘自《山坳村志》）

此时的住宅与我国传统民居同样以四合院为基本形制,不同的是用地形态狭窄,称之为窄院民居。关中地区黄土地貌,风沙大、夏季炎热,因此缩小庭院宽度,加大周围房屋的出檐,就可使庭院大部分时间处在阴影之中,既阴凉又有利于周围居室的通风,还能抵挡风沙的侵扰[61]。此外,明清时期关中人口激增,住房毗邻而建。在保证每户用地面积不变的情况下缩小宽、加大进深可以缩短街巷长度,从而减少村镇占地面积,以此保证耕地面积最大化。同时宅院的布局也体现出关中浓厚的上下尊卑伦理秩序——门房为宾,两厢为次,父上子下,哥东弟西。宅院的入口多设在临街门房左边一侧,少数居中设门。另一种宅院则由正房、两厢组成,两厢山墙正中设大门。也有少数殷实大户采用二、三进院落形式,前堂、厅房举行大型家庭活动、祭祖和接待宾客,中庭以后则是家庭起居空间(图2-2,见下一页)。

2.1.2 乡村人口与村落数量百年变化

民国初期,陕西的人口缓慢增长。民国元年(1912年)人口为917万人,直至民国十七年(1928年)增长到118万人。1929~1932年,陕西发生特大旱灾,社会经济遭到严重破坏,百姓流离失所,人口锐减。乔启明《中国人口与粮食问题》[62]记载:民国二十年(1931年)陕西省总人口下降为897万人。其中,关中地区人口大量迁往陕南,人口达百万之多。同时,大灾之后,又引发了瘟疫,传播迅速,人口大量死亡。抗日战争时期,陕西成为抗战大后方,国民政府非常重视陕西的经济发展,1937年人口增至1000多万,关中地区的人口增长最为明显。

中华人民共和国成立后,社会稳定发展加之计划生育,人口增长较为平稳。其中20世纪50年代初、70年代初、90年代初是三次人口增长高峰期,乡村人口亦如此。至21世纪初,农业人口比例开始下降,非农人口比例增多。2007~2010年,农业人口数量下降最快。2014年,陕西总人口达3875万人,其中农业人口2319万人,非农人口1446万人[63](图2-3,见下一页)。

1978年陕西镇政府数量和乡政府数量分别为366个、2154个,到2014年镇政府数量增至1142个,乡政府数量则锐减至74个,之后每年呈现稳步递减状态[64],其根本原因则是因为"撤乡并镇"的政策实施。为了打破城乡二元结构,整合资源,精简机构,节约人力财力,撤乡并镇俨然已成为加快城镇化的"催化剂"。陕西于1996年、2001年、2011年经过三次大规模"撤乡并镇"(图2-4,见下一页)。

过度"撤乡并镇"会使村落层级变得简单,大队变小队,小队投资机会就被"吞并",国家的公共服务设施、教育资源、医疗资源更不能得到有效分配,同时,拆并过度还会导致基层政府的灵活性和机动性降低。

伴随着"撤乡并镇""拆村并点",2001年和2015年两年行政村数量大幅减少(图2-4,见下一页)。"拆村并点"以"增减挂钩"的方式腾退出土地指标,以满足城市周边征地的合法化和牟取土地级差暴利。关中某些新型农村社区的建设,建设规模庞大,建筑质量低廉,建筑风格毫无乡村特色。农民被赶上楼,其后续的就业保障、医疗保险等没有同城镇居民同步。大量另辟新址营造新的乡村社区,缺乏乡村聚落整体性价值思考,现有大量乡村聚落的文化、景观、群体价值快速散掉;忽视乡村聚落内力的构建。新村选址随意,完全建新村,不利于公共服务设施、基础设施的完善和第三产业的良性发展;乡村聚落发展过程中过分依赖政府主导下的制度作用,忽视关联其中具体人的生产、生活状态。这些问题对现有乡村聚落文化和景观造成了无法逆转的毁坏。

2013年,陕西省选定21个乡村社区作为省级试点,区市各确定10个市级试点,每县(区)确定10个县级试点,全省共选定1000个左右新型乡村社区,力争2016年使全省20%的乡村达到社区化标准,居住人口占到乡村人口的 25% 以上，实现乡村基础设施城镇化、生活服务社区化、生活方式市民化。其中关中地区，要求充分利用渭河治理机遇，率先推进沿渭新型乡村社区建设工作，示范引领全省 1000 个新型乡村社区建设。这种规模和强度是空前的，同时也是值得深思的。

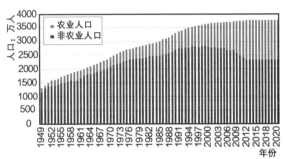

图 2-3　陕西历年农业与非农业人口数量
（图片来源：根据《陕西统计年鉴》整理而得）

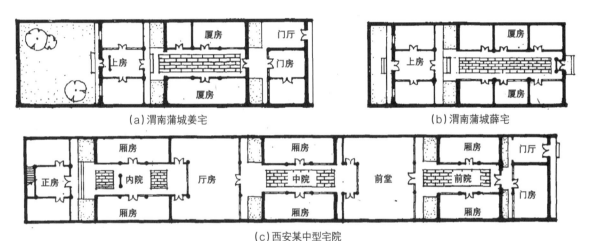

(a) 渭南蒲城姜宅　　(b) 渭南蒲城薛宅

(c) 西安某中型宅院

图 2-2　关中窄院平面图
（图片来源：根据《关中窄院民居》改绘）

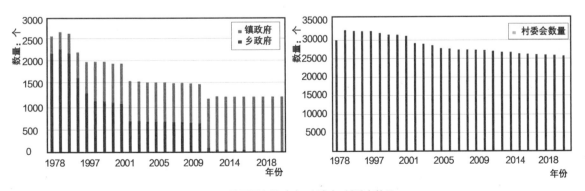

图 2-4　陕西历年镇政府、乡政府、村委会数量
（图片来源：根据《陕西统计年鉴》整理而得）

2.1.3 土地制度百年变迁

中华人民共和国成立前，我国乡村土地制度为地主土地所有制。关中地区具有独特的"关中模式"[65]。地主和佃农的户数最少，自耕农和半自耕农的户数最多，土地问题不是地权集中而是地权分散。

中华人民共和国成立后，政府从1950年开始在全国进行土地改革。早在中华人民共和国成立初期，陕西省政府就已经承认存在这样的问题[66]："关中地区土地比较分散。地主约占耕地总量的8%，富农约占5%，其余土地为中农、贫农和其他阶级或社团所占有。在土地改革中应没收地主的土地和应征收庙宇、祠堂、寺院、教堂、学校和社团在农村的土地及其他公地等，约占土地总量的10%。土地改革法上所规定的其他几项应征收的土地也是为数极少的。某些地方甚至在一个乡的范围内，几乎没有地主。因此，农民在土地改革中只能得到有限的一些土地和其他的生产资料……有些农民甚至还得不到什么土地。"1951年底关中完成土地改革，地主、富农的财产及土地占有状况发生了较大的变化，但70%的贫下中农的土地及财产状况基本没有改变，反而带来另一个问题，就是使土地分割得更为细碎。

土地改革后，关中农民虽然拥有了土地，但由于生产工具的稀缺，生产力仍然低下。据长安县高家湾村调查"全村167户农民，土地改革后，8户雇农还全无牲口；107户贫农只有36户有牲口，还有71户没有牲口；52户中农也有5户缺牲口。大车、水车都很缺；雇农两样都没有；贫农107户只有两辆大车、三辆水车；中农也有缺的"[67]。因此，推行农业互助合作是非常必要的。从1950年开始，政府推行农业合作化，农民从自愿加入农业互助组到被迫进化为高级合作社，到1956年完成了社会主义改造。国家开始控制乡村的生产资料，土地私有变为集体所有，对农村集体用地进行大量无偿征用，对农产品实现统购统销政策。社员现有宅基地仍保有完整产权，但新征用宅基地和坟地需新合作社统筹解决。

1958年中央要求各地"建立农、林、牧、副、渔全面发展，工、农、商、学、兵互相结合的人民公社"。1958年7月27日，西安市雁塔区山门口乡将18个农业社（共2472户）合并为"东风人民公社"，这是陕西最早出现的一个人民公社[68]。人民公社化时期，农村土地进入了绝对公有化阶段。生产性土地包括自留地全部归公社所有，农户个体对生产性资产的产权被彻底否定，包括村民宅基地都归集体所有。其次，所有的生产、经营、分配活动完全由政社合一的人民公社安排。公社后期形成以生产队为基础的"三级所有，队为基础"农地产权制度格局，并被长期保留下来。

1983年，人民公社制度彻底瓦解，家庭联产承包责任制在全国乡村建立。同年，政社分开建立乡政府。土地开始依法流转，国家取消农产品统销政策，农村自由经济恢复。各地开始规范并引导农民的合理流动。1993年国务院办公厅禁止乡村住宅向城市居民出售。无偿的征地制度使得各单位、地方、个体盲目征地，造成大量的土地资源浪费，由图2-5（见下一页）可知，20世纪80年代初、90年代末耕地面积缩减最快，之后趋于平缓。2013年，中央提出建立城乡统一的建设用地市场允许农村集体经营性建设用地出让、租赁和入股，实行与国有土地等同入市，同权同价。

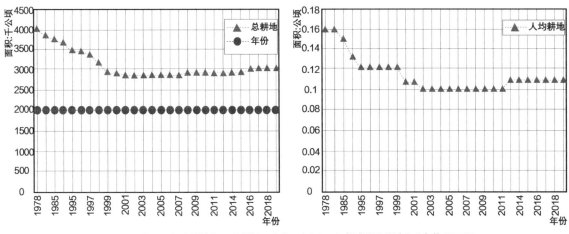

图 2-5 陕西历年总耕地与人均耕地面积(图片来源：根据《陕西统计年鉴》整理而得)

2.1.4 生产与生活百年变迁

农业生产随土地制度优化和科技发展而提高。民国时期，关中农业几近崩溃，地广薄收，靠天吃饭。农业生产需靠亲戚邻里互助，因此生活高度同质，村落集体意识极强。人民公社时期，平整土地，兴修水利，化肥、手扶拖拉机出现，但由于生产效率极低的制度安排，农业水平停滞不前。集体生产，集体生活、娱乐，开生产大会、批斗大会，集体看电影，都是公社时期的时代印记。新农村建设时期，传统粮食生产逐渐转向经济作物生产，公社时期的乡村工业逐渐转化为家庭手工作坊和畜牧养殖。改革开放后，传统农业向现代农业转型，生产机械化、规模化，经济作物代替粮食作物，关中成为蔬菜、苹果、桃等农产品的重要产地。传统家庭生产模式向产业示范园、生产基地转变，原有手工作坊向特色种养、特色手工转变（图2-6，见下页）。近年来，国内乡村旅游业蓬勃发展。关中地区作为陕西旅游的重点体验区，在自然风光与人文底蕴方面有独特的地域特色，休闲旅游业和新型服务业随之发展迅猛。

生活方面，随着大量剩余劳动力涌入城市，市场经济严重冲击着乡村原有生活方式和价值观念，村民生活变得独立单调和商品化。陕西乡村居民的收入在20世纪80年代末、90年代末和2010年左右增长较快，之后呈现逐年稳步上升趋势。到2014年农村家庭人均年收入为7932元，支出7252元，而1957年人均收入仅为77元，支出76元。

富裕了的农民首要消费就是进行住房建设。人均居住面积在20世纪80年代末出现一次小幅度下降,之后逐年上升,90年代末和2010年是两次建设高峰期,到2014年人均居住面积达41平方米,而1980年人均居住面积仅为9.5平方米,2017年人居居住面积再次大幅下滑(图2-7、图2-8)。

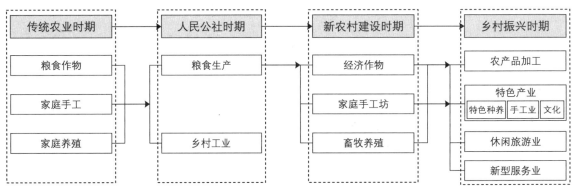

图 2-6　关中农业生产结构演变示意图

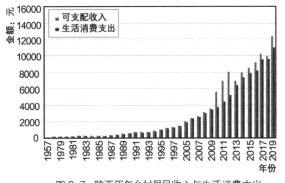

图 2-7　陕西历年乡村居民收入与生活消费支出
（图片来源：根据《陕西统计年鉴》整理而得）

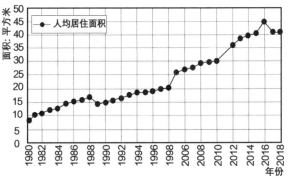

图 2-8　陕西历年乡村人均居住面积
（图片来源：根据《陕西统计年鉴》整理而得）

2.2 关中乡村聚落特征分析

从 2013 年起,作者开始对关中地区乡村聚落进行田野调研。本章以乾县 8 镇 39 村(图 2-9~图 2-11)为例,分析并总结关中乡村聚落空间现状特征。

图 2-9 关中地区乡村聚落风貌

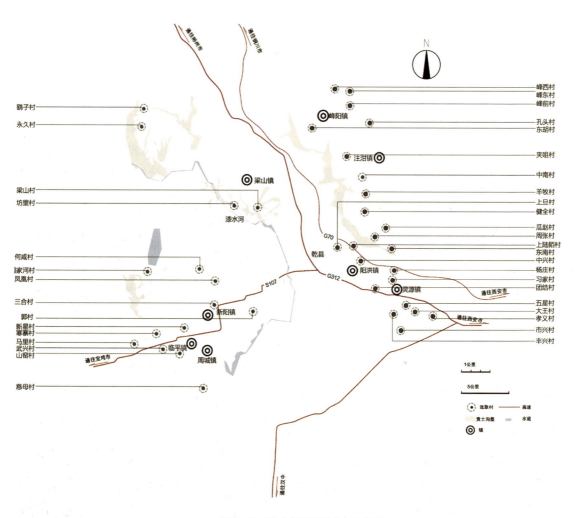

图 2-10 39 个调研村落分布示意图

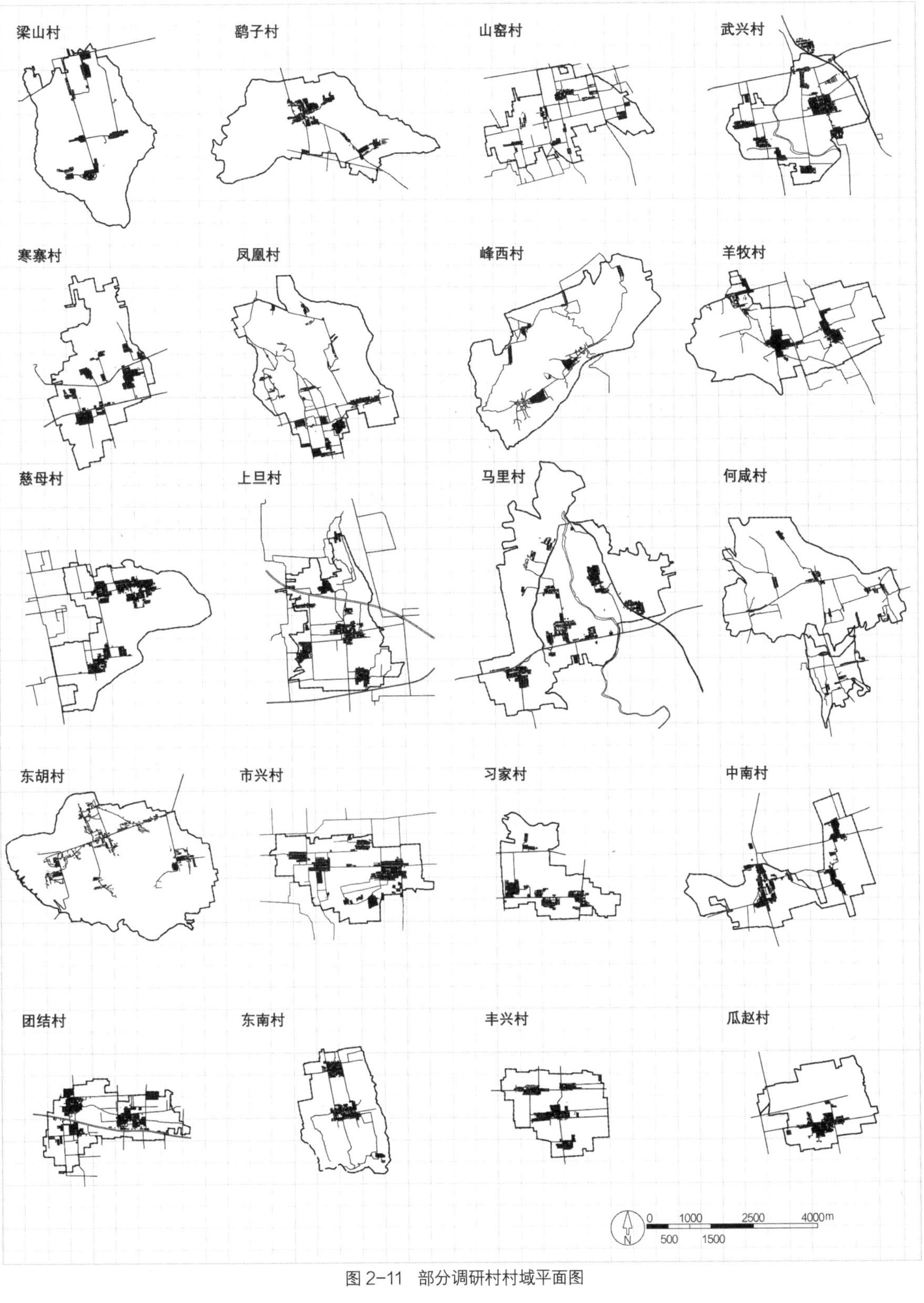

第 2 章 关中乡村聚落发展概况及特征分析　029

图 2-11　部分调研村村域平面图

2.2.1 地形地貌

乾县地处陕北黄土高原南缘与关中平原的过渡地带。全境西北高而东南低，按地形由北向南可分为浅山丘陵沟壑区、黄土台塬区、平原区，地貌形态有山地、丘陵、黄土高原和河谷阶地[69]。受地形地貌影响村落可分为黄土台塬型村落、冲沟缘型村落和平原型村落三类（图2-12）。黄土台塬型村落指台塬边缘的村落，若台塬窄长则村落沿塬边线性分布，若台塬宽裕则村落呈团状。冲沟缘型村落受地形限制更弱，成团成线，或大或小，但从村落演变来看，冲沟缘村落多是从沟中窑院搬迁上来形成的房院村落。平原型村落指周边无显著地貌差异的村落，但仍有壕、洼地等微小地形，限制村落并非四向均质发展，从而形成不规则形状。

（a）黄土台塬型村落　　　（b）冲沟缘型村落　　　（c）平原型村落

图2-12　乾县三类地形村落（图片来源：谷歌地图）

2.2.2 产业

自古以来，关中地区是我国重要的粮产区，农业是关中乡村的第一大产业。杨欢[70]从县域产业经济角度，将关中乡村分为农业主导型、工业主导型、商旅主导型和均衡发展型，认为农业主导型多分布在关中西部多山地区，工业型乡村多分布在铜川、宝鸡等地，商旅型乡村多集中在关中东部，依托优越的自然和人文资源发展商贸旅游业，均衡型乡村多数分布在连霍高速沿线，位于关中平原的中部位置。

笔者以微观角度分析基础调研村落就地产业可知（表2-1，见下页），农业仍是关中村落的主导产业，根据发展规模和影响程度又分为普通农业、特色农业。部分村落依托较好的历史人文自然景观资源向休闲旅游业延伸。

39个调研村落产业概况　　　　　　　　　　　　　　　表2-1

序号	村名	所属镇	主导产业	产业概况
1	坊里村	梁山镇	特色农业	种植苹果、小麦、油菜、西瓜、花椒
2	梁山村	梁山镇	普通农业	种植小麦
3	鹞子村	梁山镇	普通农业	种植苹果、西瓜
4	永久村	梁山镇	普通农业	种植西瓜、苹果、花椒,饲养奶山羊
5	寒寨村	临平镇	普通农业	种植双矮苹果、小麦、西瓜
6	何咸村	临平镇	普通农业	种植苹果、小麦、玉米
7	马里村	临平镇	普通农业	种植苹果、小麦,开发石林旅游资源
8	山窑村	临平镇	普通农业	种植苹果、小麦、玉米
9	武兴村	临平镇	普通农业	种植小麦、苹果,开办猪羊养殖合作社
10	新星村	临平镇	普通农业	种植小麦、苹果,开办包装厂
11	周家河村	临平镇	普通农业	种植苹果、小麦、杂果、西瓜
12	凤凰村	新阳镇	普通农业	种植小麦、苹果
13	郭村	新阳镇	普通农业	种植小麦、玉米、苹果
14	三合村	新阳镇	普通农业	种植小麦、苹果
15	慈母村	周城镇	普通农业	种植小麦、玉米、苹果、苗木
16	上曲村	周城镇	普通农业	种植苹果、小麦
17	东胡村	峰阳镇	普通农业	种植苹果、西瓜
18	峰东村	峰阳镇	普通农业	种植苹果、养殖(牛)
19	峰前村	峰阳镇	普通农业	种植苹果
20	峰西村	峰阳镇	普通农业	种植苹果,饲养奶山羊
21	夹咀村	峰阳镇	普通农业	种植苹果、梨
22	大王村	灵源镇	普通农业	种植苹果、蔬菜,开办包装厂、建材厂
23	丰兴村	灵源镇	普通农业	种植红杨林
24	市兴村	灵源镇	普通农业	种植苹果,蔬菜加工,林木
25	灵源村	灵源镇	普通农业	种植苹果,蔬菜加工,林木,开发旅游资源
26	孝义村	灵源镇	普通农业	种植养殖、农业园
27	上旦村	阳洪镇	普通农业	种植酥梨,开办种植专业合作社
28	上陆陌村	阳洪镇	普通农业	种植小麦、梨
29	团结村	阳洪镇	普通农业	种植小麦、苹果
30	杨庄村	阳洪镇	普通农业	种植苹果、小麦,开办食品厂、建材厂
31	中兴村	阳洪镇	特色农业	种植特产酥梨、苹果
32	习家村	阳洪镇	特色农业	种植特产酥梨、苹果
33	东南村	注泔镇	普通农业	种植苹果、小麦、蔬菜,开发水库旅游资源
34	瓜赵村	注泔镇	普通农业	种植苹果、小麦、蔬菜,开办肥料加工厂
35	健全村	注泔镇	普通农业	种植玉米、小麦、苹果、梨
36	孔头村	注泔镇	普通农业	种植苹果、小麦
37	羊牧村	注泔镇	普通农业	种植苹果、小麦,畜牧
38	中南村	注泔镇	普通农业	种植苹果、小麦,畜牧,药材
39	周张村	注泔镇	普通农业	种植苹果、小麦,畜牧,开办建材厂

2.2.3 对外交通

本书中的对外交通指连接村内与村外、乡与城的国道或县道。对外交通极大程度影响着村民的城乡对接效率,决定着村落形态的发展趋势。按照与村落的相互关系,对外交通可分为相交、相切、相离三种类型。经统计,39个调研村落对应三种对外交通类型的村落占比分别为12%、25%、60%。可见,关中平原的交通网络相对较为发达。前两类村落与国道、县道相交相切的部分呈带状发展形态,而第三种类型村落受交通牵引力弱,形态呈完整团状(图2-13)。

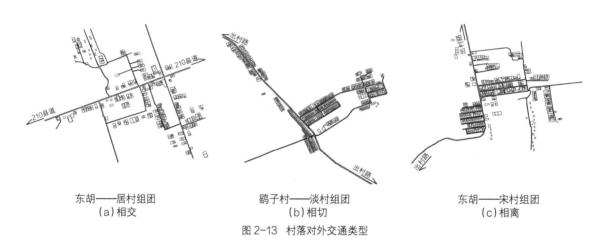

东胡——居村组团　　　　鹞子村——淡村组团　　　　东胡——宋村组团
（a）相交　　　　　　　　　（b）相切　　　　　　　　　（c）相离

图 2-13　村落对外交通类型

2.2.4 人口与用地规模

乾县乡村人口基数大,近几年经多次并村规模大都在1000人以上。《陕西省村庄规划编制导则(试行)》提到对1500人以下的村庄进行重点撤并,因此研究将1500人以下的村庄划分为小村,1500~3000人的村庄划分为中村,3000~4500人以上的村庄划分为大村,4500人以上的村庄为特大村。经统计,39个村中,45%的村落为中村规模,其次是大村占37%左右,特大村和小村规模较少(图2-14,见下一页)。

整体来说,关中村落密度大、碎而散(图2-15、图2-16,均见下一页)。经统计,调研村落中,拥有3个以内的大型自然村的行政村较少,拥有4~6个自然村的行政村最多,但仅略高于拥有7~9个自然村和10个以上小型自然村的行政村数量。自然村的规模取决于土地承载能力,即土地面积和单位生产率。当村落人口超过土地的承载力,则村落的规模便受到限制。从明清起,关中平原人地矛盾就格外突出,因战乱和生产力低下而产出极低,从而导致自然村的规模普遍偏小。经统计,调研村落中500户以内的自然村占11%,500~1000户占比63%,最少仅238户,1000户以上的自然村数量为5个。

第 2 章 关中乡村聚落发展概况及特征分析

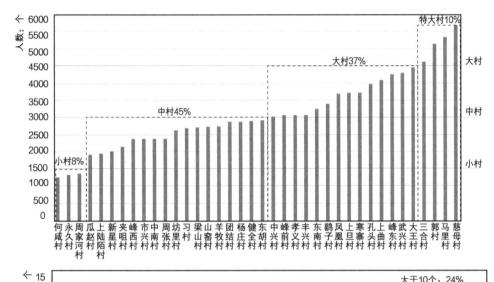

图 2-14 39 个调研村落人口规模统计

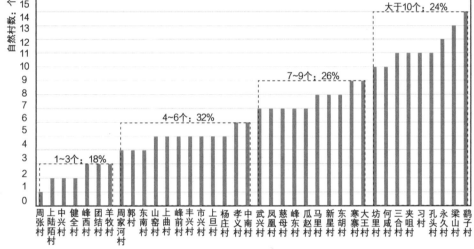

图 2-15 39 个调研村落自然村数量统计

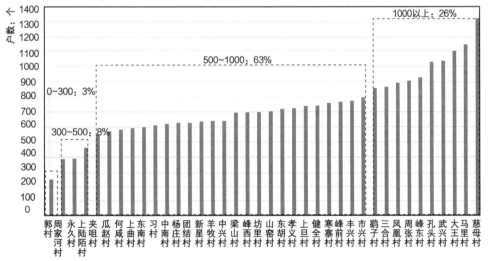

图 2-16 39 个调研村落自然村户数统计

2.2.5 自然村形态

平原自然村形态多为团状,部分村落受地形限制、对外交通影响或因土地承载力弱而规模较小,不足以成团状而呈带状(图2-17)。团状自然村具有向心性,公共服务设施通常布置在内部,村民居住状态较为凝聚。然而,团状自然村规模越大,向心性越弱,均质的棋盘状路网和宅基地使得村落空间缺乏辨识度。同时行政村现有公共服务设施不足以支撑大规模的服务半径,各个自然村处于"崩盘"的居住状态,但并非每个自然村均配有公共服务设施。

带状村落绵延过长不利于公服设施的集约利用。平原地区因交通或新迁居形成的带形长度较短,而位于河道阶地、黄土台原的村落受地貌限制,只能单向发展,带形长度延续较长。

此外,大部分自然村边界完整独立,互不干扰,也有较大自然村之间相互吸引,部分边界连为一体,形成双团状形态。

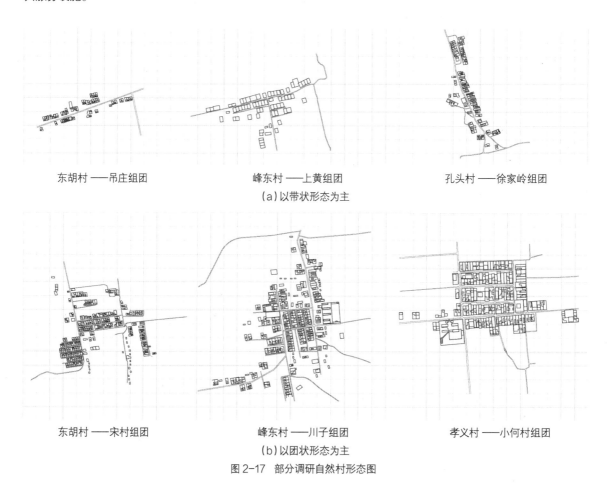

东胡村——吊庄组团　　峰东村——上黄组团　　孔头村——徐家岭组团
(a) 以带状形态为主

东胡村——宋村组团　　峰东村——川子组团　　孝义村——小何村组团
(b) 以团状形态为主

图 2-17　部分调研自然村形态图

2.3 关中乡村典型案例选取

2.3.1 选取要点

由2.2节内容可知,村落形态包括人口规模、自然村数量、大小和形状,地形地貌、产业、对外交通对村落空间形态均有影响。此外,村落是否是行政村所在地、镇政府所在地很大程度决定了村落内部的公共服务设施配备情况,因此,行政职能也是影响形态的重要因素。以影响因素对应形态展开类型组合分析(图2-18),行政村落人口规模、自然村数量受地形地貌和行政村职能影响,自然村大小受地形地貌影响较大,而产业、对外交通和行政职能对其也有一定影响,自然村形态则与地形地貌、对外交通、行政职能、产业均有紧密的联系。从典型案例的全面性与代表性来看,自然村大小和自然村形状应是案例选取的关键词。

通过村庄特征分析,同等规模行政村的自然村数量越少,则自然村越大,形态多为团状;反之,自然村数量越多,则规模越小。基于现有自然村形状分团状和带状两种类型,结合大小团状又分为单团、双团两种类型,因此本书将行政村类型分为单团村落、双团村落和多组团含带形村落,其中也涉及多组团全为团状的村落,从发展演变来看,可拆分为多个单团或双团村落,故本书中不再重复研究。

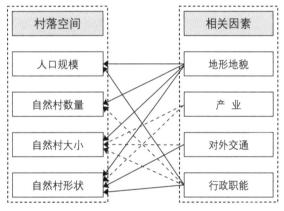

图 2-18 调研村落空间特征相互关系

2.3.2 典型案例选取

典型案例的选取一方面应按照上述形态分类进行，另一方面还应尽量全面涵盖多种影响因素的类型特征。

(1) 行政职能全面性

行政职能包括普通行政村、集镇(乡)或建制镇两类，案例均应涉及。

(2) 地形地貌代表性

案例选取地形地貌应考虑河流阶地、黄土台原、平原等多类型地形地貌。

(3) 就地产业代表性

关中村落就地产业以农业为主，旅游业次之，案例均应涉及。

(4) 对外交通代表性

案例选取应包括对外交通与村落相交、相切、相离三种类型。

(5) 规模代表性

案例选取应代表关中村落中村或大村的规模属性。

(6) 形态代表性

案例选取应代表单团村落、双团村落和多组团，含带形村落多类型。

(7) 区域代表性

关中平原社会、经济呈现东西向差异，故案例在东西轴向上应均有分布。

(8) 历史延展性

案例既要有较长的存在历史并具有可持续发展性是调研点应具备的条件之一，这是不同时期发展痕迹所需要的基础条件。

(9) 调研群众参与性

案例具有良好的群众基础也是必备条件之一。良好的群众基础可激发群众的参与性、主动性，使村民们的意见、要求、期望真实体现。

综上所述，笔者选取关中地区乾县薛录村、渭南北党村、宝鸡六营村作为研究典型案例。其中，薛录村作为重点调研村，北党村和六营村作为辅助调研村(表2-2、图2-19，见下一页)。

选取典型案例属性概况分析　　表2-2

属性	重点调研村	辅助调研村	
	薛录村	北党村	六营村
行政职能	建制镇村落	普通行政村	普通行政村
地形	平地	平地	冲沟缘
就地产业	普通农业	普通农业	普通农业+民俗旅游
对外交通	相交	相切	相离
规模	大型村	中型村	中型村
自然村形状	单团村落	双团村落	多组团含带形村落
区域	咸阳乾县	渭南合阳	宝鸡凤翔

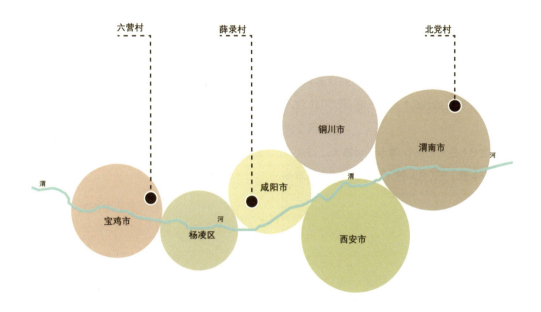

图 2-19 重点调研村落选取分布示意图

2.4 本章小结

本章围绕关中乾县乡村聚落概况展开研究。回顾和整理关中村落的形成以及百年来关中乡村人口、土地制度和生产、生活的变迁。以乾县 8 个镇 39 个村落为例,从地形地貌、产业、对外交通、规模、形态多方面对关中村落现状特征进行分析。最后,结合多类影响因素和代表性特征,选定薛录村、北党村和六营村作为典型调研案例。

CHAPTER 3

第 3 章
土地制度下的薛录村空间形态百年变迁

3.1 历史阶段与时间切片选取

根据土地制度变迁将一百年时间跨度分为四个阶段，每个阶段选取一个时间切片。切片以体现各阶段土地制度典型特点和村落空间形态特点为原则。切片方法为居中插入结合具体情况调整。近三十年的土地制度和经济环境变化剧烈，空间形态也随之剧烈变化，故近三十年的历史阶段以每十年选取一个时间切片（表3-1）。

3.2 现阶段（2002~2015年）空间形态

村落并非一夕突变，各时期空间形态变化必定存在千丝万缕的联系。为便于读者前后对比和对村落大致情况初步了解，本书优先对部分村落现状展开描述。

3.2.1 土地制度背景

2002~2016年，在家庭联产承包制的基础上，土地制度不断地定义着农民与土地的关系，赋予并保障农民对土地的使用权、经营权和流转权，使得土地在农民手里能更灵活更有效地配置。宅基地制度方面，面对长期以来村民对宅基地盲目征用和人口流出导致的宅基地空废现象，政府提出以城镇建设用地与乡村建设用地"增减挂钩"的方式，依法进行乡村宅基地流转。

3.2.2 村落体系空间形态

薛录村地处乾县东南部薛录镇。薛录镇东临礼泉县史德镇，西靠乾县姜村镇，南接马连镇，北邻大墙社区，下辖薛录村、新兴村、盘州村等11个行政村、24个自然村（图3-1）。薛录村为建制镇所在村。近十年，因拆乡并镇村落体系层级发生较大变化。大墙乡变为大墙社区，所属薛录镇。杨汉乡、王村乡、梁村乡均改乡为镇。"镇—社区—行政村"体系层级越发明晰和丰富。同时，各镇、乡、社区随着交通、地域等因素联系变得紧密和复杂，镇区结构形成网状体系（图3-2）。

土地制度历史阶段与时间切片选取表　　　　表3-1

时期	民国时期	农业合作社时期	人民公社时期	近三十年		
				第一阶段	第二阶段	现阶段
年份（年）	1912~1949	1950~1958	1959~1983	1984~1993	1994~2001	2002~2016
切片（年）	1935	1954	1971	1985	1998	2015

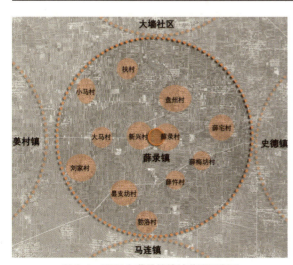

图3-1　2015年薛录镇镇域范围示意图

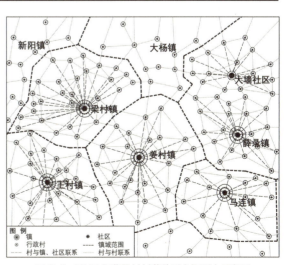

图3-2　2015年薛录村村落体系空间形态示意图

3.2.3 村落内部空间形态

1. 整体规模

薛录村为镇政府所在村,下辖 11 个村民小组。X218 乾兴路从村左侧穿境而过,新兴村与薛录村隔路相对(图 3-3)。根据 2011 年相关资料统计,薛录村户籍 671 户,总人口 3094 人。薛录村各生产小组集体建设用地面积不均,7 组最多,3 组最少。7 组、9 组、11 组沿乾兴路分布,其中 7 组沿乾兴路两侧向北面线性发展,11 组越过乾兴路西侧有一街区,并与 9 组相互交织形态混乱,但未形成向南线性发展趋势(表 3-2,见下一页)。

根据《村庄用地分类指南》,薛录村用地具体构成如表 3-2 所示。

2. 功能布局

1)道路体系(图 3-4,见下一页)

薛录村建设用地道路体系呈网格形态,道路等级由高到低为乾兴路—主街—环城路—街道路(村民自命名)。

(1)乾兴路

乾兴路是薛录村对外交通大动脉及商业聚集地,车行道 9 米,人行道 6 米。每逢集会异常拥堵,商品销售由店铺延伸到车行道。两侧商铺多为两层砖混,白瓷铺面粗糙冰冷,两层楼高的行道树适当柔化了建筑界面。

(2)主街

主街为薛录村内部第一干道,宽度与乾兴路相同。两侧多为两层建筑,人行道简易铺装无绿植。集会时,商贩摆摊热闹非凡;集散后人走场空毫无人气。

(3)街道

生活交通宅前路,车行道 4 米、两侧明沟、路肩 2.5 米以及宅前空地 5 米。两侧建筑多为一层住宅,红砖裸露,形式整齐,尺度舒适。宅前空地栽种绿植或蔬菜,生活气息浓厚。街道界面越靠近主街和乾兴路越凌乱,新建一层或二层住宅立面白瓷铺面无细节大尺度,明显异于街道内部形态。

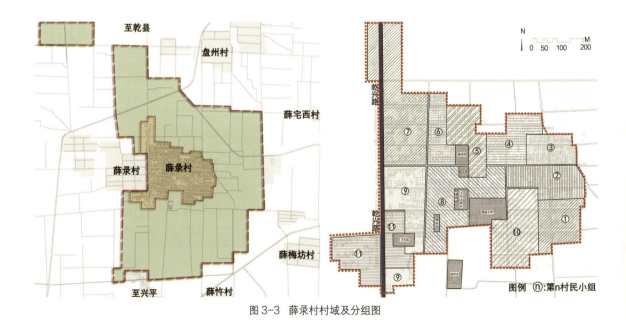

图 3-3 薛录村村域及分组图

薛录村用地构成表　　　　　　　　　　　表 3-2

	用地名称	用地面积（公顷）	比例（%）
	建设用地	50.00	17.77
其中	宅院用地	40.99	81.98
	公共服务用地	3.66	7.32
	商业产业用地	2.49	4.98
	基础设施用地	2.86	5.72
	农耕地	231.33	82.23
	总计	281.33	100.00

数据来源：调研测绘所得

（占建设用地比例）

(a) 道路等级体系

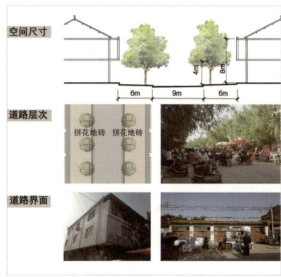

(b) 乾兴路形态分析

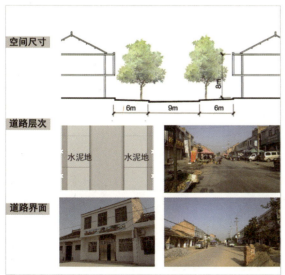

(c) 主街形态体系

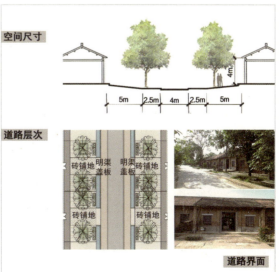

(d) 街道形态分析

图 3-4　薛录村道路体系

2）公共服务设施（图3-5，见下一页）

薛录村公共服务设施包括镇政府、派出所、中心小学、剧院、邮政、土地所等，政府职能机构（镇政府、派出所除外）主要分布在乾兴路轴线上，镇政府、派出所和文教等公共建筑则分布在村落居中的南北轴线上。

（1）薛录剧院

薛录剧院位于派出所南面，是村里唯一的公共活动场地，建于20世纪70年代，2010年重新翻修，建筑风格保留了人民公社时期的苏式建筑风格。目前剧院使用情况不理想，位置较偏，场地基础设施欠缺。

（2）城隍庙

城隍庙是保护地方水土的庙宇，位于剧院西南方，仿古风格，两进院落，1997年由88个村集资新建于此。城隍庙香火很旺，村民每逢特殊日子来此烧香祈福。每年农历七月十四、十五、十六连续三天为城隍庙会，城隍庙出资安排各种活动和7场免费大戏供村民参与观看。

（3）南华寺

南华寺位于薛录村最南侧，坐落于田野之中。2002年新建，仿古建筑，两进院落，位置比城隍庙偏僻，香火不如城隍庙旺盛。

（4）涝池（图3-6，见下一页）

在住宅紧密排列的建设用地内，涝池算是村内公共绿地节点。村内的小涝池多为旧时城壕或老宅基地废弃所形成，现如今涝池逐渐被填平，栽种着杨树或自生杂草树木又或者被陈年生产生活垃圾侵占。分布于村边缘的大涝池由于长久以来供村民建房取土，深度已达10米以上，污水垃圾直接排放于此。东侧大涝池经过土地回填现已复垦为农用地。

3）商铺（图3-7，见下一页）

受交通区位影响，商铺分布在乾兴路和主街两侧，目前薛录村商业发展已处于饱和状态。

商铺用地性质有两种：一种是原本为各小组宅基地或企业用地后改成的商业服务设施用地，再由集体筹资修建商铺出租，这部分用地主要分布在主街两侧及其以南三个街区；另一种是村民住宅用地，村民将宅院改为前店后宅兼顾商用，此种用地性质占多数，主要分布在中心区以外。

4）宅院

住宅肌理较整齐饱满，东堡子相比街道更为明显（图3-8，见下一页）。一个居住街区长140～180米，宽80～85米，容纳30～36户人家，单面街道容纳15～18户。南北两排宅院背对紧挨，左右宅院共用分户墙（图3-9，见下一页）。乾兴路南北端两侧宅院为东西向面对乾兴路，越偏离中心区肌理形态越散乱。由此可知，对外交通是影响村落肌理的重要因素。

宅基地作为村落的构成细胞，多为9米×33.5米的细长矩形用地，宅院为典型关中宅院，从一合院到三合院，一重院到二重院，形式多样（图3-10）。

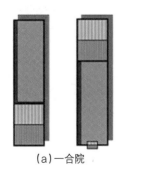 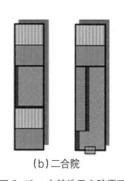 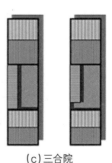 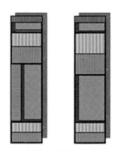

(a)一合院　　　　(b)二合院　　　　(c)三合院　　　　(d)二重院

图3-10　宅基地及宅院平面示意图（图片来源：研究小组绘制）

第 3 章 土地制度下的薛录村空间形态百年变迁　043

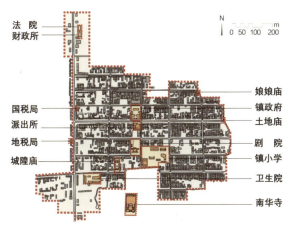

图 3-5　薛录村公共服务设施分布

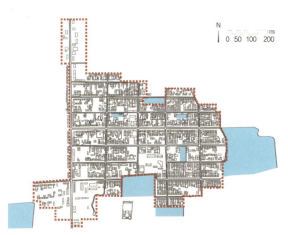

图 3-6　薛录村涝池分布图

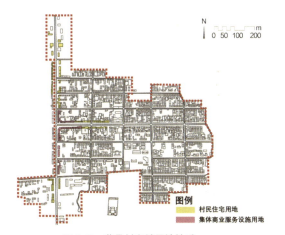

图 3-7　薛录村商铺用地性质

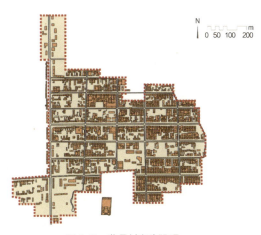

图 3-8　薛录村宅院肌理

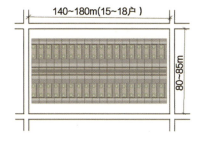

图 3-9　村落肌理构成（图片来源：研究小组绘制）

门房立面形式有四种。第一种是年代较久的老式门房，坡屋顶红砖墙，净高3.6米，三开间，中间为入户门厅，尺度怡人。第二种是在老式门房基础上二次装修，白瓷贴面。第三种为新式门房，预制板代替传统大木梁屋面构造，层高4.2米，增设坡屋顶隔热层，白瓷贴面。第四种为现代两层住宅，体量明显大于前三（图3-11，见下一页）。

宅院内部空间层次丰富，街道路—门前空间—门房门厅—院子—正房—后院—柴房严谨的中轴线秩序体现出关中地区浓厚的礼制观。

随着城镇化步伐的加快，乡村劳动力大量向城市输出，宅院空废不容忽视。据不完全统计，薛录村荒废宅基地（宅基地上建筑物破败无人居住）128处，废弃率达15%。东堡子的荒废率明显高于街道（图3-12）。村会计统计，薛录村671户中至少有100户子女已在城市购房，外出打工、上学的青壮年至少有50%。就7组而言（会计为7组组员），7组68户家庭拥有多处宅基地的至少10户，其中空置不用的宅院至少有4户，占比5%。

3.2.4 宅院内部空间形态

根据入户家庭选取原则，此处选取的三个典型家庭均来自集体建设用地形态在百年中发生突变的7组且经济条件均为中等的家庭。出于保护被采访者的个人隐私考虑全文对被采访者进行拼音首字母缩写处理。典型家庭分别是LJX家庭（普通村民，人民公社时期出生，经营农业兼职副业）；LTM家庭（村会计，合作社时期出生，经营农业兼职副业）；LXR家庭（普通村民，民国时期出生，经营副业）。

1. LJX 家庭

中华人民共和国成立前，LJX家庭是村中大户，中华人民共和国成立后家道中落并于20世纪50年代分家。分家后，父亲、母亲、后奶奶和叔叔组成一家。叔叔后来移居外地工作，户口迁出本村，奶奶和父母定居村中。目前LJX父母及其以上长辈均去世，四个姐姐外嫁他村，家庭仅剩LJX和大哥两户成员。大哥在西安高校教书，逢节假日返乡，户口已迁出本村，无土地，但家庭为其和叔叔保留了宅基地。LJX育有两子，均在外地上大学，常年只有夫妇二人在家（图3-13、图3-14，均见下一页）。

LJX家庭共有四处宅基地。叔叔继承老宅基地，大哥继承父母宅基地，LJX有两子申请了两处宅基地。母亲去世前LJX为方便照顾母亲搬去与其同住，母亲去世后LJX一户继续居住在父母宅院里（现为大哥所有）。LJX另外两处宅基地和房屋均对外出租，一处作为修车行，另外一处作为农用品商铺（图3-15，见046页）。

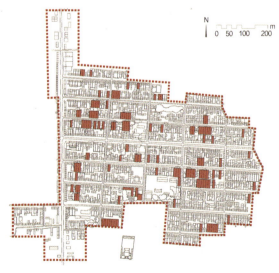

图3-12　村内废弃宅基地分布示意图

第 3 章 土地制度下的薛录村空间形态百年变迁　045

图 3-11　宅院立面示意图（图片来源：研究小组绘制）

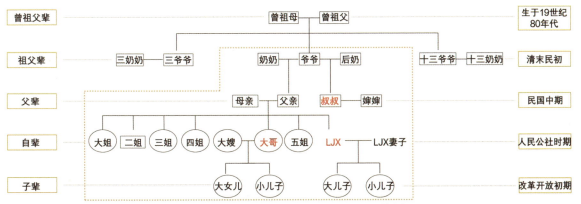

注：黄色虚线框为研究家庭，方框标注为去世人口，椭圆形标注为村落非常住人口，红色标注为宅基地户主。

图 3-13　LJX 家庭成员组成现状

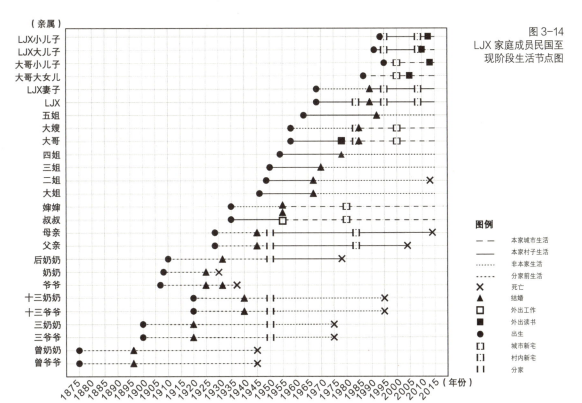

图 3-14
LJX 家庭成员民国至现阶段生活节点图

大哥的宅基地（LJX现居住处）位于7组北二路北面，9米×33.5米南北向，房屋坐北朝南建筑面积268平方米，宅基地前9米×5米的宅前空地用于停放三轮车、晒粮食。门房面宽9米，三开间，中间为过厅，左侧现为空置杂物房，右侧原为父母用房，现为LJX夫妇冬日居住房间。穿过门厅，前院种着杏树和菜苗，中间2米宽的水泥铺地通向二层正房。正房一层房间为客厅、LJX夫妻卧室、儿子卧室、洗澡间、厨房，二层为两间空置卧室和露台。正房后的后院布置着柴棚和厕所。柴棚堆放着苹果枝，厕所为旱厕，挖坑置桶便于施肥再利用。LJX夫妇平日使用最多的空间仅为一层卧室、厨房、洗澡间及前后院，其他房间只有在特殊节日才会使用（图3-16）。

图 3-15　LJX 家庭宅基地分属图（图片来源：研究小组绘制）

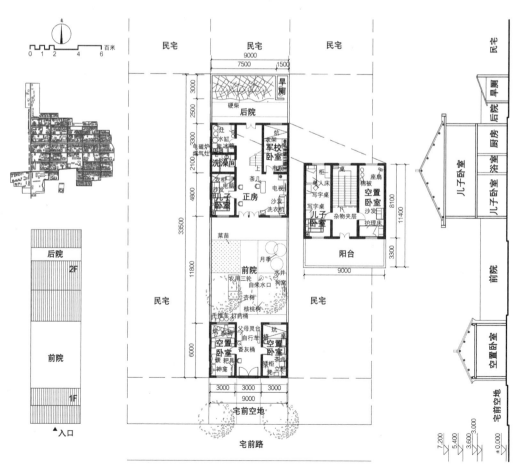

图 3-16　LJX 大哥的宅基地区位示意及宅院平面图、剖面图（图片来源：研究小组绘制）

LJX 的宅基地位于乾兴路两侧。第一处在西侧,东西朝向,9米×33.5米,房屋坐西朝东面向乾兴路,建筑布局为门房、厦房和大房,建筑面积约186平方米(图3-17)。第二处在东侧,东西向,因地处端头,LJX私自将宅基地进深加长变为9米×42米,房屋坐东朝西,建筑只有一栋2层楼房,面积约253平方米。此处宅院建成后从未居住过,仅用于出租(图3-18,见048页)。

LJX 叔叔的宅基地现已被其他村民新批宅基占去大半,只剩断壁残垣。

经整理,得到2015年LJX家庭的宅基地指标如表3-3所示(见049页)。

2. LTM 家庭

民国时期LTM爷爷和大爷爷分了家,爷爷奶奶育有大伯、两个姑姑和父亲。大伯无后,父母生了九个孩子(LTM、三个哥哥、两个姐姐和三个妹妹)并将大哥过继给大伯。现今父辈都已去世,五姐妹外嫁,二哥当兵后在城市落户,仅剩大哥、三哥、LTM三户居住村中。LTM是薛录村会计,育有两女一子。大女儿外嫁,小女儿在咸阳工作并准备落户,儿子去年结婚和媳妇均在咸阳工作很少回家,平日家里只有LTM夫妇两人(图3-19,见048页;图3-20,见050页)。

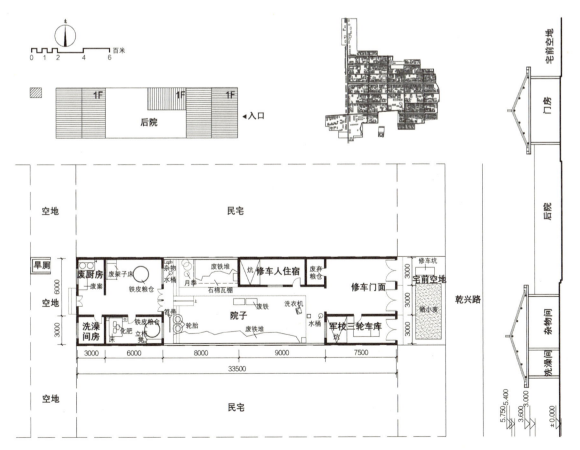

图 3-17　LJX 的宅基地区位示意及宅院平面图、剖面图(图片来源:研究小组绘制)

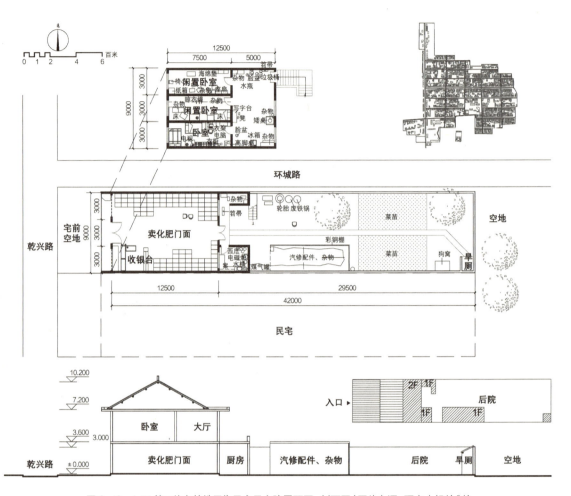

图 3-18　LJX 第二处宅基地区位示意及宅院平面图、剖面图（图片来源：研究小组绘制）

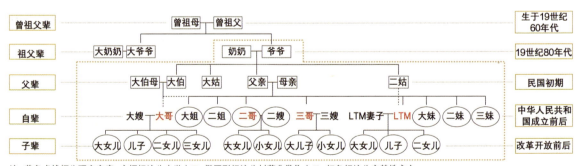

注：黄色虚线框为研究家庭，方框标注为去世人口，椭圆形标注为村落非常住人口，红色标注为宅基地户主。

图 3-19　LTM 家庭树

2015 年 LJX 家庭人口及宅院指标　　　　　　　　　　表 3-3

项目		数据	备注
家庭指标	家庭户数（户）	3	小叔和大哥户口迁出，但仍有宅基地，故各算一户
	家庭居住户数（户）	1	
	总人口（人）	6	
	家庭常住人口（人）	2	
宅基地指标	宅基地处数（处）	4	
	使用宅基地处数（处）	2	
	宅基地总面积（平方米）	1011	
	使用宅基地面积（平方米）	603	
	宅基地使用率（%）	59.64	
建筑指标	建筑总面积（平方米）	689	
	使用建筑面积（平方米）	136.5	
	建筑使用率（%）	19.81	
户均指标	户均宅基地面积（平方米/户）	337	
	户均建筑面积（平方米/户）	229.67	
人均指标	人均建筑面积（平方米/人）	69.5	建筑面积/家庭人口
	实际人均建筑面积（平方米/人）	344.5	建筑面积/家庭常住人口
	实际人均使用建筑面积（平方米/人）	68.25	建筑使用面积/家庭常住人口

数据来源：研究小组整理

LTM 家庭有四处宅基地，大哥、三哥各有一处宅基地，老宅基地留给城里工作的二哥，但其没有农地（图 3-21，见 050 页）。

LTM 的宅基地位于 7 组北二路北面。宅基南北朝向，9 米 ×33.5 米，宅院坐北朝南，门房、厦房、大房布局，建筑面积 226 平方米。门房三开间，左屋是 LTM 的书房兼客房，右屋是 LTM 的卧室，中间是过厅。左侧厦房房间依次是洗澡间、厨房、儿子卧室，右侧为水泥硬化的前院。上房包括粮仓、会客厅及小女儿房间。上房后面是后院、杂物棚和旱厕（图 3-22，见 051 页）。

大哥的宅基地位于北一路北侧，大哥将邻居家宅基地买过来并在一起尺寸变为 18 米 ×33.5 米，建筑包括 6 间门房和一栋 2 层独立大房（图 3-23，见 052 页）。

三哥宅基地紧邻大哥东侧，9 米 ×33.5 米，呈门房、厦房、大房布局（图 3-24，见 053 页）。

经整理，得到 2015 年 LTM 家庭的宅基地指标如表 3-4 所示（见 051 页）。

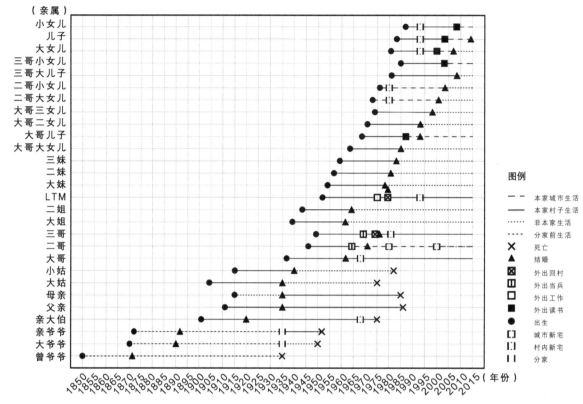

图 3-20　LTM 家庭成员民国至现阶段生活节点图

图 3-21　LTM 家庭宅基地分属图

第 3 章 土地制度下的薛录村空间形态百年变迁 051

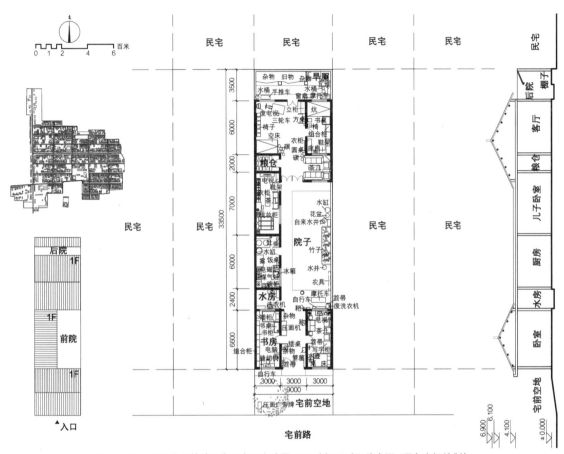

图 3-22 LTM 的宅基地区位示意及宅院平面图、剖面图（图片来源：研究小组绘制）

2015 年 LTM 家庭人口及宅院指标　　　　　　　　　　　　　表 3-4

项目		数据	备注
家庭指标	家庭户数（户）	5	LTM 三哥户口迁出，但仍有宅基地，故仍算一户
	家庭居住户数（户）	3	
	总人口（人）	10	
	家庭常住人口（人）	6	
宅基地指标	宅基地处数（处）	4	
	使用宅基地处数（处）	3	
	宅基地总面积（平方米）	1260	
	使用宅基地面积（平方米）	1206	
	宅基地使用率（%）	89.53	
建筑指标	建筑总面积（平方米）	831.67	
	使用建筑面积（平方米）	201.07	
	建筑使用率（%）	24.18	
户均指标	户均宅基地面积（平方米/户）	252	
	户均建筑面积（平方米/户）	166.33	
人均指标	人均建筑面积（平方米/人）	93.7	建筑面积/家庭人口
	实际人均建筑面积（平方米/人）	155.28	建筑面积/家庭常住人口
	实际人均使用建筑面积（平方米/人）	33.51	建筑使用面积/家庭常住人口

数据来源：研究小组整理

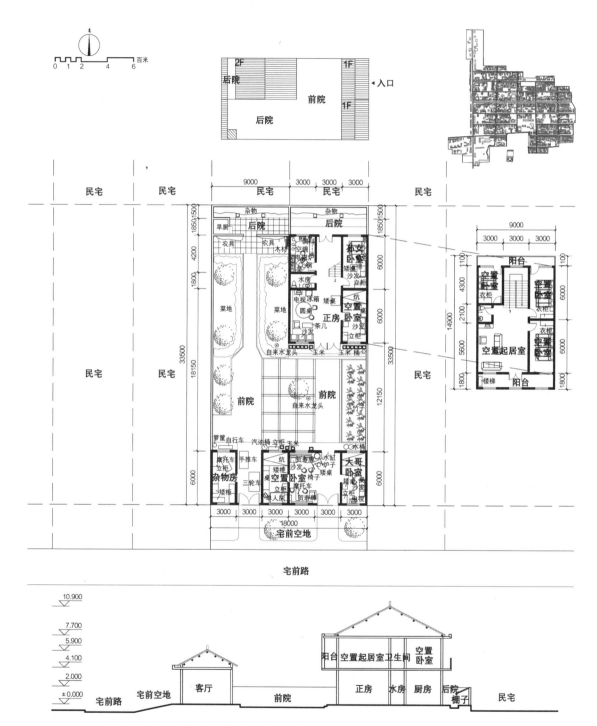

图 3-23　LTM 大哥的宅基地区位示意及宅院平面图、剖面图（图片来源：研究小组绘制）

第 3 章 土地制度下的薛录村空间形态百年变迁　053

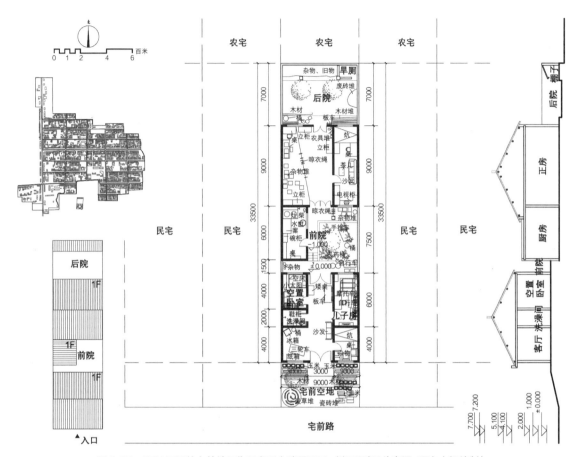

图 3-24　LTM 三哥的宅基地区位示意及宅院平面图、剖面图（图片来源：研究小组绘制）

3.LXR 家庭

LXR 出生于民国中期，父母另育有一弟两妹，弟弟年轻时户口迁出本村，两妹妹外嫁。LXR 夫妇生育两子两女，大儿子迁居咸阳工作，二儿子在乾县教书，2006 年举家搬到县城，村中宅院租给外村人。平日家中只有 LXR 夫妻两人，因年老体衰家中土地交给邻村小女儿打理，经济收入靠子女供给（图 3-25、图 3-26，见下一页）。

LXR 的宅基地位于 7 组北二街南面，LJX 家斜对面。宅基地南北向，房屋坐南朝北，包括门房、厦房和大房，建筑面积 168 平方米（图 3-27、图 3-28，同见 055 页）。LXR 二儿子的宅基地位于北三路北侧，房屋布局与 LXR 的宅基地一样（图 3-29，见 056 页）。LXR 弟弟宅基地现已被新批宅基地侵占。经整理，得到 2015 年 LXR 家庭宅基地指标如表 3-5 所示（见 056 页）。

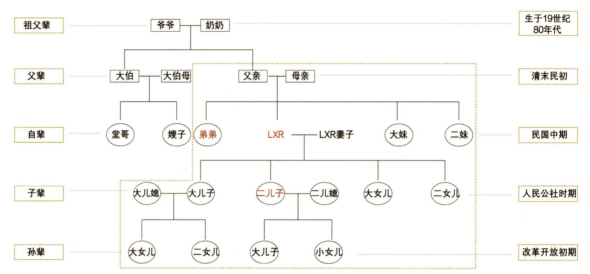

图 3-25　LXR 家庭树（图片来源：研究小组绘制）

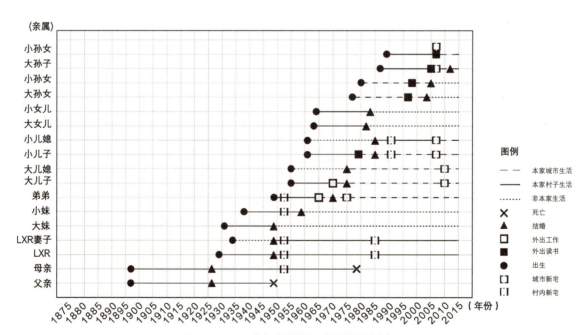

图 3-26　LXR 家庭成员民国至现阶段生活节点图

第 3 章 土地制度下的薛录村空间形态百年变迁

图 3-27 LXR 家庭宅基地分属图（图片来源：研究小组绘制）

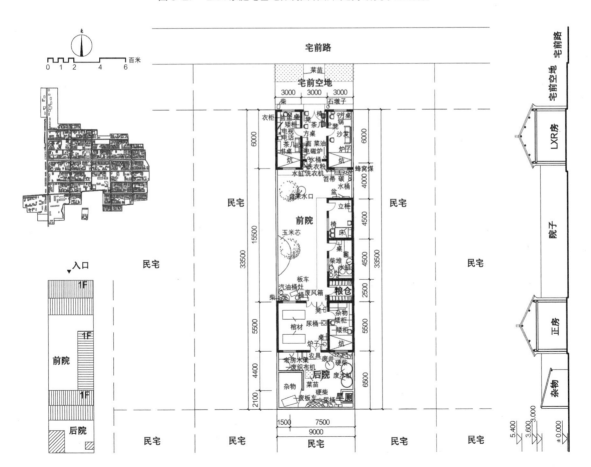

图 3-28 LXR 的宅基区位示意及平面图、剖面图（图片来源：研究小组绘制）

2015 年 LXR 家庭人口及宅院指标　　表 3-5

项目		数据	备注
家庭指标	家庭户数 (户)	4	弟弟和大儿子虽户口迁出，但仍有宅基地，故各算一户
	家庭居住户数 (户)	1	
	总人口 (人)	5	
	家庭常住人口 (人)	2	
宅基地指标	宅基地处数 (处)	3	
	使用宅基地处数 (处)	1	
	宅基地总面积 (平方米)	639	
	使用宅基地面积 (平方米)	301.5	
	宅基地使用率 (%)	47.18	
建筑指标	建筑总面积 (平方米)	324.23	
	使用建筑面积 (平方米)	60	
	建筑使用率 (%)	18.51	
户均指标	户均宅基地面积 (平方米 / 户)	159.75	
	户均建筑面积 (平方米 / 户)	81.06	
人均指标	人均建筑面积 (平方米 / 人)	64.85	建筑面积 / 家庭人口
	实际人均建筑面积 (平方米 / 人)	162.12	建筑面积 / 家庭常住人口
	实际人均使用建筑面积 (平方米 / 人)	30	建筑使用面积 / 家庭常住人口

数据来源：研究小组整理

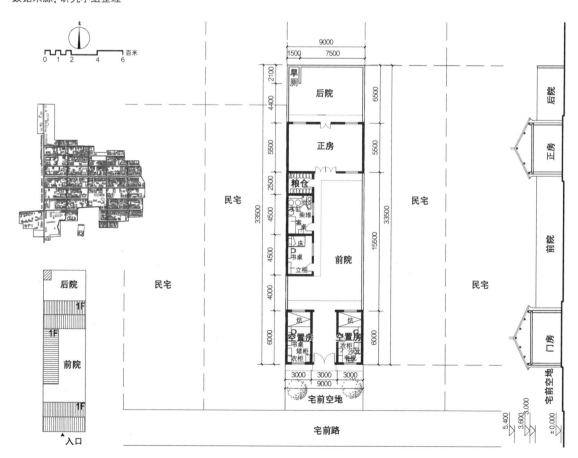

图 3-29 LXR 二儿子的宅基区位示意及平面图、剖面图 (图片来源：研究小组绘制)

3.3 民国时期（1912~1949年）空间形态

3.3.1 土地制度背景

民国时期，土地制度为资本主义地主土地私有制，土地作为商品自由买卖逐渐集中在地主、富农手中。但是关中是一个极为特殊的地区，有着独特的"关中模式"，地多人少且耕种产量不高，导致关中农民自耕农和半自耕农占据主导地位，佃户和地主极少数。关中农民面临的不是地权集中，而是土地分散；不是地主剥削，而是匪患威胁。

3.3.2 村落体系空间形态

1935年，薛录村隶属于薛王乡公所，而乾县范围内周边的乡公所还有杨子乡公所和王村乡公所。各个乡公所管辖范围内极大，下辖村与村间联系较密，但乡公所间联系较弱。因此，这个时期的村镇体系层级单调涣散，这样的行政环境促进了村落自给自足的发展模式（图3-30，见下一页）。民国时期薛录村由街道和东堡子两个自然村落组成，街道西侧是西堡子（新兴村前身），中间隔着一条弯曲的乾兴路。三个自然村被各自由城墙城壕围合形成封闭完整的居住点（图3-31，见下一页）。

3.3.3 村落内部空间形态

1. 整体规模

街道和东堡子建设用地总面积约13.0公顷，耕地面积约为268.33公顷（表3-6）。

2. 功能布局

1) 城墙、城壕（图3-32，见下一页）

东堡子和街道城墙大小相仿，东西长约210米，南北宽约160米，夯土筑成。东西面正中均有一城楼和大门，东西堡子和街道三个村落东西中轴线上的大门相对。唯有街道城墙南北面正中还有一大门，方便村民去地里耕种。城墙约8米高，4米厚，壕沟约6~8米宽，4~8米深。城门楼上时常有国民党卫兵巡逻。安保系统戒备森严说明匪患是当时关中地区的严重安全威胁。

2) 道路体系（图3-33，见下一页）

道路等级分三级。一级道路是乾兴路，土路，宽约4米，随地势弯曲，连接村落与外部。二级道路是城墙内东西主街，宽约4米，曲折连接街道、东西堡子。三级道路是绕城环城巷，土路，宽约3米，是承载村民生活的重要场所。

3) 公共服务体系（图3-34，见下一页）

村落公共空间，包括乡公所、城隍庙、南华寺、财神庙。城隍庙位于街道东南角，三进院落，内设剧台，规模等级比县城还高。每逢农历七月十五、八月初二城隍庙会，全村异常热闹。乡公所是国民党在薛录村的办公点，位于街道城内中心，由5间宅院组成。财神庙位于城墙之外街道和东堡子之间。每年九月十三财神庙会，主街两侧商铺高挂红灯笼，祈求生意兴隆。南华寺位于现小学地址，规模宏大，横向并列三条轴线，内设礼堂，20世纪30年代中后期被国民政府没收改为学校，即现村小学原型。

此阶段村落公共服务用地与宅院用地面积比约为1：6，高配比系数是民国时期村民精神生活强大而丰富、物质生活贫乏却顽强过日子的重要原因。

4) 商铺（图3-35，见059页）

商铺分布在街道和东堡子主街两侧，有染坊、银行、药店、粮食集、小吃店等。

1935年薛录村用地构成表　　　表3-6

用地名称		用地面积（公顷）	比例（%）	
建设用地		13.0	4.62	
其中	宅院用地	9.81	75.46	（占建设用地比例）
	公共服务用地	1.8	13.85	
	商业产业用地	0.92	7.08	
	基础设施用地	0.47	3.62	
农耕地		268.33	95.37	
总计		281.33	100.00	

注：访谈可知薛录村耕地在中华人民共和国成立后几经调整，均是面积等值调换，故整体村域规模在百年中几乎保持不变。

数据来源：研究小组整理

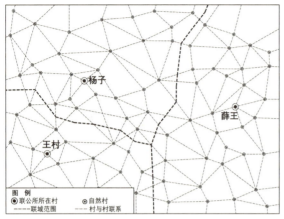

图 3-30　民国时期薛录村所在村落体系示意图

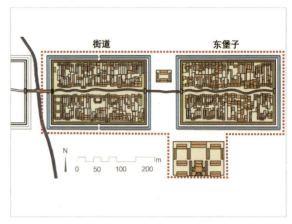

图 3-31　1935 年薛录村总平面图

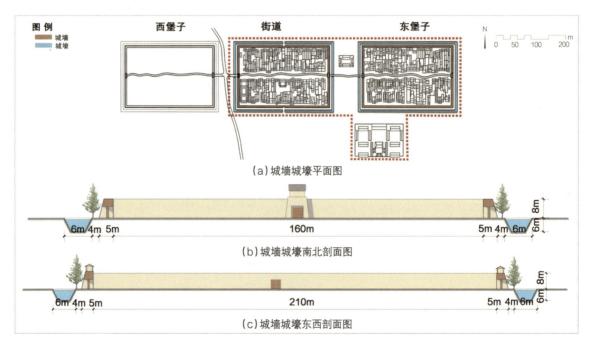

(a) 城墙城壕平面图

(b) 城墙城壕南北剖面图

(c) 城墙城壕东西剖面图

图 3-32　1935 年薛录村城墙城壕分析图（图片来源：研究小组绘制）

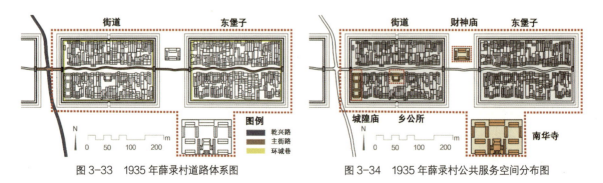

图 3-33　1935 年薛录村道路体系图　　　　图 3-34　1935 年薛录村公共服务空间分布图

5) 宅院（图3-36）

因土地私人所有，宅基地大小不一，自组织有机生长（图3-36）。宅基地呈狭窄长条状，房屋沿主街两侧拥挤排布，建筑后退道路参差不齐，沿道路进退曲折。

6) 涝池

街道、东西堡子大涝池共两个，由于整体地势北高南低，涝池分布在建设用地东侧和南侧。在缺水的台塬地带，涝池在灌溉浇地方面发挥着极重要的作用。

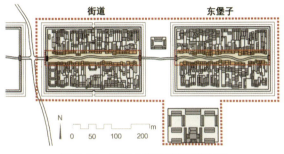

图3-35　1935年薛录村商铺分布图

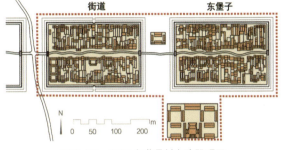

图3-36　1935年薛录村宅院肌理图

3.3.4　宅院内部空间形态

1. LTM家庭

1935年，LTM大姑出嫁，爷爷奶奶和小姑、大伯和大伯母、父亲和母亲3户7人共居一宅（图3-37，见下一页）。宅基地位于街道城墙内西北角，坐南朝北，6米×28米。宅院后退道路约8米，一合院坡屋顶，建筑面积49平方米。院内南北端头各有一小院，由于宅基地较窄，左宅右巷，非中轴对称。房间四间，依次为爷爷住房、父母住房、小姑住房和大伯住房，兼并起居、睡觉等功能用房，爷爷住房还兼厨房功能。每间房屋基本配置一张炕和几个放置衣物的矮柜（图3-38，见下一页）。

经整理，1935年LTM家庭的宅基地指标如表3-7所示。

1935年LTM家庭人口及宅基地指标表　　　表3-7

项目		数据	备注
家庭指标	家庭户数（户）	3	
	家庭居住户数（户）	3	
	总人口（人）	7	
	家庭常住人口（人）	7	
宅基地指标	宅基地处数（处）	1	
	使用宅基地处数（处）	1	
	宅基地总面积（平方米）	168	
	使用宅基地面积（平方米）	168	
	宅基地使用率（%）	100	
建筑指标	建筑密度（%）	46.43	
	容积率	0.5	
	建筑总面积（平方米）	78	
	使用建筑面积（平方米）	78	
	建筑使用率（%）	100	
户均指标	户均宅基地面积（平方米/户）	56	
	户均建筑面积（平方米/户）	26	
人均指标	人均建筑面积（平方米/人）	11.14	建筑面积/家庭人口
	实际人均建筑面积（平方米/人）	11.14	建筑面积/家庭常住人口
	实际人均使用建筑面积（平方米/人）	11.14	建筑使用面积/家庭常住人口

数据来源：研究小组整理

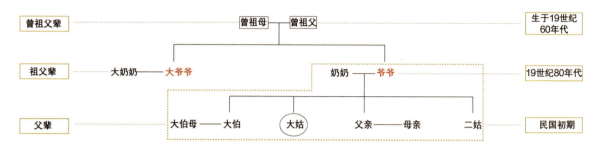

注：黄色虚线框内为研究家庭，方框标注为去世人口，椭圆形标注为村落非常住人口，红色标注为宅基地户主。

图 3-37　1935 年 LTM 家庭树

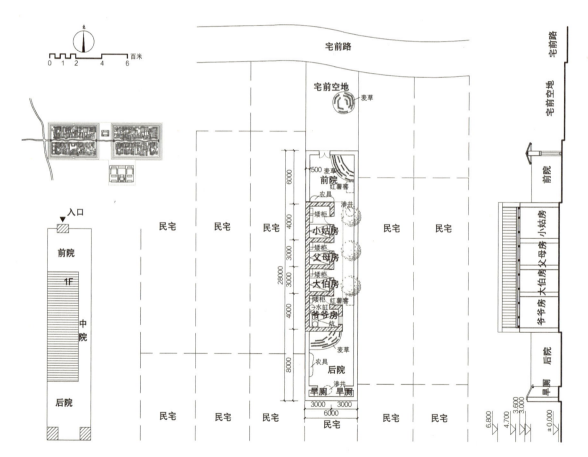

图 3-38　1935 年 LTM 宅基地区位示意及宅院平面图、剖面图（图片来源：研究小组绘制）

2. LXR 家庭

1935年,LXR父母和大伯、堂哥嫂三户8人共居一院,宅基地主人为大伯(图3-39)。宅基地为4米×21米,建筑为厦房,夯土结构,房屋4间,大伯和堂哥两间房,LXR父母两间房。大伯和父母分开吃饭,厨房分别位于父母和大伯屋中(图3-40)。

经整理,得到1935年LXR家庭的宅基地指标如表3-8所示(见下一页)。

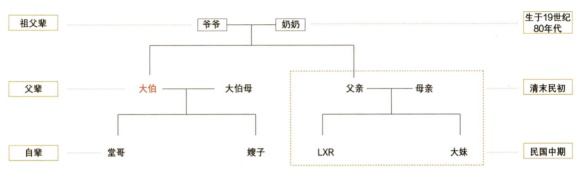

注:黄色虚线框为研究家庭,方框标注为去世人口,红色标注为宅基地户主。

图3-39 1935年LXR家庭树

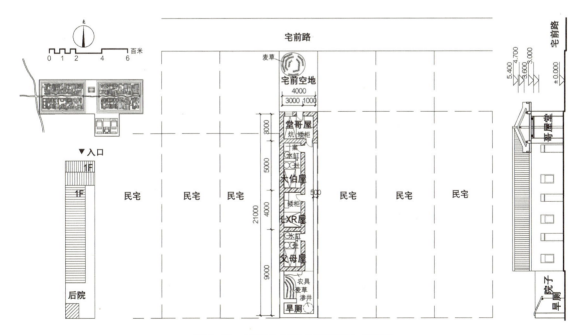

图3-40 1935年LXR家庭平面图、剖面图

1935年LXR家庭人口及宅基地经济指标表　　　　表3-8

项目		数据	备注
家庭指标	家庭户数（户）	3	
	家庭居住户数（户）	3	
	总人口（人）	8	
	家庭常住人口（人）	8	
宅基地指标	宅基地处数（处）	1	
	使用宅基地处数（处）	1	
	宅基地总面积（平方米）	84	
	使用宅基地面积（平方米）	84	
	宅基地使用率（%）	100	
建筑指标	建筑密度（%）	46.43	
	容积率	0.5	
	建筑总面积（平方米）	62.8	
	使用建筑面积（平方米）	62.8	
	建筑使用率（%）	100	
户均指标	户均宅基地面积（平方米/户）	28	
	户均建筑面积（平方米/户）	20.93	
人均指标	人均建筑面积（平方米/人）	7.85	建筑面积/家庭人口
	实际人均建筑面积（平方米/人）	7.85	建筑面积/家庭常住人口
	实际人均使用建筑面积（平方米/人）	7.85	建筑使用面积/家庭常住人口

数据来源：研究小组整理

3.4 农业合作化时期（1950~1958年）空间形态

3.4.1 土地制度背景

自1952年起，全国开始了轰轰烈烈的农业合作化运动。1954年，合作化运动发展至中期，互助组改为农业合作初级社，国家对农民、土地的控制更加严格。发展到中级社归并了农民的主要生产资料包括土地，对于旧有宅基地、坟地，农民保留完整的所有权，但新宅基和坟地，则必须由合作社统筹解决。与此同时，国家开始大规模开展经济建设，对乡村集体用地进行大量征用。为了配合计划经济，国家开始对农产品进行统购统销。1954年，薛录村仅剩2户单干，其余农户全部入社。

3.4.2 村落体系空间形态

1954年国家权力下渗，乡公所改为乡，管辖缩小，薛王乡公所分裂为大连乡、薛录乡和马连乡。周边还有姜村乡、杨汉乡、梁村乡、大王乡等。乡政府的密集设立说明国家对乡村的管理力度增强，乡绅自治管理体系受到冲击（图3-41、图3-42，见下一页）。

3.4.3 村落内部空间形态

1. 整体规模

1954年，薛录村集体建设用地占地13.88公顷，农耕地267.45公顷。农业合作化运动使得薛录村分为9个小组（图3-43，见64页）（表3-9，见下一页）。

1954年薛录村用地构成表　　　　　　　　　　　　　　　　　　　表3-9

用地名称		用地面积（hm²）	比例（%）	
建设用地		13.88	4.99	
其中	宅院用地	10.43	75.14	（占建设用地比例）
	公共服务用地	1.7	12.25	
	商业产业用地	1.07	7.7	
	基础设施用地	0.68	4.91	
农耕地		267.45	95.01	
总计		281.33	100.00	

数据来源：访谈复原所得

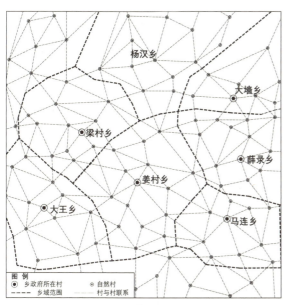

图3-41　1954年薛录村体系空间形态图

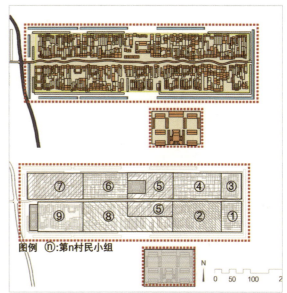

图3-42　1954年薛录村总平面与分组图

2. 功能布局

1）城墙、城壕（图3-43）

中华人民共和国成立初期，匪患威胁问题得以解决，城墙与城壕失去防御功能成为阻碍村落发展的第一障碍。村民建房从城墙上取土，城墙逐步破败，城壕被填平，街道和东堡子两个完整封闭的自然村落被打开，形成整体。

2）道路体系（图3-44a）

街道和东堡子合并后，道路等级不变。主街串起整个村落，环城巷连接成一个环。此时主街和环城巷依旧是4米和3米的土路，道路弯曲高低不平。

3）公共服务体系（图3-44b）

公共服务空间有三处。中华人民共和国成立前的南华寺被改为南华小学，城隍庙被改为薛录村粮站，被国民党占位乡公所的民宅被重新归还，财神庙被改为乡政府。相比中华人民共和国成立前，村民公共活动场地全被取消，取而代之的是行政职能空间。

4）商铺（图3-44c）

商铺布局较民国时期变化不大，分布于街道和东堡子主街两侧。

5）宅院（图3-44d）

宅基地肌理开始分裂。随着人口增长，窄长形宅基从中均分成两户，各从两端端头出入。此外，宅基地肌理突破城墙约束，向外扩张，组织结构开始呈现松散发展的趋势。

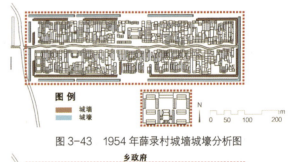

图3-43　1954年薛录村城墙城壕分析图

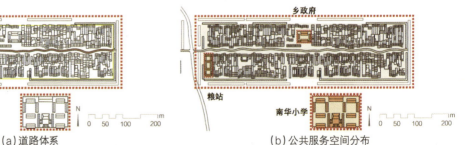

(a) 道路体系　　(b) 公共服务空间分布

(c) 商铺分布　　(d) 宅院肌理

图3-44　1954年薛录村内部空间形态分析图

3.4.4 宅院内部空间形态

1. LJX 家庭

合作化时期，LJX 家庭成员有父母亲和奶奶、小叔两户 8 口人，户主为父亲（图 3-45）。宅基地为中华人民共和国成立前的宅基地，南端临主街有一处进深 17 米的宅基地，是中华人民共和国成立后从大爷爷处买来的，但无新建房屋。房屋共三进院落，居住条件相对宽松（图 3-46，见下一页）。

经整理，得到 1954 年 LJX 家庭的宅基地指标如表 3-10 所示。

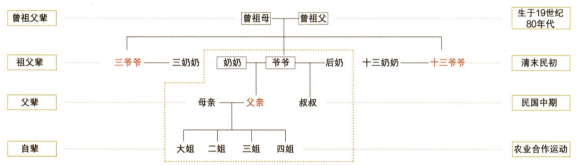

图 3-45　1954 年 LJX 家庭树

注：黄色虚线框为研究家庭，方框标注为去世人口，红色标注为宅基地户主。

1954 年 LJX 家庭人口及宅基地指标表　　　表 3-10

	项目	数据	备注
家庭指标	家庭户数（户）	2	
	家庭居住户数（户）	2	
	总人口（人）	8	
	家庭常住人口（人）	8	
宅基地指标	宅基地处数（处）	1	
	使用宅基地处数（处）	1	
	宅基地总面积（平方米）	378	
	使用宅基地面积（平方米）	378	
	宅基地使用率（%）	100	
建筑指标	建筑密度（%）	39.15	
	容积率	0.4	
	建筑总面积（平方米）	148	
	使用建筑面积（平方米）	148	
	建筑使用率（%）	100	
户均指标	户均宅基地面积（平方米/户）	189	
	户均建筑面积（平方米/户）	74	
人均指标	人均建筑面积（平方米/人）	18.5	建筑面积/家庭人口
	实际人均建筑面积（平方米/人）	18.5	建筑面积/家庭常住人口
	实际人均使用建筑面积（平方米/人）	18.5	建筑使用面积/家庭常住人口

表格来源：研究小组整理

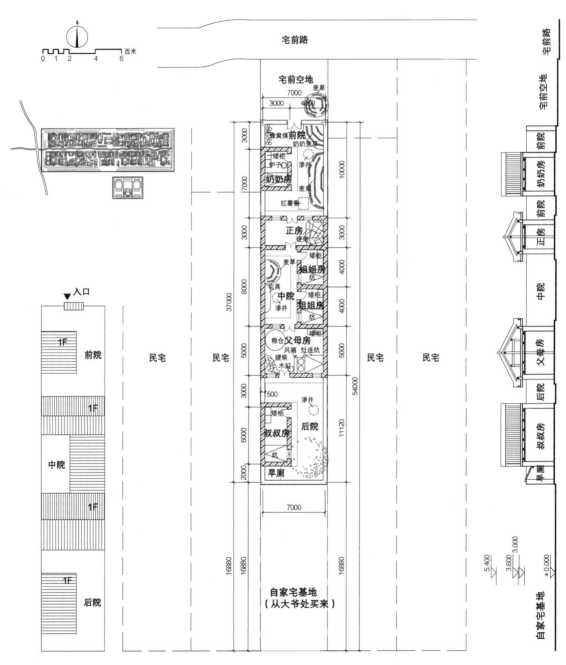

图 3-46　1954 年 LJX 的家庭宅基地区位示意及平面图、剖面图（图片来源：研究小组绘制）

2. LTM 家庭

LTM 的宅基地为中华人民共和国成立前的老宅基,家中有父母和大伯两户,共 11 口人。大伯没子嗣,大哥被抱养给大伯(图 3-47)。房屋 4 间,父辈两间,晚辈两间,父辈房间兼具厨房和卧室功能(图 3-48)。LTM 回忆,那时人多房少,生活起居基本在一屋内解决。

经整理,得到 1954 年 LTM 的家庭宅基地指标如表 3-11(见下一页)。

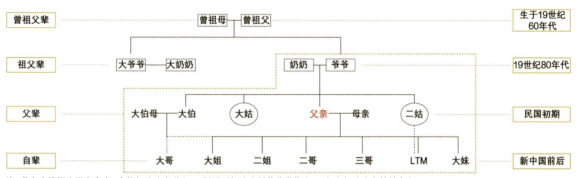

图 3-47 1954 年 LTM 家庭树

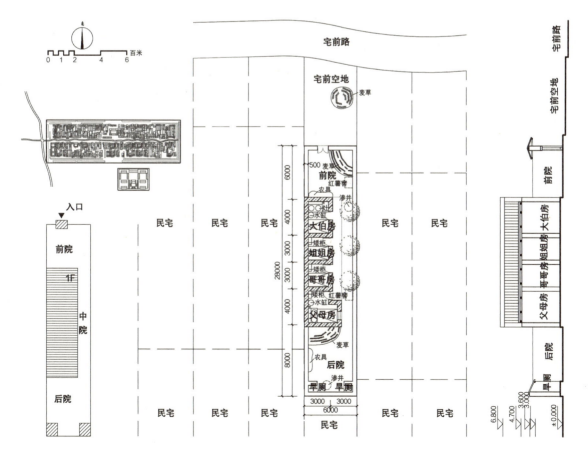

图 3-48 1954 年 LTM 家庭宅基地区位示意及平面图、剖面图(图片来源:研究小组绘制)

1954年LTM家庭人口及宅基地指标表 表3-11

项目		数据	备注
家庭指标	家庭户数(户)	2	
	家庭居住户数(户)	2	
	总人口(人)	11	
	家庭常住人口(人)	11	
宅基地指标	宅基地处数(处)	1	
	使用宅基地处数(处)	1	
	宅基地总面积(平方米)	168	
	使用宅基地面积(平方米)	168	
	宅基地使用率(%)	100	
建筑指标	建筑密度(%)	46.43	
	容积率	0.5	
	建筑总面积(平方米)	78	
	使用建筑面积(平方米)	78	
	建筑使用率(%)	100	
户均指标	户均宅基地面积(平方米/户)	84	
	户均建筑面积(平方米/户)	39	
人均指标	人均建筑面积(平方米/人)	7	建筑面积/家庭人口
	实际人均建筑面积(平方米/人)	7	建筑面积/家庭常住人口
	实际人均使用建筑面积(平方米/人)	7	建筑使用面积/家庭常住人口

表格来源：研究小组整理

3.LXR家庭

中华人民共和国成立前LXR父母无宅基地，与大伯家庭共住一处，合作化时期队里给LXR父母新批了一处宅基地，与大伯宅基地紧邻。1954年父亲已去世，LXR已成婚立户，大妹外嫁，家庭剩LXR夫妇和母亲两户人家，共5口人，户主为LXR（图3-49）。房屋共两间，母亲房间兼具厨房，母亲与弟妹三人共住，LXR夫妇一间房（图3-50，见下一页）。

经整理，得到1954年LXR的家庭宅基地指标如表3-12所示（见070页）。

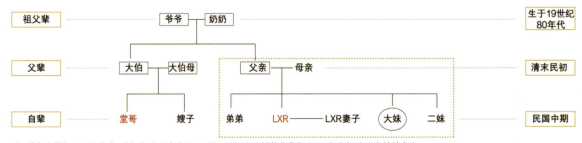

注：黄色虚线框为研究家庭，方框标注为去世人口，椭圆形标注为村落非常住人口，红色标注为宅基地户主。

图3-49 1954年LXR家庭树

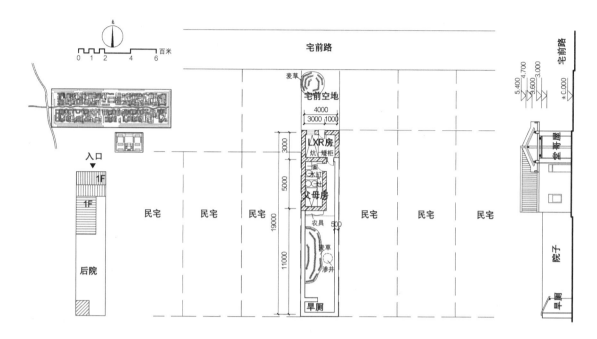

图 3-50 1954 年 LXR 的家庭宅基地区位示意及平面图、剖面图（图片来源：研究小组绘制）

3.5 人民公社时期（1958~1983 年）空间形态

3.5.1 土地制度背景

人民公社时期，各地建立起工、农、商、学、兵互相结合的人民公社。1971 年，公社权力下放形成"三级所有，队为基础"农地制度。农业由生产队集体耕作经营，农产品统购派购，社员宅基地不准出租买卖。新建宅院不收宅基地费用。房屋卖出后，宅基地使用权即随之转移。

3.5.2 村落体系空间形态

公社时期，国家对乡村的政治控制达到极致，行政单位由乡改为公社，公社下辖各生产队。薛录乡改为薛录公社，周边还有大墙公社、马连公社等（图 3-51，见下一页）。公社是支持国家工业建设大后方的基本单位，高压的行政管理使各生产队紧密抱团。此时村落体系是由行政力量而非内生联系搭建的，这种体系是僵硬固化的。

3.5.3 村落内部空间形态

1. 整体规模

1971 年，在人民公社运动大背景下，薛录村封闭的边界被打开，"摊大饼"似的发展。政府开始第一次控制村落发展与规划。薛录村分为 15 个小组，建设用地向南北扩张，建设面积达 18.04 公顷（图 3-52，见下一页）。

1954年LXR家庭人口及宅基地指标表　　　表3-12

项目		数据	备注
家庭指标	家庭户数(户)	2	
	家庭居住户数(户)	2	
	总人口(人)	5	
	家庭常住人口(人)	5	
宅基地指标	宅基地处数(处)	1	
	使用宅基地处数(处)	1	
	宅基地总面积(平方米)	76	
	使用宅基地面积(平方米)	76	
	宅基地使用率(%)	100	
建筑指标	建筑密度(%)	56.71	
	容积率	0.6	
	建筑总面积(平方米)	43.1	
	使用建筑面积(平方米)	43.1	
	建筑使用率(%)	100	
户均指标	户均宅基地面积(平方米/户)	38	
	户均建筑面积(平方米/户)	21.55	
人均指标	人均建筑面积(平方米/人)	8.62	建筑面积/家庭人口
	实际人均建筑面积(平方米/人)	8.62	建筑面积/家庭常住人口
	实际人均使用建筑面积(平方米/人)	8.62	建筑使用面积/家庭常住人口

表格来源：研究小组整理

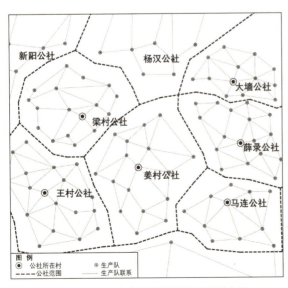

图3-51　1971年薛录村村落体系空间形态图

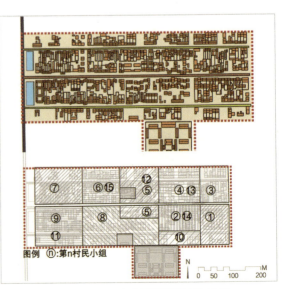

图3-52　1971年薛录村总平面图及分组

第 3 章 土地制度下的薛录村空间形态百年变迁

1971年薛录村用地构成表　　　　　　　　　　表 3-13

用地名称		用地面积（公顷）	比例（%）	
建设用地		18.04	6.41	
其中	宅院用地	14.72	81.6	（占建设用地比例）
	公共服务用地	2.2	12.19	
	商业产业用地	0.36	2.00	
	基础设施用地	0.76	4.21	
农耕地		263.29	93.59	
总计		281.33	100.00	

数据来源：访谈复原所得

2. 功能布局

1) 道路体系（图 3-53）

随着公社时期平整土地的展开，原有道路被重新修整，弯曲的土路改为笔直的石子路。乾兴路 6 米，主街 4 米。以主街为中轴线，南一路与北一路对称发展。

2) 公共服务体系（图 3-54）

薛录镇粮站迁往乾兴路西侧的新兴村，村里公共服务设施包括大队办公室、南华小学、新建的薛录大剧院以及各组饲养室、工具管理室等。

3) 商铺（图 3-55）

公社时期乡村自由贸易被完全禁止。农产品供销社是乡村仅有的商业供给点。原薛录粮站搬走后改为供销社，同时还征用了主街两侧部分宅基地新建供销社。

4) 涝池（图 3-56）

村头出现两处新涝池，由原城壕取土形成，形成薛录村难有的公共活动场所。

5) 宅院（图 3-57，见下一页）

宅基地无偿使用大大刺激了村民的建房冲动。新申宅基地需经社员大会讨论同意，由生产队统一规划。薛录村新批宅基地全部统一划为 6 米 ×30 米，背靠背宅基地中间规划了一条 7 米宽的卫生街。宅院肌理出现新旧交替的散乱状态。

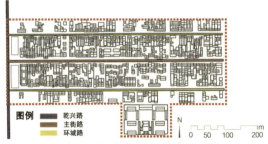

图 3-53　1971 年薛录村道路体系分析图

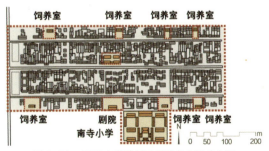

图 3-54　1971 年薛录村公共服务空间分布图

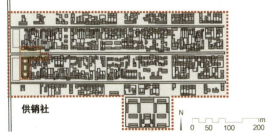

图 3-55　1971 年薛录村商业分布图

图 3-56　1971 年薛录村村内涝池分布图

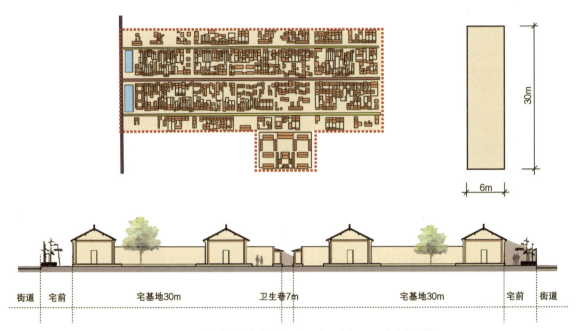

图 3-57　1971 年薛录村宅院形态示意图（图片来源：研究小组绘制）

3.5.4　宅院内部空间形态

1.LJX 家庭

公社时期叔叔进城工作户口迁出本村，家庭成员有父母和奶奶两户 7 口人（图 3-58）。宅基地为中华人民共和国成立前的老宅基，南侧临主街 17 米，被集体征为供销社。家庭房屋格局无较大变化，但由于人口的流动，房屋使用出现空置。

经整理，得到 1971 年 LJX 家庭的宅基地指标如表 3-14 所示。

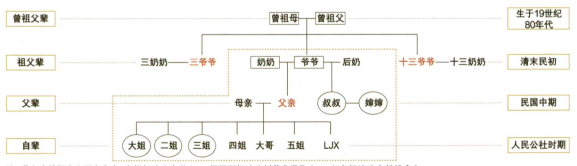

图 3-58　1971 年 LJX 家庭树

第 3 章　土地制度下的薛录村空间形态百年变迁　073

1971 年 LJX 家庭人口及宅基地经济技术指标表　　表 3-14

项目		数据	备注
家庭指标	家庭户数（户）	3	小叔户口迁出，但仍有宅基地，故算一户
	家庭居住户数（户）	2	
	总人口（人）	8	
	家庭常住人口（人）	7	
宅基地指标	宅基地处数（处）	1	
	使用宅基地处数（处）	1	
	宅基地总面积（平方米）	259	
	使用宅基地面积（平方米）	259	
	宅基地使用率（%）	100	
建筑指标	建筑密度（%）	57.14	
	容积率	0.6	
	建筑总面积（平方米）	148	
	使用建筑面积（平方米）	130	
	建筑使用率（%）	88	
户均指标	户均宅基地面积（平方米/户）	86.33	
	户均建筑面积（平方米/户）	49.33	
人均指标	人均建筑面积（平方米/人）	18.5	建筑面积/家庭人口
	实际人均建筑面积（平方米/人）	21.1	建筑面积/家庭常住人口
	实际人均使用建筑面积（平方米/人）	18.5	建筑使用面积/家庭常住人口

表格来源：研究小组整理

2.LTM 家庭

1971 年，LTM 一户有父母及兄妹 7 人，大姐、二姐已外嫁，二哥外出当兵户口迁出本村。大伯一户，大哥已娶妻生子，共 7 口人（图 3-59，见下一页）。大伯家的大哥新批宅基地从老宅搬出，位置与老宅隔街相对。至此，LTM 家庭共两处宅基地，大伯和父亲各为户主（图 3-60）。

1971 年，LTM 父亲在后院新建灶房将厨房从卧室中迁出。大伯的新批宅基 6 米 ×30 米，房屋 3 间，砖混结构，灶房 1 间，大伯、大哥各 1 间，前后有一院落（图 3-61，见 075 页）。

经整理，得到 1971 年 LTM 家庭的宅基地指标如表 3-15 所示（见下一页）。

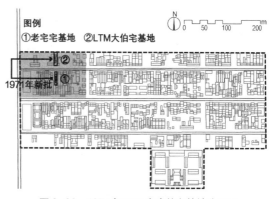

图 3-60　1971 年 LTM 家庭的宅基地分属图
（图片来源：研究小组绘制）

1971年LTM家庭人口及宅基地经济技术指标表　　　表3-15

项目		数据	备注
家庭指标	家庭户数(户)	3	
	家庭居住户数(户)	3	
	总人口(人)	14	
	家庭常住人口(人)	14	
宅基地指标	宅基地处数(处)	2	
	使用宅基地处数(处)	2	
	宅基地总面积(平方米)	348	
	使用宅基地面积(平方米)	348	
	宅基地使用率(%)	100	
建筑指标	建筑总面积(平方米)	169	
	使用建筑面积(平方米)	169	
	建筑使用率(%)	100	
户均指标	户均宅基地面积(平方米/户)	116	
	户均建筑面积(平方米/户)	56.33	
人均指标	人均建筑面积(平方米/人)	12	建筑面积/家庭人口
	实际人均建筑面积(平方米/人)	12	建筑面积/家庭常住人口
	实际人均使用建筑面积(平方米/人)	12	建筑使用面积/家庭常住人口

表格来源：研究小组整理

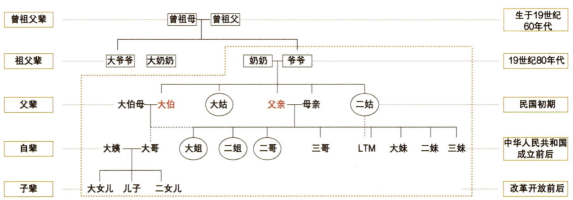

注：黄色虚线框内为研究家庭，方框标注为去世人口，椭圆形标注为村落非常住人口，红色标注为宅基地户主。

图3-59　1971年LTM家庭树

第 3 章　土地制度下的薛录村空间形态百年变迁　　075

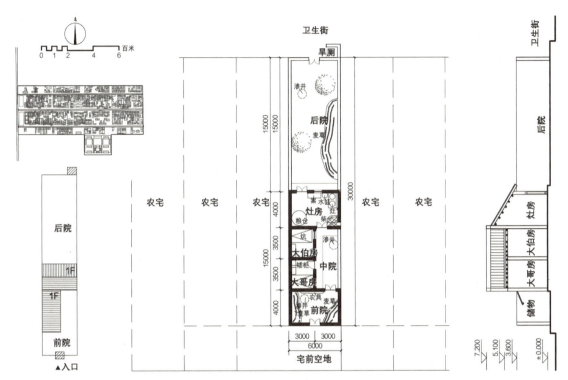

图 3-61　1971 年 LTM 大伯家的宅基地区位示意及平面图、剖面图（图片来源：研究小组绘制）

3.LXR 家庭

　　1971 年，LXR 弟弟已外出工作户口迁出本村，妹妹外嫁，LXR 大儿子外出工作户口迁出本村，家里仅剩 LXR 夫妇、3 子女与母亲共 6 口人（图 3-62）。LXR 家庭依旧居住在老宅院里。大儿子挣钱后给家里新建了厨房和卧室共 4 间（图 3-63，见下一页）。

　　经整理，得到 LXR 公社时期 1971 年家庭宅基地指标如表 3-16 所示，见下一页。

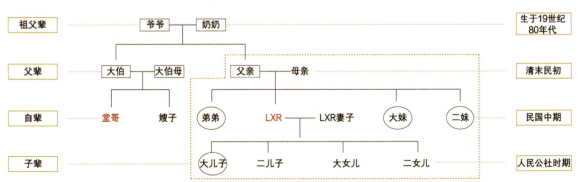

注：黄色虚线框为研究家庭，方框标注为去世人口，椭圆形标注为村落非常住人口，红色标注为宅基地户主。

图 3-62　1971 年 LXR 家庭树

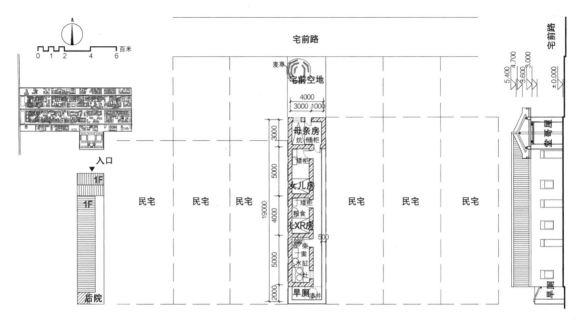

图 3-63　1971 年 LXR 家庭宅基地区位示意及平面图、剖面图（图片来源：研究小组绘制）

1971 年 LXR 家庭人口及宅基地经济技术指标表　　表 3-16

	项目	数据	备注
家庭指标	家庭户数（户）	2	
	家庭居住户数（户）	2	
	总人口（人）	8	
	家庭常住人口（人）	6	
宅基地指标	宅基地处数（处）	1	
	使用宅基地处数（处）	1	
	宅基地总面积（平方米）	76	
	使用宅基地面积（平方米）	76	
	宅基地使用率（%）	100	
建筑指标	建筑密度	85.09	
	容积率	0.9	
	建筑总面积（平方米）	64.67	
	使用建筑面积（平方米）	64.67	
	建筑使用率（%）	100	
户均指标	户均宅基地面积（平方米/户）	38	
	户均建筑面积（平方米/户）	32.34	
人均指标	人均建筑面积（平方米/人）	8.08	建筑面积/家庭人口
	实际人均建筑面积（平方米/人）	10.78	建筑面积/家庭常住人口
	实际人均使用建筑面积（平方米/人）	10.78	建筑使用面积/家庭常住人口

表格来源：研究小组整理

3.6 改革开放初期(1984~2001年)空间形态

3.6.1 第一阶段(1984~1993年)空间形态

1. 土地制度背景

1985年,人民公社解体,家庭联产承包责任制在全国火速推行。生产队土地分包到每户每人手里,农产品取消统购派购。国家开始鼓励土地的积极流转。因家庭联产承包责任制带来的经济发展,乡村出现大量劳动力非农化趋势,但国家为了缓解城市承受能力的负担,限制农业人口的非农化和自由流动。同时,在宅基地无偿使用背景下,富裕了的农民迫切希望改善居住环境,开始大量新建、扩建住房,导致乡村宅基地面积大量扩张,给耕地保护带来了较大压力。国家要求乡村建设用地必须统一规划、合理布局,开始对乡村集体建设用地做详细而全面的规定。

2. 村落体系空间形态

公社解散后,政社分离建立乡镇体系。薛录公社变为薛录镇,大墙公社和马连公社也分别改为大墙乡、马连乡,自此,镇(乡)—行政村—组的层级恢复,乡镇下面再分生产小组,各小组间联系也因区域、交通等因素开始灵活发展(图3-64)。

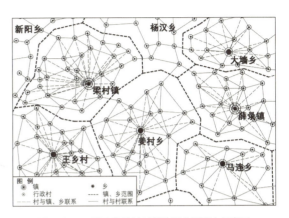

图3-64 1985薛录村村落体系空间形态示意图

3. 村落内部空间形态

1) 整体规模

1985年,村民大量申请宅基地建房,薛录村集体建设用地继续向南北两侧扩展,建设用地面积达26.95公顷。在这一背景下,薛录村进行了新的一轮规划,合理规划,节约土地,新批宅基地统一划为9米×30米(图3-65、表3-17,见下页)。

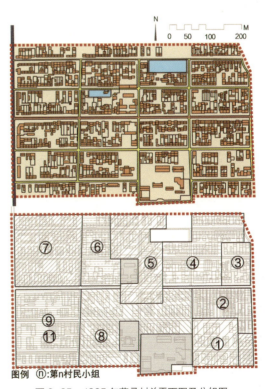

图3-65 1985年薛录村总平面图及分组图

1985年薛录村用地构成表　　　　　　　　　　　表3-17

用地名称		用地面积（公顷）	比例（%）	
建设用地		26.95	9.58	
其中	宅院用地	22.34	82.89	（占建设用地比例）
	公共服务用地	2.06	7.64	
	商业产业用地	0.81	3.01	
	基础设施用地	1.74	6.46	
农耕地		254.38	90.42	
总计		281.33	100.00	

数据来源：访谈复原所得

2）功能布局

(1) 道路体系（图3-66）

随着建设用地的扩张，道路体系由1971年的东西水平向结构发展为横竖交织的网状结构。东西向5条街，每条与乾兴路相接；南北向除乾兴路4条街，将东西向街道均匀划分为4个街区。主街和街道路面均宽4米，乾兴路扩宽为7米。

(2) 公共服务体系（图3-67）

公共服务设施依旧延续71年的配置——镇政府、薛录大剧院和南华小学。相对农宅的兴建，公共服务设施建设滞后。

(3) 商铺（图3-68，见下一页）

国家取消农产品统购派购后，乡村自由商品经济恢复。原供销社用地退还给各组，各组又将此地改为集体商业服务设施用地，统一建成临街商铺。同时主街和沿乾兴路一侧的部分宅基地因交通区位极具商业价值，村民将宅院改为前商后住，自用或出租。

(4) 涝池（图3-69，见下一页）

建设用地的扩张填平了村头两处涝池，同时，宅基地的更替加速了村内大量老宅空置废弃。集中的废弃宅基形成两处新涝池。

(5) 宅院

新批宅基地由6米×30米扩为9米×30米，宅基地背对背相隔一条7米宽的卫生街，每15户形成一个面宽约150米的街区，自此村落的新肌理初步形成（图3-70，见下一页）。

1982年薛录村在2组、4组、5组和7组进行宅基地示范点建设，村民只需付1600元即可获得9米×30米的新宅基和三开间砖砌门房（图3-71，见下一页）。这为薛录村后建的宅院形态奠定了基调，此后，薛录村的新建宅院均以此为样式。

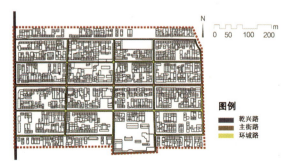

图3-66　1985年薛录村道路体系分析图

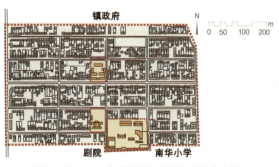

图3-67　1985年薛录村公共服务空间分布图

第 3 章 土地制度下的薛录村空间形态百年变迁　079

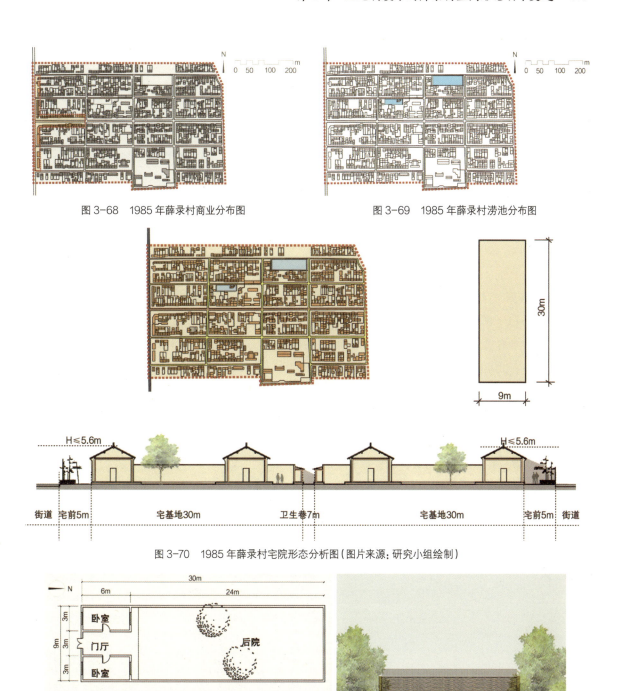

图 3-68　1985 年薛录村商业分布图

图 3-69　1985 年薛录村涝池分布图

图 3-70　1985 年薛录村宅院形态分析图（图片来源：研究小组绘制）

图 3-71　1982 年薛录村新建宅院形态

4. 宅院内部空间形态

1) LJX 家庭

1985 年，LJX 的大哥在西安安家，故家中常住人口仅剩父母、五姐和 LJX 四人（图 3-72）。LJX 家庭因从事副业富裕起来，花 1800 元在北二路北侧批了一处新宅基和三间砖门房（图 3-73）。老宅基空置留给户口迁出的叔叔。父亲在新宅基地上又加建了上房、厨房、柴房，房屋使用宽裕（图 3-74，见下一页）。

1985 年 LJX 家庭人口及宅基地指标，如表 3-18 所示（见 082 页）。

2) LTM 家庭

1985 年，LTM 家庭共有三处宅基地。LTM 三哥已新批宅基从老宅搬出去，老宅基地内居住着父亲、LTM 夫妇及其子女 5 口人（图 3-75）。宅基地格局与以前无变化，但房间出现部分空置。LTM 大哥宅基地扩宽，6 米 ×30 米变为 9 米 ×30 米，房屋新建，由门房、厦房和大房组成，备有多余房间（图 3-76，见 083 页）。LTM 三哥新宅基西邻其大哥宅基地，尺寸为 9 米 ×30 米，房屋只有厨房和大房，住宿条件较紧凑（图 3-77，见 083 页）。

1985 年 LTM 家庭人口及宅基地指标，如表 3-19 所示（见 082 页）。

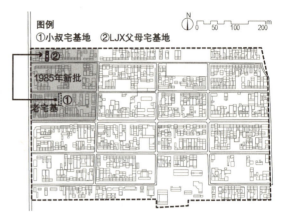

图 3-73　1985 年 LJX 家庭宅基地分属图
（图片来源：研究小组绘制）

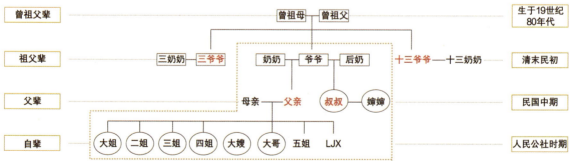

图 3-72　1985 年 LJX 家庭树

第 3 章 土地制度下的薛录村空间形态百年变迁   081

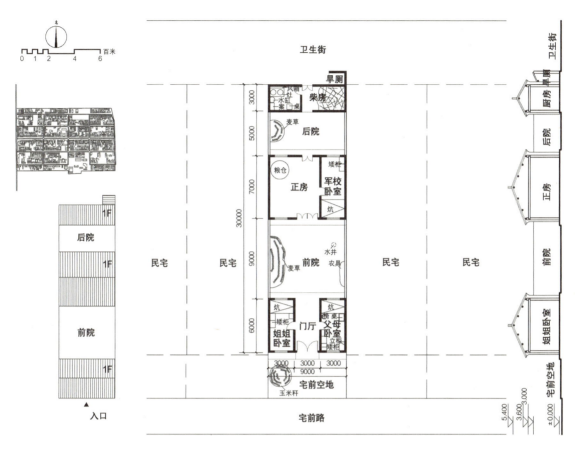

图 3-74　1985 年 LJX 父亲的宅基地区位示意及平面图、剖面图

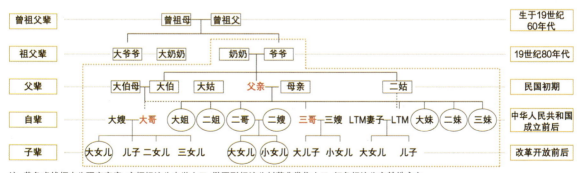

注：黄色虚线框内为研究家庭，方框标注为去世人口，椭圆形标注为村落非常住人口，红色标注为宅基地户主。

图 3-75　1985 年 LTM 家庭树

1985年LJX家庭人口及宅基地经济技术指标表 表3-18

项目		数据	备注
家庭指标	家庭户数(户)	3	小叔和大哥户口迁出,但仍有宅基地,故各算一户
	家庭居住户数(户)	1	
	总人口(人)	6	
	家庭常住人口(人)	4	
宅基地指标	宅基地处数(处)	2	老宅基地(小叔宅基地)已荒废
	使用宅基地处数(处)	1	
	宅基地总面积(平方米)	529	
	使用宅基地面积(平方米)	270	
	宅基地使用率(%)	51.04	
建筑指标	建筑总面积(平方米)	154	
	使用建筑面积(平方米)	154	
	建筑使用率(%)	100	
户均指标	户均宅基地面积(平方米/户)	176.33	
	户均建筑面积(平方米/户)	51.3	
人均指标	人均建筑面积(平方米/人)	25.67	建筑面积/家庭人口
	实际人均建筑面积(平方米/人)	38.5	建筑面积/家庭常住人口
	实际人均使用建筑面积(平方米/人)	38.5	建筑使用面积/家庭常住人口

表格来源:研究小组整理

1985年LTM家庭人口及宅基地经济技术指标表 表3-19

项目		数据	备注
家庭指标	家庭户数(户)	5	LTM三哥户口迁出,但仍有宅基地,故仍算一户
	家庭居住户数(户)	4	
	总人口(人)	15	
	家庭常住人口(人)	14	
宅基地指标	宅基地处数(处)	3	
	使用宅基地处数(处)	3	
	宅基地总面积(平方米)	618	
	使用宅基地面积(平方米)	618	
	宅基地使用率(%)	100	
建筑指标	建筑总面积(平方米)	438.1	
	使用建筑面积(平方米)	414.1	
	建筑使用率(%)	94.52	
户均指标	户均宅基地面积(平方米/户)	123.6	
	户均建筑面积(平方米/户)	109.53	
人均指标	人均建筑面积(平方米/人)	29.21	建筑面积/家庭人口
	实际人均建筑面积(平方米/人)	31.29	建筑面积/家庭常住人口
	实际人均使用建筑面积(平方米/人)	29.58	建筑使用面积/家庭常住人口

表格来源:研究小组整理

第 3 章 土地制度下的薛录村空间形态百年变迁 083

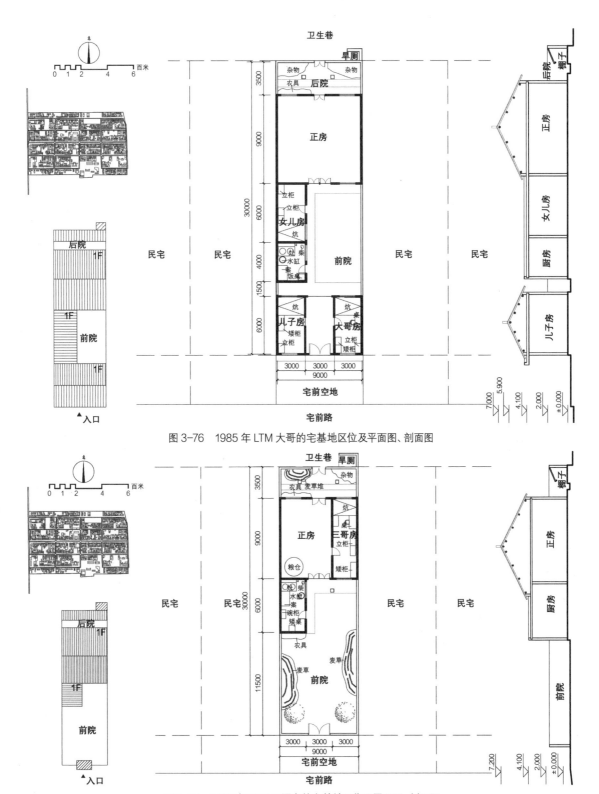

图 3-76 1985 年 LTM 大哥的宅基地区位及平面图、剖面图

图 3-77 1985 年 LTM 三哥家的宅基地区位及平面图、剖面图

3）LXR 家庭

1985 年，LXR 二儿子结婚，LXR 夫妇从老宅搬出，花 1800 元搬到北二街南侧的村民试点工程。二儿子继续住在老宅内（图 3-78）。

新宅基地内只有 LXR 夫妇二人，房屋三间。老宅基地由儿子一户居住，格局不变，但房屋出现空置（图 3-79）。

1985 年 LXR 家庭人口及宅基地指标见表 3-20。

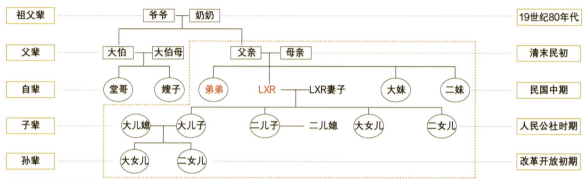

注：黄色虚线框为研究家庭，方框标注为去世人口，椭圆形标注为村落非常住人口，红色标注为宅基地户主。

图 3-78　1985 年 LXR 家庭树

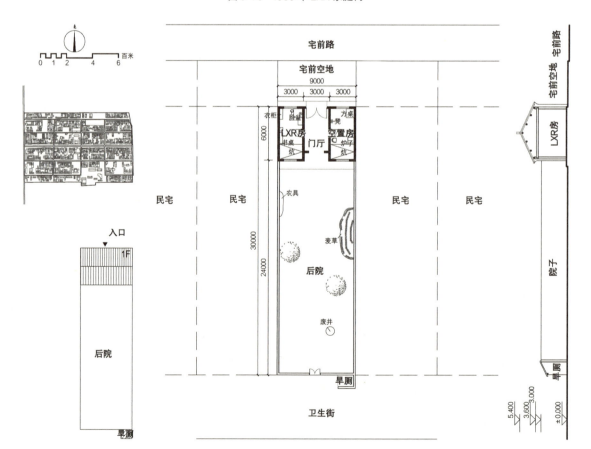

图 3-79　1985 年 LXR 的宅基地区位示意及平面图、剖面图（图片来源：研究小组绘制）

1985年LXR家庭人口及宅基地经济技术指标表　　　　　表3-20

项目		数据	备注
家庭指标	家庭户数(户)	4	弟弟和大儿子虽户口迁出,但仍有宅基地,故各算一户
	家庭居住户数(户)	2	
	总人口(人)	6	
	家庭常住人口(人)	3	
宅基地指标	宅基地处数(处)	2	
	使用宅基地处数(处)	2	
	宅基地总面积(平方米)	346	
	使用宅基地面积(平方米)	346	
	宅基地使用率(%)	100	
建筑指标	建筑总面积(平方米)	119.75	
	使用建筑面积(平方米)	65.5	
	建筑使用率(%)	54.7	
户均指标	户均宅基地面积(平方米/户)	86.5	
	户均建筑面积(平方米/户)	29.94	
人均指标	人均建筑面积(平方米/人)	19.96	建筑面积/家庭人口
	实际人均建筑面积(平方米/人)	39.9	建筑面积/家庭常住人口
	实际人均使用建筑面积(平方米/人)	21.83	建筑使用面积/家庭常住人口

表格来源:研究小组整理

3.6.2 第二阶段(1994~2001年)空间形态

1. 土地制度背景

1998年,为稳定家庭联产承包责任制,《土地管理法》把土地经营承包期30年上升为法律,要求在承包期内"增人不增地,减人不减地",同时也扩展了农民对承包地的产权权能,确认农户对承包地的生产经营决策权、收益权、流转权以及继承权。在农民流动方面,国家积极引导并规范农民的自由流动行为和非农业行为。在宅基地制度方面,为避免城市居民的炒房、买房导致乡村集体土地的隐性流失,国家禁止城镇非农业居民在乡村取得宅基地的使用权,规定农民集体所有的土地的使用权不得出让、转让或者出租用于非农业建设,任何单位和个人进行建设,需要使用土地的,必须依法申请使用国有土地。在保护耕地方面,国家要求各地结合划定基本农田保护区,制定好村镇建设规划,乡村居民的宅院建设要符合村镇建设规划,并将土地分为农用地、建设用地和未利用地三部分,促使土地使用者依法使用土地,切实保护耕地。

2. 村落体系空间形态

此阶段村落体系在前一个时期的基础上趋向紧密。村与村,镇(乡),镇(乡)与镇(乡)的联系并不局限于行政的划分,区域、交通等因素促进整个体系开始重构。

3. 村落内部空间形态

1) 整体规模

1998年,农民经济水平飞速提升让薛录村继续以"摊大饼"的形式扩张。南北方向扩展到北三路和南三路,东侧扩展到第五个街区。薛录村东南北三面因地形限制(土地断坎)而停止扩张。但乾兴路西侧新兴村的南北两侧均为薛录村的土地,故7组和11组跨越乾兴路西侧新兴村发展,集体建设用地面积达39.83公顷(图3-80,见下一页)。经整合得到,1998年薛录村用地构成,见表3-21(087页)。

2）功能布局

（1）道路体系。道路体系延续1985年的网状结构，东西向街由1985年的5条街发展到7条街，南北向由4条街发展到5条街（图3-81）。

（2）公共服务体系。公共服务设施新建城隍庙和卫生院（图3-82）。

（3）商铺。继续向乾兴路两端发展，新出现的商业均是村民自建房改建（图3-83）。

（4）宅院。出于防盗考虑取消7米宽的卫生街，均分到两侧宅基中，宅基地由原来的9米×30米变为9米×33.5米。村落肌理基本完成当前尺度的更新，但同时伴随老宅基的废弃或者未完全利用，村落空心程度增大（图3-84）。

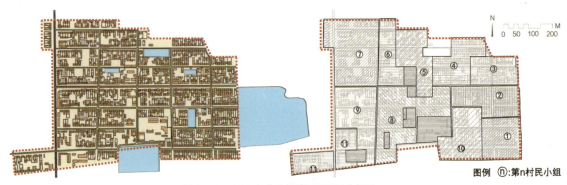

图3-80 1998年薛录村总平面图及分组图

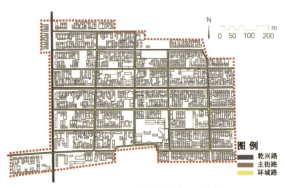

图3-81 1998年薛录村道路体系分析图

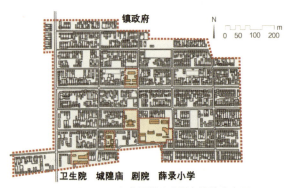

图3-82 1998年薛录村公共服务设施分布图

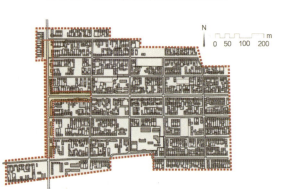

图3-83 1998年薛录村商业分布图

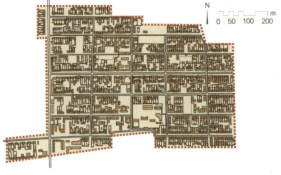

图3-84 1998年薛录村宅院肌理平面图

1998年薛录村用地构成表　　　　　　　　　　　　　　　　表3-21

用地名称		用地面积（公顷）	比例（%）	
建设用地		39.83	14.16	
其中	宅院用地	33.4	83.86	（占建设用地比例）
	公共服务用地	2.64	6.63	
	商业产业用地	1.16	2.91	
	基础设施用地	2.63	6.60	
农耕地		241.5	85.84	
总计		281.33	100.00	

数据来源：访谈复原所得

4. 宅院内部空间形态

1) LJX 家庭

1998年LJX已成家，新申请宅基地从父亲宅基地搬出（图3-85）。此时，LJX家庭共有三处宅基地，叔叔一处，父亲一处，LJX一处（图3-86）。

LJX父亲的宅基地后院厨房倒塌，新建厨房在前院。家中只有父母居住。LJX新批宅基地在乾兴路西侧，9米×33.5米，房屋由门房和厦房组成（图3-87，见下页）。

LJX叔叔的宅基地因废弃被其他村民新批的宅基地占去大半。

经整合得到1998年LJX家庭人口及宅基地指标，见表3-22（见下页）。

图3-86　1998年LJX家庭的宅基地分属图
（图片来源：研究小组绘制）

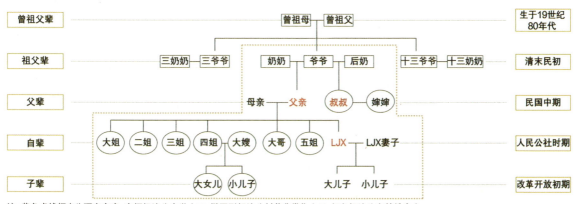

注：黄色虚线框内为研究家庭，方框标注为去世人口，椭圆形标注为村落非常住人口，红色标注为宅基地户主。

图3-85　1998年LJX家庭树

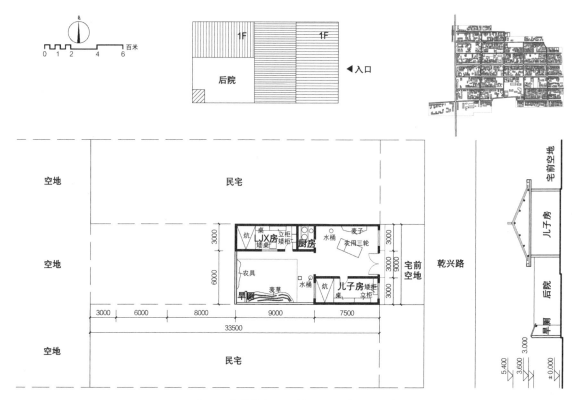

图 3-87　1998 年 LJX 宅基地平面图、剖面图（图片来源：研究小组绘制）

1998 年 LJX 家庭人口及宅基地经济技术指标表　　　　　　　　　　　　　　表 3-22

项目		数据	备注
家庭指标	家庭户数（户）	4	小叔和大哥户口迁出，但仍有宅基地，故各算一户
	家庭居住户数（户）	2	
	总人口（人）	8	
	家庭常住人口（人）	6	
宅基地指标	宅基地处数（处）	3	老宅基地（小叔宅基地）已荒废
	使用宅基地处数（处）	2	
	宅基地总面积（平方米）	862	
	使用宅基地面积（平方米）	603	
	宅基地使用率（%）	95.26	
建筑指标	建筑总面积（平方米）	241.5	
	使用建筑面积（平方米）	199.5	
	建筑使用率（%）	82.60	
户均指标	户均宅基地面积（平方米/户）	215.5	
	户均建筑面积（平方米/户）	60.38	
人均指标	人均建筑面积（平方米/人）	30.19	建筑面积/家庭人口
	实际人均建筑面积（平方米/人）	40.25	建筑面积/家庭常住人口
	实际人均使用建筑面积（平方米/人）	33.25	建筑使用面积/家庭常住人口

表格来源：研究小组整理

2）LTM 家庭

1998 年 LTM 已买了新宅，从老宅搬出。老宅留给定居城里的二哥。此时，LTM 家庭已有四处宅基地，大哥、二哥、三哥和 LTM 各一处宅基地（图 3-88）。

LTM 的宅基地 9 米 ×33.5 米，房屋由门房、厦房和大房组成，基本形成 2015 年的格局。儿子与小女儿都在家，房间利用率极高。LTM 大哥的宅基地进深增加了 3.5 米，房屋布局同 1985 年无变化，但因儿女外出空置房屋较多（图 3-89，见下一页）。LTM 三哥宅基地由 9 米 ×30 米变成了 9 米 ×33.5 米，后院增大，格局跟 1985 年一样。LTM 二哥宅基地（老宅基）已被新批宅基地占去大半。

经整合得到 1998 年 LTM 家庭人口及宅基地指标，见表 3-23（见 091 页）。

3）LXR 家庭

1998 年，LXR 二儿子已从老宅的宅基地迁出，新宅位于北三路北侧（图 3-90）。此时 LXR 家庭共有三处宅基地，LXR、LXR 弟弟、LXR 二儿子各一处（图 3-91）。

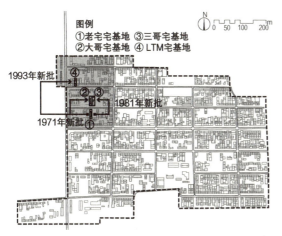

图 3-88　1998 年 LTM 宅基地分属图
（图片来源：研究小组绘制）

图 3-91　1998 年 LXR 家庭的宅基地分属图
（图片来源：研究小组绘制）

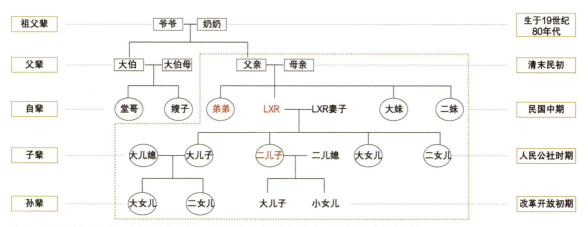

注：黄色虚线框内为研究家庭，方框标注为去世人口，椭圆形标注为村落非常住人口，红色标注为宅基地户主。

图 3-90　1998 年 LXR 家庭树

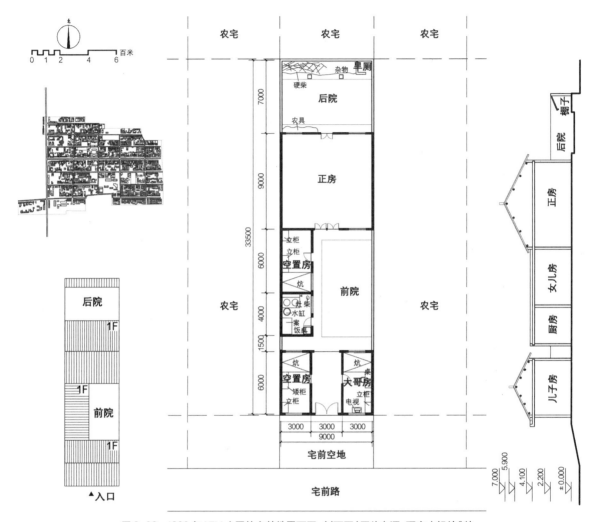

图3-89 1998年LTM大哥的宅基地平面图、剖面图（图片来源：研究小组绘制）

LXR的宅基地加建了厦房和大房，尽管多数房间空置着，但LXR夫妇还是按照一个子女一间房的标准来建设（图3-92，见092页）。

LXR二儿子的宅院布局与父亲宅子一致。二儿子在外工作，房屋空置。

LXR弟弟的宅基地（老宅基地）已被新宅基地占用。

经整合得到1998年LXR家庭人口及宅基地指标，见表3-24（见下一页）。

1998年LTM家庭人口及宅基地经济技术指标表　　　　　　　　　　表3-23

项目		数据	备注
家庭指标	家庭户数(户)	4	LTM三哥户口迁出,但仍有宅基地,故仍算一户
	家庭居住户数(户)	3	
	总人口(人)	13	
	家庭常住人口(人)	8	
宅基地指标	宅基地处数(处)	4	
	使用宅基地处数(处)	3	
	宅基地总面积(平方米)	958.5	
	使用宅基地面积(平方米)	904.5	
	宅基地使用率(%)	84.34	
建筑指标	建筑总面积(平方米)	438.1	
	使用建筑面积(平方米)	414.1	
	建筑使用率(%)	94.52	
户均指标	户均宅基地面积(平方米/户)	123.6	
	户均建筑面积(平方米/户)	109.53	
人均指标	人均建筑面积(平方米/人)	29.21	建筑面积/家庭人口
	实际人均建筑面积(平方米/人)	31.29	建筑面积/家庭常住人口
	实际人均使用建筑面积(平方米/人)	29.58	建筑使用面积/家庭常住人口

表格来源：研究小组整理

1998年LXR家庭人口及宅基地经济技术指标表　　　　　　　　　　表3-24

项目		数据	备注
家庭指标	家庭户数(户)	4	弟弟和大儿子虽户口迁出,但仍有宅基地,故各算一户
	家庭居住户数(户)	2	
	总人口(人)	8	
	家庭常住人口(人)	5	
宅基地指标	宅基地处数(处)	3	
	使用宅基地处数(处)	2	
	宅基地总面积(平方米)	639	
	使用宅基地面积(平方米)	603	
	宅基地使用率(%)	94.37	
建筑指标	建筑总面积(平方米)	324.23	
	使用建筑面积(平方米)	216.23	
	建筑使用率(%)	66.69	
户均指标	户均宅基地面积(平方米/户)	159.75	
	户均建筑面积(平方米/户)	81.06	
人均指标	人均建筑面积(平方米/人)	40.53	建筑面积/家庭人口
	实际人均建筑面积(平方米/人)	64.85	建筑面积/家庭常住人口
	实际人均使用建筑面积(平方米/人)	43.25	建筑使用面积/家庭常住人口

表格来源：研究小组整理

092 关中乡村聚落空间形态百年变迁研究

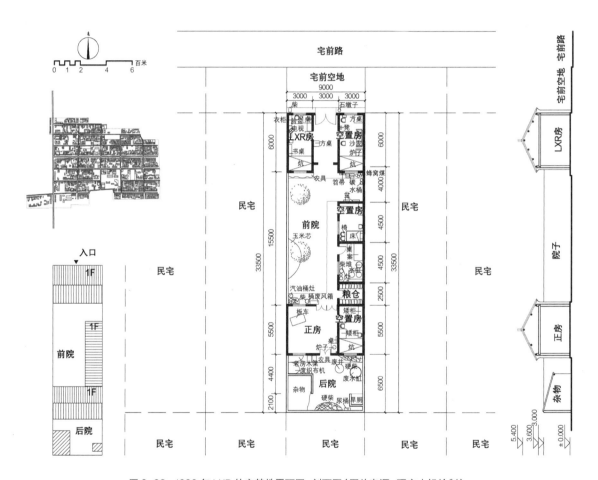

图 3-92 1998 年 LXR 的宅基地平面图、剖面图（图片来源：研究小组绘制）

3.7 调研总结

3.7.1 土地制度与乡村的思辨

1. 土地制度是国家控制乡村的根本制度

土地，是农民安家立业的基础，是国家最重要的资源。我国的土地制度带有鲜明的政治色彩。国家通过调整城乡土地产权自上而下决定乡村的治理结构和发展模式，控制乡村和城市的发展与利益分配关系。

2. 土地制度是乡村最基本的经济制度

土地作为乡村首要生产要素，是乡村经济的核心，因此土地制度是乡村最基本的经济制度。"土地是财富之母，劳动是财富之父"，土地制度决定着土地的产权和分配、利用，从而决定着乡村的生产方式。不同的生产方式释放着不同的乡村经济效应，形成不同的乡村实体空间。

3. 宅基地制度是乡村住宅建设的重要制度

宅基地制度是土地制度下的一项重要制度，决定着乡村宅基地权属、划分和获取方式。一方面，宅基地制度影响着村民对宅基地的观念、家庭居住结构、宅基地流转收益等；另一方面，宅基地作为乡村的基本组成要素，宅基地制度直接影响着乡村的肌理形态。

3.7.2 土地制度变迁

百年时段内，土地总量没变，但土地制度经历了"民国时期农民私有——中华人民共和国成立前后土地改革——20世纪50年代集体合作化——改革开放初期包产到户——近十年土地流转改革"的变迁过程。国家权力和政治力量是土地制度变迁的决定性因素，不同的土地制度形成乡村不同的发展模式、人地关系、生产力水平和经济效应（表3-25，见下一页）。

3.7.3 空间形态变迁

1. 村落体系空间形态

1935年（民国时期），薛录村隶属于薛王乡公所。此时期乡公所管辖范围内极大，村镇体系层级单调涣散，村落自给自足发展。

1954年（农业合作化时期），国家权力下渗到乡村，改乡公所为乡。薛王乡公所分裂为大连乡、薛录乡和马连乡。国家对乡村管理力度增强，乡村自治管理系统崩坏。

1971年（人民公社时期），国家对乡村的政治管理达到制高点，乡改公社下辖各生产队。公社是支持国家工业建设大后方的基本单位，行政管理使各生产队紧密联系。此时的村落体系由行政力量而非内生联系搭建，这种体系僵硬固化。

1985年（改革开放第一阶段）人民公社解散后，政社分离建立乡镇体系。薛录公社变为薛录镇，自此镇（乡）—行政村—组的行政等级恢复，各小组因区域、交通等因素开始灵活发展。

1998年（改革开放第二阶段）段村落体系趋向紧密复杂。村与村、镇（乡）与村、镇（乡）与镇（乡）的联系突破行政的划分，区域、交通等因素使得体系开始重构。

2015年（现阶段），"拆乡并镇"资源整合，大墙乡变为大墙社区，归属薛录镇。村落体系层级"镇—社区—行政村"越发明晰和丰富。各镇、乡、社区随着交通、地域等因素联系变得紧密和复杂，整个体系形成网状结构。

2. 村落内部空间形态

1) 整体规模（表3-26，见下一页）

历经百年，薛录村集体建设用地由1935年的13公顷发展到2015年的50公顷，村域占比由5%发展到18%。1971年前增长缓慢，1971年（人民公社时期）后集体建设用地面积进入飞速增长期。其中1985~1998年（改革开放初期）的增长速度最快，近乎以0.99公顷/年的速度增长，其次是1971~1985年（人民公社中后期），增长速度为0.64公顷/年，再者是1998~2015年（现阶段），增长速度为0.60公顷/年。

薛录村历史阶段土地制度及其效果评价　　　　　　　　　　表3-25

时期	时间(年)	土地制度	生产力	经济	制度评价
民国	1912~1949	地主土地所有制	生产资料贫乏	贫困	土地分化，阶级矛盾突出
农业合作化时期	1950~1953	农民土地所有制	劳动互助，积极性提高	好转	土地分散和生产资料缺乏使得土地再次出现两极分化
	1953~1956	土地入股初级社	生产极性降低	贫困	国家对农地实际控制，农地无法自由出租、买卖
	1956~1958	高级社所有、征地制度、农品统购统销	个体资产归公，生产积极性降低	贫困	无偿征地制度导致政府、单位无限制征用土地
人民公社	1959~1961	公社所有、征地制度、农品统购统销	生产组织脱离实际生产力，生产积极性降至最低	贫困	生产、经营、分配全由公社安排，个体劳动与回报脱离直接关系，对我国经济建设造成了毁灭性打击
	1962~1977	三级所有队为基础、宅基地制度	生产积极性有所恢复	贫困	无偿的宅基地制度，刺激了农民建房占地的冲动
	1978~1983	家庭联产承包制	生产积极性提高	好转	富裕了的农民开始大量建房，占用大规模的耕地
近30年	1983~1993	家庭联产承包、自由贸易恢复、人口流动放开、宅基二次扩大	生产资料有所好转，生产积极性提高，家庭副业恢复	好转	生产力得到解放，经济水平提高，农民建房欲望如解困之兽，大量建房，住房观念开始改变
	1994~2001	农地流转、非集体村民禁止获取宅基、三次扩大	生产力水平全面提高，乡村劳动力过剩	好转	乡村问题转变为城乡两级矛盾，农地产权处于利益分配弱端，乡村发展受城市控制
	2001~2016	流转制度、征地制度	小型规模化生产和特色产业出现	好转	城乡势差导致乡村人口流失，集体建设用地空心化严重。土地流转制度急需改革

表格来源：研究小组整理

历史阶段薛录村集体建设用地构成变化表　　　　　　　　　　表3-26

年份	集体建设用地(公顷)	年增长速度(公顷/年)	其中						
			宅院用地	年增长速度	公共服务用地	年增长速度	商业服务用地	年增长速度	基础设施用地	年增长速度
1935	13.00		9.81		1.8		0.92		0.47	
1954	13.88	0.05	10.43	0.03	1.7	-0.01	1.07	0.01	0.68	0.01
1971	18.04	0.24	14.72	0.25	2.2	0.03	0.36	-0.04	0.76	0
1985	26.95	0.64	22.34	0.54	2.06	-0.01	0.81	0.03	1.74	0.07
1998	39.83	0.99	33.4	0.85	2.64	0.04	1.16	0.03	2.63	0.07
2015	50.00	0.60	40.99	0.45	3.66	0.06	2.49	0.08	2.86	0.01

数据来源：访谈复原所得

宅院用地增长趋势与集体建设用地一致。

公共服务设施整体增长速度缓慢，1954~1971年（农业合作化和人民公社前期）出现负增长，此时段政府将部分公共服务用地分配给无地农民，1971~1998年（人民公社中后期和改革开放初期）公共服务用地量增加，1998~2015年（现阶段）公共服务设施受到政府重视，增长速度最快，达0.06公顷/年。

商业服务用地在1954~1971年（农业合作化和人民公社时期）因计划经济受到最大限制，出现负增长，1998~2015年商业最繁荣活跃。

薛录村基础设施用地主要为道路，依附宅基地而增长。在1971年以前，增长速度几乎为0，1971年增长速度随宅基建设量增大而加快，1998年以后速度放缓。

2）功能布局

国家通过土地制度对土地进行调配管理，以实现自上而下控制乡村和城市的生产经济。不同生产活动和生活活动的作用下，乡村呈现不同的发展规模和空间格局，此处将在第4章、第5章生产生活活动下的薛录村空间形态百年变迁研究中展开具体讨论。详见表3-27（见096～097页）历史阶段薛录村内部空间功能布局变迁。

宅基地制度控制着乡村空间肌理形态。百年内薛录村经历了三次宅基地制度和空间肌理形态的变化。民国及农业合作化时期，薛录村肌理形态为东西主街两侧各一排狭长形宅基，多为4米～6米×20米～60米。人民公社时期，狭长形宅基南北断裂一分为二，同时新批宅基6米×30米。改革开放第一阶段，薛录村肌理出现网格状格局，新一批宅基地尺寸为9米×30米，一个网格内两排宅基地背靠背布置，中间一条卫生巷。改革开放第二阶段，薛录村继续以网格状格局扩大，卫生巷被取消，前后两排宅基地将其吸纳，尺寸变为9米×33.5米。现阶段，随着老宅基空置和荒废，网格内肌理多现空心残缺。

3. 宅院内部空间形态

1）指标

民国及农业合作化时期，宅基地属于私人财产可自由买卖，所有权、使用权、财产权统一。人民公社时期，宅基地为集体所有，集体可对宅基地无偿征用，宅基地尺寸统一划分，集体成员拥有使用权。宅基地尺寸的扩大改善了家庭居住环境，无偿获取缩小了家庭居住规模。改革开放后，宅院建设达到高潮，一个大家庭衍生出三四处宅基地，三代居、四代居，变成二代居。1996年城镇居民禁止获取乡村宅基地。宅基地被固化，人口"只出不进"，空置荒废程度越来越大。

除宅基地制度外，家庭生产水平的提高和生活方式的变迁也是影响宅院指标的重要因素，将在第4章、第5章展开具体分析。

（1）LJX

1971年LJX家庭的宅基地部分被征用，面积减少，1971年以后宅基地面积开始增加，同时宅基地空置出现，到1998年使用宅基面积稳定，空置宅基地面积约为现有宅基地面积40%。建筑面积从1985年开始大幅增加，同时房屋开始空置。2015年，房屋的使用率仅为20%（图3-93）。

户均指标方面，1971年LJX家庭户均宅基地面积最小，1971年以后户均宅基地面积开始增加，至2015年户均宅基地面积达337平方米。户均建筑面积从1971年开始增加，至2015年达229.67平方米（图3-94）。

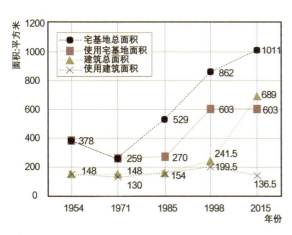

图3-93 LJX家庭宅院指标变化表

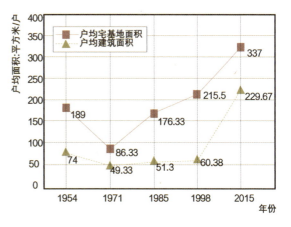

图3-94 LJX家庭户均宅院指标变化表

历史阶段薛录村典型家庭住宅空间变迁　　　　表 3-27

历史阶段	村落总平面	道路体系	公共服务设施
民国时期（1935年）		进村路、主街、环城巷	城隍庙、乡公所、财神庙、南华寺
合作时期（1954年）		乾兴路、主街、环城巷	粮站、乡政府、南华小学
人民公社时期（1971年）		乾兴路、主街、街道	大队办公室、各组饲养室、薛录剧院、南寺小学
改革开放第一阶段（1985年）		乾兴路、主街、街道	真政府、薛录剧院、南寺小学
改革开放第二阶段（1998年）		乾兴路、主街、街道	镇政府、薛录剧院、城隍庙、卫生院、薛录小学
现阶段（2015年）		乾兴路、主街、街道	镇政府、薛录剧院、城隍庙、卫生院、薛录小学、派出所、南华寺

续表

历史阶段	商铺	住宅	村内涝池
民国时期（1935年）	主街两侧	城内住区、自然生长型	无
合作时期（1954年）	主街两侧	城内住区、城外南北发展、自然生长型	无
人民公社时期（1971年）	供销社	东西南北扩张、第一次更新	村口涝池
改革开放第一阶段（1985年）	乾兴路两侧、主街村头两侧	东西南北扩张、第二次更新	村内两处涝池
改革开放第二阶段（1998年）	乾兴路两侧、主街村头两侧	东西南北扩张、第三次更新	村内四处涝池
现阶段（2015年）	乾兴路两侧、主街村头两侧	东西南北扩张、更新停滞	村内四处涝池、边缘两处涝池

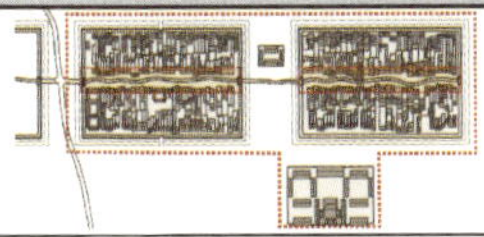

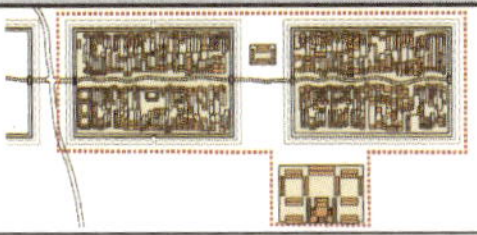

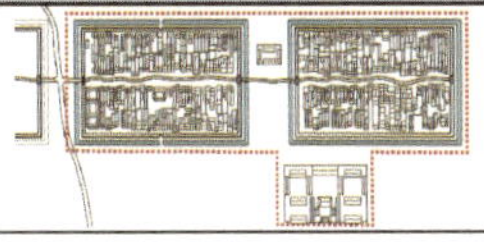

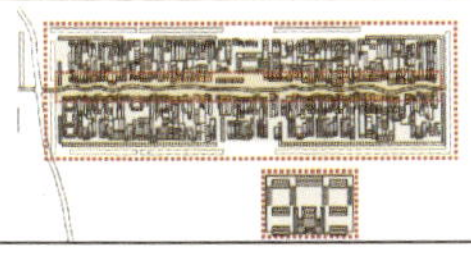

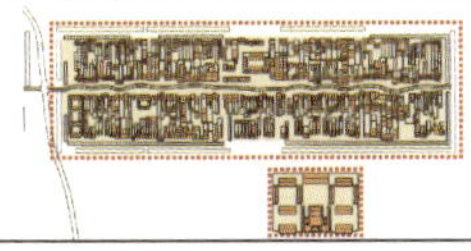

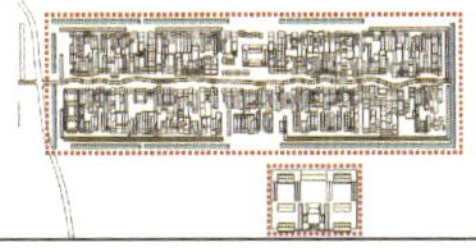

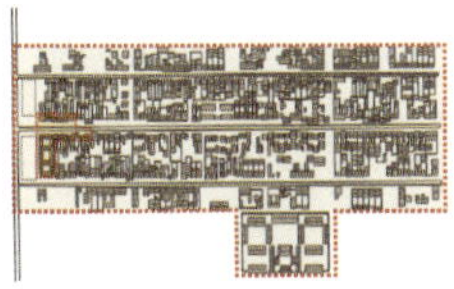

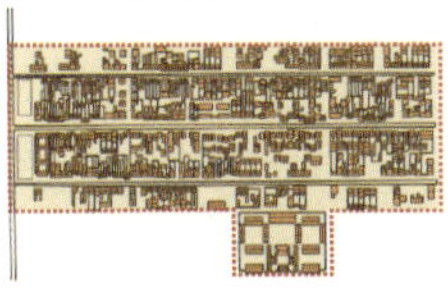

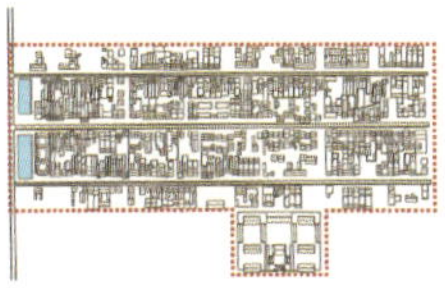

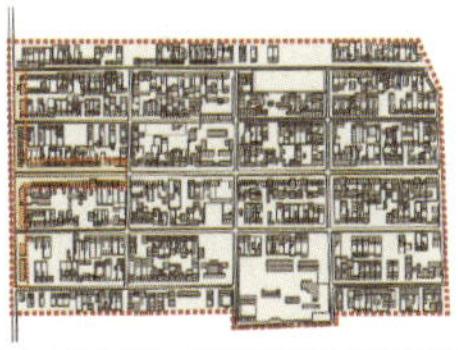

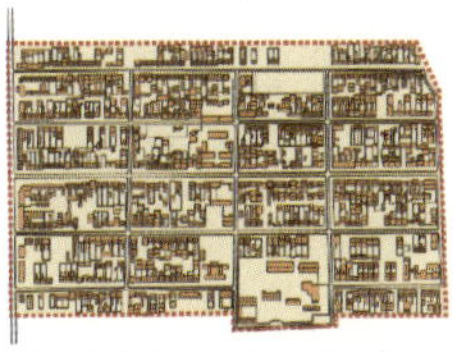

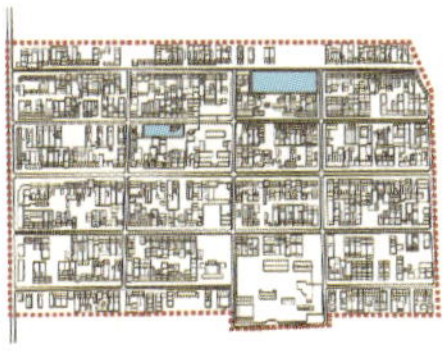

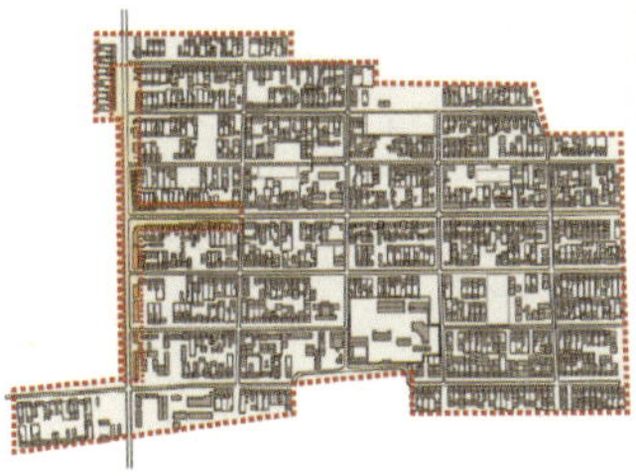

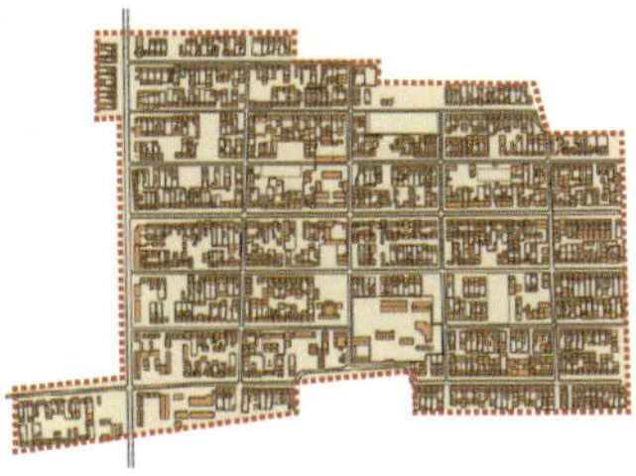

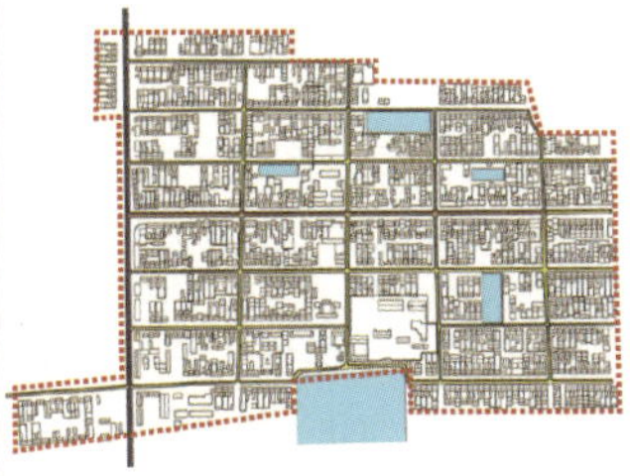

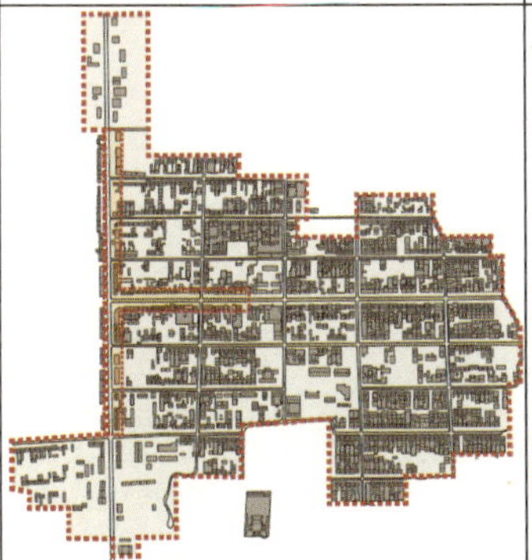

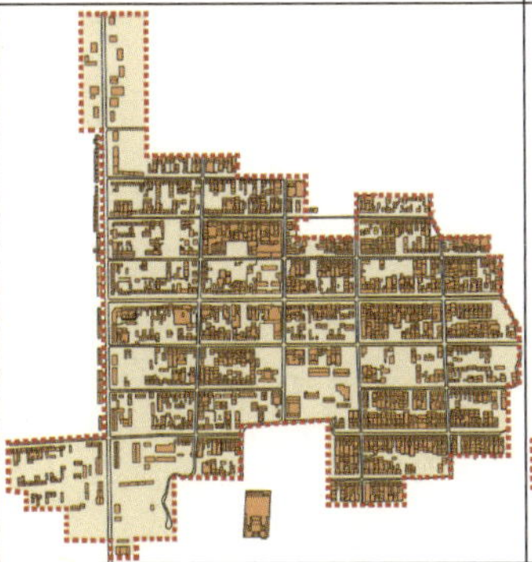

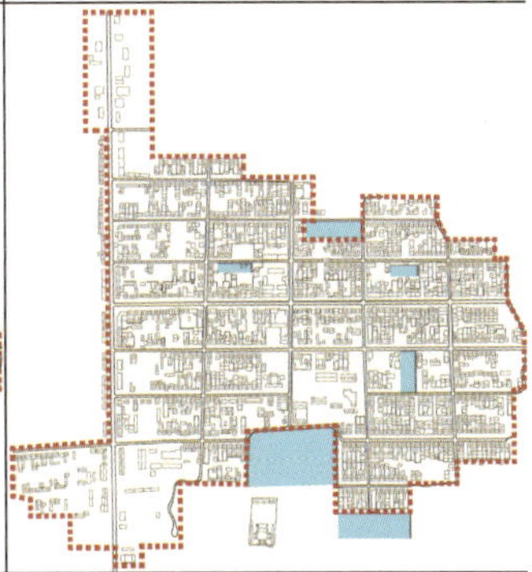

表格来源：作者整理

人均指标方面，1954年起LJX家庭人均宅院指标开始一直增加。1998年实际人均建筑面积发生突变，意味着当时家庭人口流失出现巨大流失。2015年，家庭人均建筑面积为69.5平方米，实际人均建筑面积为344.5平方米，而实际人均使用建筑面积仅为68.25平方米，说明人员流失达80%，房屋使用率仅为20%（图3-95）。

（2）LTM

LTM家庭从1954年起，宅基地面积开始增加，其中，1985年以后增长速度最快，至2015年，宅基地总面积为1260平方米，使用宅基地面积为1206平方米。建筑总面积从1954年起开始增加，1985~1998年，建筑面积稳定但宅基地面积增加，说明出现房屋荒废，1998年以后，建筑面积增加了近1倍，而使用建筑面积仅为201.07平方米，房屋使用率仅为24%（图3-96，见下一页）。

户均指标方面，LJX户均宅基地面积从1935年开始增加，1985~1998年面积平稳，1998年后激增说明人员出现巨大流动。2015年，户均宅基地面积为402平方米，户均建筑面积为166.33平方米（图3-97，见下一页）。

人均指标方面，1985年以前均一致，说明未出现人员流动和房屋空置等情况。1985年后，人员开始流动，房屋出现空置，至2015年人均建筑面积为93.7平方米，实际人均建筑面积为155.28平方米，实际人均使用建筑面积为33.51平方米，说明此年人员流动约为32%，而房屋使用率仅为24%（图3-98，见下一页）。

（3）LXR

1935年LXR家庭没有宅基地，与大伯家住一起。1954年新批宅基地。1985年和1998年，宅基地面积连续两次增加，1998年使用宅基地大幅下降，说明宅基地出现荒废情况。2015年宅基地面积为639平方米，使用宅基地面积为301.5平方米，宅基地使用率为47%。建筑面积从1971年开始增加，同年出现房屋空置。1998年，使用建筑面积大幅减少，说明宅基地和房屋出现同时荒废的情况。至2015年，LXR家庭建筑面积为324.23平方米，使用建筑面积仅为60平方米，使用率为18%（图3-99，见下一页）。

户均指标方面，LXR家庭户均宅院指标从1935年起一直增长。1985年是指标激变时间点，户均宅基地面积大幅度增加，至2015年，户均宅基地面积为301.5平方米，而建筑面积指标的激变点在1998年，至2015年，户均建筑面积为81.06平方米（图3-100，见下一页）。

人均指标方面，LXR家庭1971年出现增长，说明1971年出现人员流动和房屋空置，2015年人均建筑面积与实际人均建筑面积差距最大，人员流动最大，实际人均建筑面积为162.12平方米，人均建筑面积64.85平方米，人员流动达60%。2015年，实际人均使用建筑面积下降为30平方米，使用率最小，为18%（图3-101，见下一页）。

总而言之，在宅基地制度影响下薛录村的宅基地所属、获取方式、目的、流转、空废率、新宅基尺寸、居住结构以及居住条件相关指标都发生了变化，见表3-28（见100页）。

2）空间形态

宅院空间形态变迁（表3-29，见102至103页）受生产、生活活动方式影响较大，此处将在第4章、第5章具体分析。

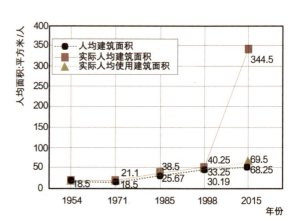

图3-95　LJX家庭人均宅院指标变化表
（图片来源：研究小组绘制）

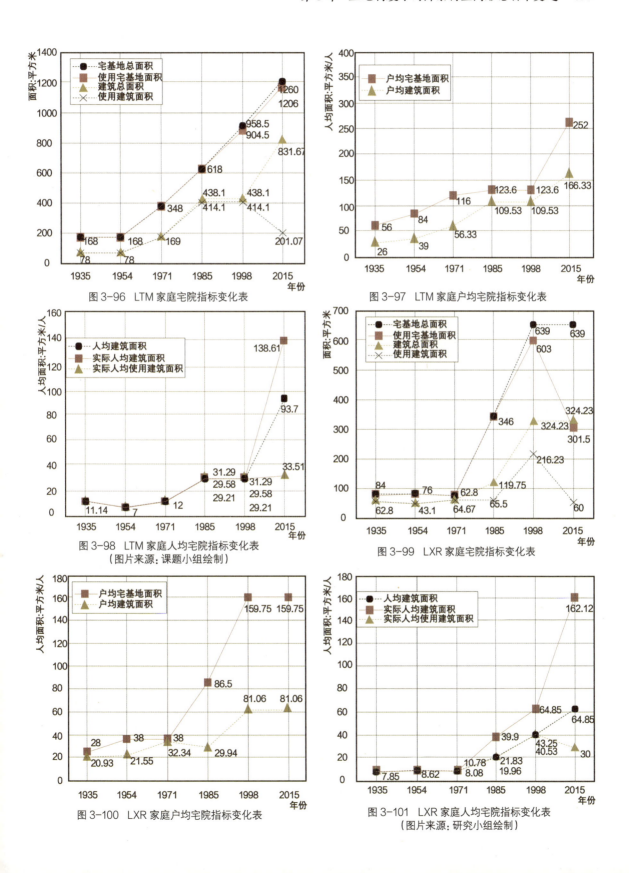

图 3-96 LTM 家庭宅院指标变化表

图 3-97 LTM 家庭户均宅院指标变化表

图 3-98 LTM 家庭人均宅院指标变化表
（图片来源：课题小组绘制）

图 3-99 LXR 家庭宅院指标变化表

图 3-100 LXR 家庭户均宅院指标变化表

图 3-101 LXR 家庭人均宅院指标变化表
（图片来源：研究小组绘制）

宅基地影响的薛录村宅基地变迁 表3-28

时期		民国时期 (1912~1949)	农业合作化时期 (1950~1958)	人民公社时期 (1959~1983)	改革开放初期 (1983~2001)	现阶段 (2002~2016)
宅基所属		个人	个人向集体过渡	集体所有	集体所有	集体所有
宅基获取方式		买卖、继承	买卖、继承、无偿获取	无偿获取、继承	无偿获取、继承	无偿获取、继承、隐形买卖
新宅基尺寸		4~6米×20~60米	4~6米×20~60米	6米×30米	9米×30米	9米×33.5米
宅基获取目的		家族财产	家族财产	老宅分迁新宅	老宅搬迁新宅	保障男嗣有房
宅基地流转		自由流转	逐渐禁止	禁止	禁止	禁止，隐形交易
空废化		无	无	无	少	多
居住结构		一宅多户 (父母、所有子嗣)	一宅多户 (父母、所有子嗣)	一宅多户 (部分子嗣迁出)	一宅两户 (父母、一个子嗣)	一户多宅 (老宅、自宅、子宅)
典型家庭宅基	总数量	1	1	1.3	2.8	3.7
	使用数量	1	1	1.3	2.2	2
	出租数量	0	0	0	0	0.7
	空废率	0	0	0	21.2%	27%
	总面积	166.5平方米	166.5平方米	227.7平方米	658.8平方米	970平方米
	使用面积	166.5平方米	166.5平方米	227.7平方米	557.4平方米	703.5平方米
	户均面积	72.8平方米	72.8平方米	80.1平方米	115.9平方米	249.6平方米

表格来源：调研整理

3.8 本章小结

本章从4个土地制度历史阶段，6个时间切片，自上而下对土地制度和村落体系、村落内部空间和宅院内部空间几个层次，对薛录村的空间形态进行梳理和分析。在此需要说明，尽管土地制度并不是对村落空间形态的各方面都产生深刻影响，但本章在此对空间进行的全面梳理，是为后文的生产、生活活动影响的空间形态变迁分析作铺垫。薛录村与周边村落所形成的体系结构经历了散点—散团—树状—网状的变迁。村落内部空间整体规模从民国到现在扩大了两倍，改革开放第二阶段是增长速度最快的阶段。内部功能布局要素内的道路、公共服务设施、商铺、宅院、涝池则呈现出不同阶段的分布特点。宅基地经历三次更新，家庭居住模式由一宅多户发展到一宅一户、一户多宅。房屋布局从夯土结构的门房、厦房，发展到现在砖混结构的门房、厦房和低层大房。房屋功能精细多样，但房间空置数量越来越多。宅基地、房屋变相交易已在各地普遍出现。

土地制度是国家调控乡村的根本制度。国家通过土地产权安排自上而下确定乡村的治理结构和发展模式。土地制度还是乡村最基本的经济制度，决定着土地的产权和分配、利用，从而决定着乡村的生产方式。城乡间生产关系控制着薛录村与周边村落体系结构的变化，而薛录村不同时期的社会生产则使其空间呈现出不同的规模和格局。

宅基地制度决定着乡村宅基地权属、划分和获取方式。宅院是乡村构成的最小细胞，因此宅基地制度控制着乡村空间肌理形态。民国到现阶段的百年间，薛录村经历了三次宅基地制度和空间肌理形态的变化。宅基地无偿获取，缩小了家庭居住规模，提高了宅院居住面积。典型家庭宅基数量从1处提高到3.7处，户均宅基面积从72.8平方米增到249.6平方米，但宅基地空废率从0发展到27%。宅基地制度缺失和城乡二元化是导致薛录村空心化的根本原因。值得一提的是，改革开放后薛录村依托发展优势宅基地出现隐形交易现象，现阶段典型家庭宅基出租率达到19%。

在下一章，将自下而上对生产活动下的薛录村空间形态变迁进行梳理和分析，得出生产行为与空间形态的对应机制。

历史阶段薛录村典型家庭住宅空间变迁　　　　　表 3-29

典型家庭	民国时期（1935年）	合作时期（1954年）	人民公社时期（1971年）
LJX 家庭	平面已无法还原	夯土三进院落	夯土三进院落
LTM 家庭	夯土厦房单边盖	夯土厦房单边盖	夯土厦房单边盖，加建厨房
LXR 家庭	夯土门房、厦房	夯土门房、厦房	夯土门房、厦房，加建厨房

续表

典型家庭	改革开放第一阶段（1985年）	改革开放第二阶段（1998年）	现阶段（2015年）
LJX 家庭	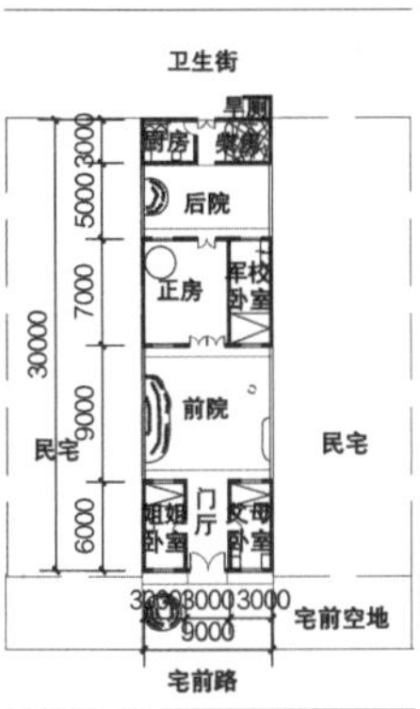	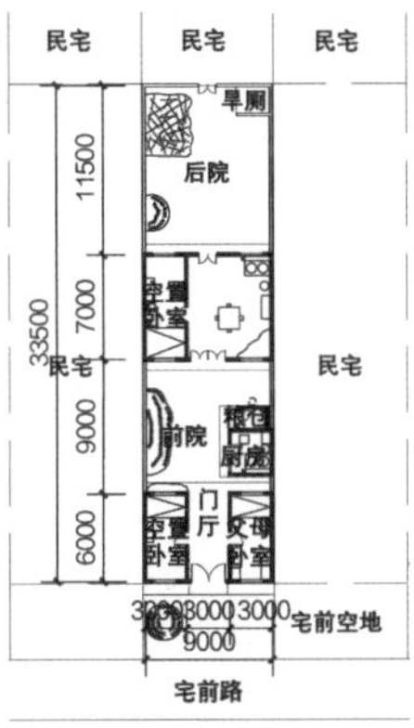	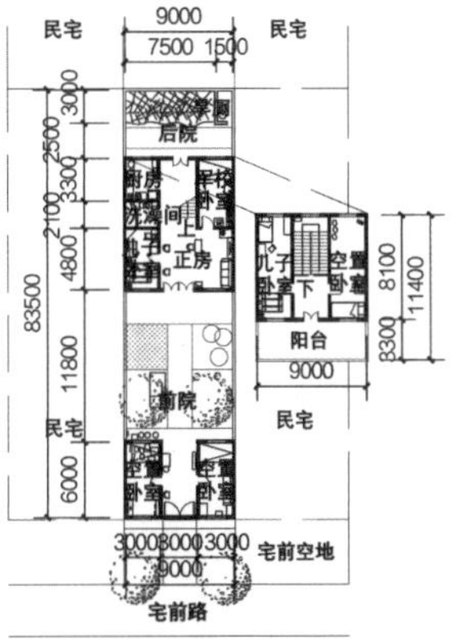
	9米×30米新宅基，砖混门房、大房	9米×33.5米宅基，砖混门房、大房	门房、2层砖混楼房
LTM 家庭	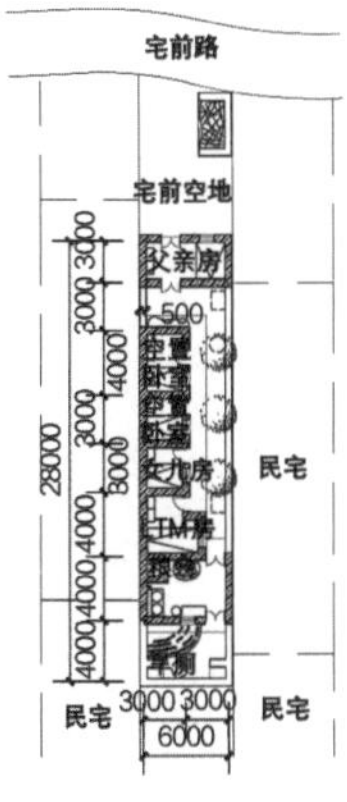	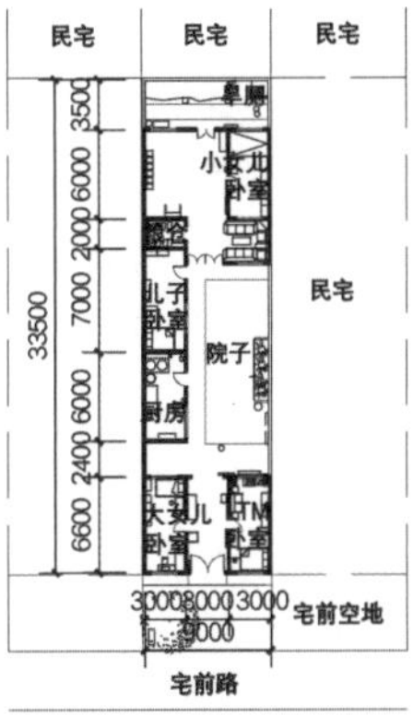	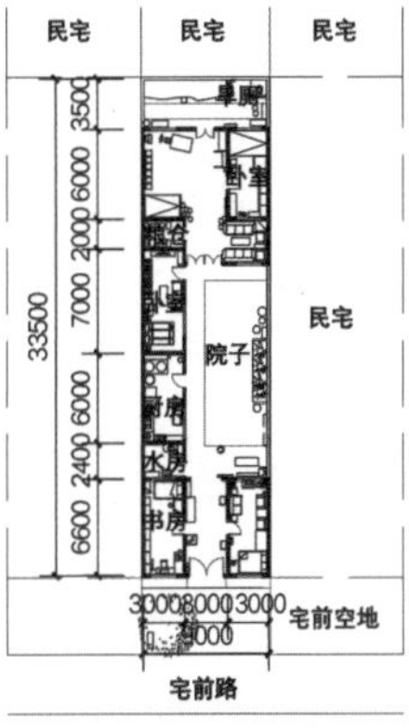
	夯土厦房单边盖	9米×33.5米砖混门房、厦房、大房	砖混门房、厦房、大房
LXR 家庭	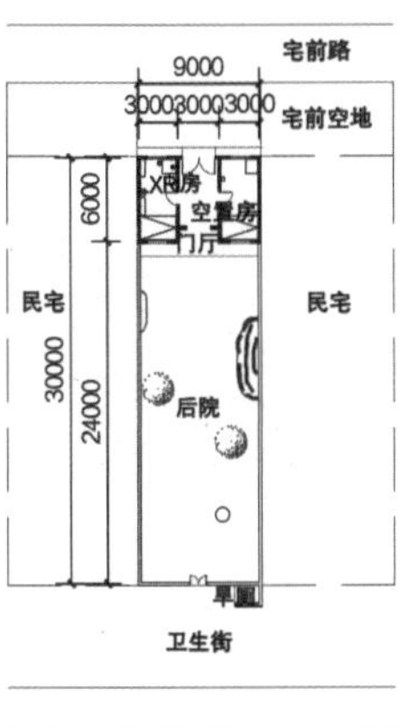	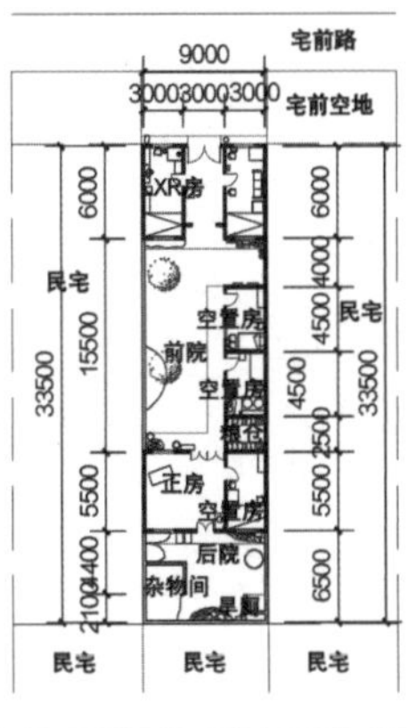	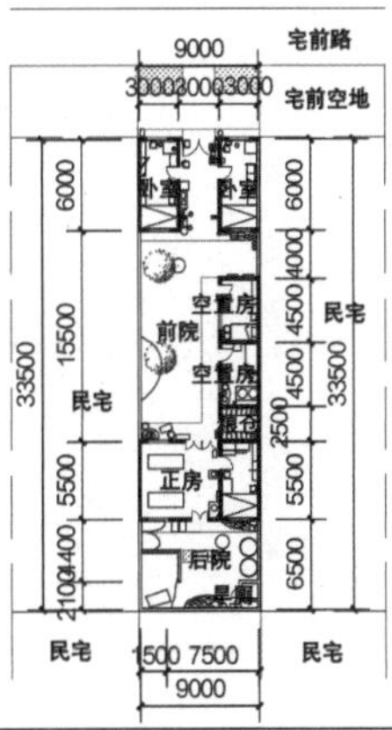
	9米×30米新宅基，砖混门房	9米×33.5米宅基，砖混门房、厦房、大房	砖混门房、厦房、大房

表格来源：作者整理

CHAPTER 4

第 4 章
生产活动下的薛录村空间形态百年变迁

4.1 历史阶段划分

基于生产活动与乡村空间形态的时差性以及生产活动及空间形态在长时段内的稳定性，本章根据生产活动特征将上一章划分的6个阶段局部合并为4个时段进行记述（表4-1）。

生产活动历史阶段选取　　　　　　　表4-1

	时段	1	2	3	4		
土地制度	时期	民国时期	农业合作化时期	人民公社时期	近三十年		
					第一阶段	第二阶段	第三阶段
	年代（年）	1912~1949	1950~1958	1959~1982	1983~1993	1993~2001	2002~2015
生产活动	时段	1	2	3		4	
	时期	民国时期	农业合作化时期	人民公社时期	改革开放初期		现阶段
					第一阶段	第二阶段	
	年代（年）	1912~1949	1950~1982		1983~1993	1993~2001	2002~2015

4.2 民国时期（1912~1949年）

4.2.1 生产背景

民国时期，社会动荡，自然灾害加上军阀、土匪、地主残酷的苛捐杂税剥削使得人民苦不聊生。关中乡村生产处于崩溃边缘。据文献记载，乾地干旱，灾荒频繁，土地虽多，时丰时欠，丰年尚可温饱，歉岁度日如年。为了生存，人们不断寻找新的活路，纺纱织布、养殖家禽、打长短工、做小生意等以换取微薄的粮食。

4.2.2 农业生产及其对应的空间形态

1. 生产力

1）劳动资料

此时关中农业耕作较为粗放，生产上沿用传统农具，革新者殊少。例如，耕作用畜力犁、耙、耱、耧、碌子、镢头、锨等；打碾用碌碡、杈、木锨、扫帚、推耙等；运输用硬轮大车、狗脊梁车、板轱辘车、手推车等；粮食加工用石磨、面柜、石碾等。农业生产全部依靠人力、畜力来完成，牲畜犁地、人工锄草、碾磨、施用土肥。土肥是人畜粪尿垫入多半的黄土混合而成。当时施肥面积只能占到种植面积的30%～40%。

LXR家庭条件很不好，家中缺少大型生产工具，只能"以工（活）换工（具）"，农忙时跟着父亲替地主干活，然后借用地主家的骡车、石磨等大型工具干自家农活。

2）劳动对象

(1) 土地

中华人民共和国成立前，全陕西省地主占乡村人口5%，占有30%以上的土地。村民LXR回忆，当时村里大地主家有六七十亩地，而自己家有16亩，其中有6亩地距离村庄6里远。土地的分散使得LXR家庭常常日出而耕，日落而归（图4-1，见107页）。这16亩地没有晾晒场，只能借用地主家的场地进行粮食碾压和晾晒。

(2) 农作物

民国时期，乾县粮食作物有小麦、玉米、谷子、荞麦、豆类、苜蓿等；经济作物有棉花、油菜、芝麻、西瓜、甜瓜以及蔬菜等。一般农户小麦面积占耕地面积70%以上，而且以正茬麦为主，回茬麦面积很少。在秋粮作物中，以玉米、谷子、糜子居多。北部旱原地区，谷子、糜子面积较大，多为春播[71]。

LXR家农作物主要是小麦，间种1亩地种植谷子，1~2亩地种植玉米。谷子耐旱性较好，产量虽少但能确保一定收成，而玉米对于水的需求量很大，受天气影响严重，经常一年到头颗粒无收。

3) 劳动者

生产力低下的年代，农业生产需投入大量的时间和劳力，且基本全是体力活，因此，家中男丁常年在地劳作，农忙抢收时节，妇女儿童也参与其中。

2. 生产关系

个人力量薄弱的熟人社会背景下，农业生产时乡党亲朋常常相互帮助、共同劳作。地主家则雇佣长工短工来劳动生产，此外，也向贫农提供劳动工具和晾晒场来换取劳动力满足生产需求。

3. 农业生产情况

靠天吃饭的年代，农民根据当地自然条件确定耕作规律。薛录村小麦一年一熟，以玉米、谷子交换轮作。每年2月至11月是农业生产时间，几乎每天都在地里耕种。每年冬季11月至第二年2月为农闲时间（图4-2，见下一页）。

1) 小麦

冬小麦于秋季播种，第二年夏天成熟收割。种植过程分为播种、田间管理、收割三个阶段。

(1) 播种阶段

从9月开始，在播种前要将前一季种植的玉米、谷子等作物残留在地里的根清理干净，松土、碎渣、除草、平整土地。等过完年之后开始新一年的劳作。

(2) 田间管理阶段

春天对于种地的人来说非常重要。收拾绳线，修理犁耙杖等农具一系列活。2~5月，人们每天在田地里劳作、除草，早出晚归、精心耕作。

(3) 收割阶段

收割阶段是最繁忙的时候，谈起当年收割情形，老人们都长叹一口气，感叹当时收割的辛苦。小麦收割一定要在收割期内完成，否则就会影响到下一季农作物的种植，或者碰到下雨天将麦粒淋湿，大半年的收成可能白费。因此，在人力收割阶段，只有请求家族亲友的帮助。贫困农户没有农具，与大户人家换工收割，各家将收割的麦子运到晾晒场，大户出牲畜，贫困农户出人工，轮流碾轧各家的麦子。城墙外围都是场（图4-3，见下一页）。传统时期的"熟人社会"，村民对其邻里、亲族的依赖、合作互助在生产中显得尤为重要。

2) 玉米及谷子

玉米既是农民食粮，也是畜禽饲料。农民在麦收后种玉米，灌溉条件差，收成全依赖雨水，雨水丰盛则产量高。因此，农户种植玉米较小麦少得多。

谷子为中华人民共和国成立前的主要秋粮作物之一，耐旱性较强，多在旱地种植，但单产量较低，亩产量40~75公斤，虽收成少但有所收成，因此农民保底会种几亩谷子。

10月玉米收割之后拉回家里晾晒，冬季，人们利用农闲时间,在院里或是坐在炕上聊着天、剥着玉米（图4-4，见下一页）。

第 4 章 生产活动下的薛录村空间形态百年变迁　　107

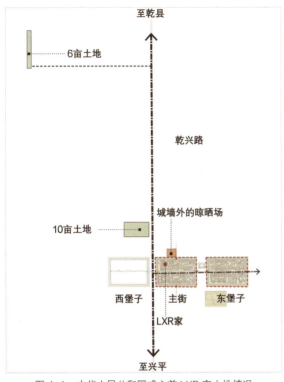

图 4-1　中华人民共和国成立前 LXR 家土地情况

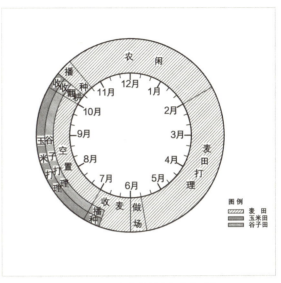

图 4-2　1935 年薛录村农业生产时序图

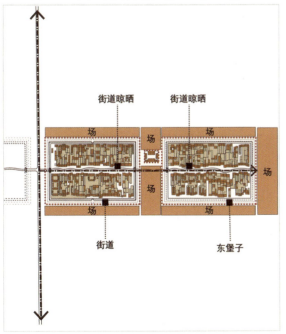

图 4-3　传统时期薛录村晾晒场地分布

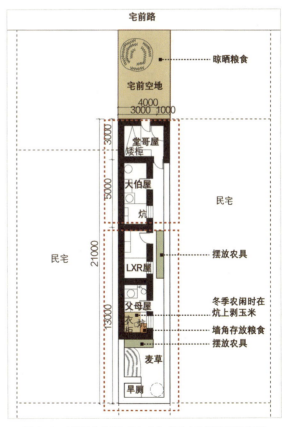

图 4-4　1935 年 LXR 家农业生产对应宅院空间示意图

3) 投入与产出

自然灾害、匪患猖獗、生产力落后等因素，致使农民一年到头将所有精力投入到耕作中却产出微薄，难以维持基本生活。

以 LXR 家为例，按照 1935 年作物平均单产量计算，家中共种植 12 亩小麦、2 亩玉米和 1 亩谷子，总产量为：12×162+2×188+1×166=2486 斤。然而，关中地区军阀相争，战争不止，大肆摊派军粮，后又经历抗日战争、国共内战，农民需交大量田赋。据统计[72]1933 年时期农民杂税（田赋及附加、其他税捐、临时摊派、地租）占农业生产收入的 41.44%。按此计算，LXR 家实际粮食收入只有 1466.74 斤，共养活家中 8 口人，平均每人 183.34 斤粮。成人人均每天耗粮 0.8 斤，一年需要 292 斤粮。如此算来，土地的粮食产出远不能果腹，遇上自然灾害，更是雪上加霜。民国十七年至二十年之间（1928~1931 年），关中地区三年大旱，大部地区颗粒无收，赤地千里，哀鸿遍野，灾情之重，为陕西历史所罕见。《横山县志》[73]记载："饥馑益厉，草根树皮，掘剥殆尽"（表 4-2）。

4.2.3 副业生产及其对应的空间形态

1. 副业概况

当土地无法解决温饱需求时，农民以副业贴补家用。副业包括饲养牲畜、织布、做生意等。劳动力为妇女、小孩。

2. 副业生产情况

1) 饲养牲畜

家畜主要有牛、马、驴、骡、猪、羊等。当时，LXR 家后院养了 2 头猪和几只鸡。简单用树枝、土块围了很小的圈，猪和鸡都在里面养着。

2) 纱织布

传统社会，女子一生大部分时间都在织布。妇女们在炕上、院里或是宅前纺纱织布（图 4-5）。薛录镇每三天一次集会，织好布便拿去集市换取粮食。物资匮乏的年代，一块标准布段仅能换 30 斤小麦；在正常年景下可以换 50~70 斤。LXR 老伴孩童时就跟着母亲学织布，出嫁之后每天都在家里纺纱织布，冬季天气冷，就坐在炕上织，一年四季如此。

3) 长工、短工

在土地私有制年代，地主、富农占有大量土地，租给贫雇农耕种，收取地租，每亩收租多达收成的一半。或直接雇用长短工耕种，给定量报酬。长工的年薪约三至五石小麦（约合 300 ~ 500 斤）。LXR 父亲在兼顾自家农活的同时，还要去本村及附近村庄地主家打短工，帮忙收麦、轧棉花，早出晚归，换取的报酬微薄。

4) 生意

薛录镇逢二、五、八赶一次集市。集市规模庞大，商铺遍及东堡子和街道主街两侧（图 4-6）。

商铺类别多达四十余种，有棉布百货业、铁货业、食盐业、烟酒业、药材业、肉架子、大小豆腐、木器业、饮食业、麻绳业、皮革作坊、理发业、照相业、缝纫业、茶铺、车马大店、旅店、铁匠炉、砖瓦业、醋坊、石磨业、土染坊、编席业、绱鞋业、蔬菜业等。生意人亦农亦商，逢集经商，农忙务农。

LJX 家从曾爷爷开始做生意，家中开有药房、染房、粮食集，经济收入颇丰。后来粮食集传给 LJX 爷爷。有一年 LJX 爷爷的母亲去世，他为了体现孝心和体面，大办丧事，不幸那一两年粮食歉收，粮食集没挣到一分钱，家产就这样被败光。

3. 投入与产出

对于贫苦农民来说，副业生产是通过物物交换，换取粮食和生活用品。而对于 LJX 曾爷爷这样的商人来说，副业生产是他的主要生产活动，经济收入也大大超过农业生产的收益。

民国时期陕西省主要粮食作物面积及产量表　　　　表 4-2

年份	小麦			玉米			谷子		
	种植面积	总产量	单产	种植面积	总产量	单产	种植面积	总产量	单产
民国二十三年（1934 年）	13926	23535	169	2374	3537	149	3006	3778	126
民国二十四年（1935 年）	14882	24129	162	2296	4318	188	2864	4748	166
民国二十五年（1936 年）	14594	17758	122	2339	4176	179	2982	4221	141

数据来源：《陕西省志 . 农牧志》[74]

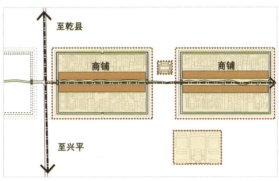

图 4-6　民国时期薛录镇商业分布

4.3　农业合作化至人民公社时期（1950~1983 年）

4.3.1　生产背景

中华人民共和国成立初期农民分得土地，但因土地分散、技术落后、生产资料匮乏，农业生产仍处于低级水平。1958 年全国开展人民公社运动，行政上实行政社合一；生产经营实行集体劳动，统一核算；管理上实行公社、生产大队、生产小队三级管理；分配上全公社统一分配。这种僵化的生产和管理模式，导致社员劳动投入和利益分配不成等价关系，严重挫伤了农民的生产积极性、主动性和创造性，在集体劳动中出现"出工一条龙，干事大呼哔"的形式主义，最终导致农业和乡村发展迟滞、缓慢，长期处于徘徊局面。

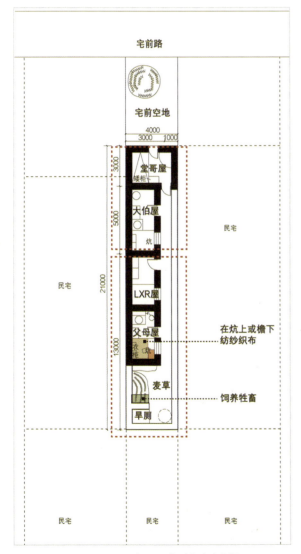

图 4-5　1935 年 LXR 家副业生产空间

4.3.2 农业生产及其对应的空间形态

1. 生产力

1)劳动资料

中华人民共和国成立后,乡村大力增补生产农具,稳步发展现代农机具。1959年受"大跃进"浮夸风影响,农具改革盲目追求"绳索牵引化""滚珠轴承化",造成人力、物力严重浪费。1960年,全省推广半机械化农具,但因质量差或未因地制宜,约有2万台播种机和摇臂收割机不能使用。针对这些问题,调整时期各地对农具改革进行了清理整顿,农具有了新发展。1964年,全省乡村半机械化农具基本普及。

农业水利工程大量建设。1967~1971年,先后修建羊毛湾水库、宝鸡峡引渭上塬工程乾县段。到1974年,全县有效灌溉面积发展到40.7万亩。截至1980年,全县共建大小水库21座,其中库容在100万立方米以上的水库7座。建抽水站255处,其中设施灌溉面积5000亩以上的20处。

2)劳动对象

(1)地

1951年底,关中地区完成土地改革,贫下中农土地拥有量变化不大,但土地形态分割得更细碎。公社期间,农民土地被公社集体征收分配。但实际操作中,往往打着"共产"口号随意侵占土地。"一平二调"就是当时流行的手段。平调的方法有扣、转、拉、占、挤、收。"转"就是办农场、林场、猪场时,随便将小队土地、劳力、资金和设备转为社有。"拉"即拉用生产队的劳力、土地、物资、牲畜。"占"即无偿占用生产队的可耕地。"挤"就是挤占社员分配部分。"收"即以割"资本主义尾巴"为名,没收社员自留地、自留树,低价收社员的家具、牲畜等[75]1958~1968年间,薛录

村农户有3分自留地,往后自留地也被取缔了。

(2)作物

农业生产由生产队统一安排,作物种类由国家安排。薛录7队当时有土地约400亩,其中130亩土地种植棉花,其余种植小麦、玉米。

3)劳动者

人民公社时期劳动实行记公分制,全村男女老幼按体力安排不同任务,然后根据记工标准评定工分,为换取更多工分,家庭成员几乎都是劳动者。

2. 生产关系

公社成立时提出了"人人为我,我为人人"的口号,生产军事化,干活集体化。同级劳动者之间的依赖性降低,生产关系的紧密程度由生产队的管理能力与集体团结度决定。

3. 农业生产情况

这一时期,农业技术并没取得太大的发展,农作物种植方法和时序同过去基本相同(图4-7,见下一页),但生产方式却大大不同。社员每天早上四五点被敲铃催促起床,到生产队集合后统一安排任务,如耕地、打谷、拉土、拉粪,晚上再到生产队进行思想学习,八九点才回到家中。

1)割麦子。"男人怕割麦子,女人怕坐月子"。LXR老人说那时割麦子最长的时间能割一个月,烈日炙烤下的麦子被晒得都能听到嘎巴的响声,麦子干了立即抢收,割一天麦子,浑身像散了架,第二天全身僵硬,疼得起不了床。

2)打场。打场之前除了要准备扫帚、四股叉、木锨之外,还要做刮扒、焊磙窝子,整理打场的绳线、装粮食的毛口袋和分粮食的斗、升、称。场地平整后再撒上麦织子,套上磙子反复碾压,压瓷实后才能使用。尽

管如此，碾麦的时候还有部分麦粒被压在土里。场面上还要放两口大瓮，里面盛满水，作为防火之用。

3）扬场。只要风一来，村民用木锨快速地把裹着麦粒的麦织子高高扬起，你一锨，我一锨，风把麦织子刮到远处，麦子落到近处逐渐堆成一堆。另一个人负责用大扫帚把麦堆上的麦织子扫出去。如此反复扬、反复扫，才能把麦子收拾干净。

4）入库。粮食收获后要给国家粮库交售任务粮，只有完成了夏粮任务，才能给社员分口粮。有时完成任务后小麦不够分，就只能少吃麦子多分粗粮。

4. 投入与产出

村民普遍认为人民公社期间的日子还是比中华人民共和国成立前好很多，至少有基本保障。每年年终，生产队会计将生产队全体社员的工分总量和各项收入予以统计，扣除开支留足公积金、公益金后按农户一年所得的工分分配到户。粮食分配按"人七工三"或"人六工四"比例分配。社员口粮标准普遍偏低。特别是三年（1959~1962年）困难时期，大部分社员日均口粮仅6~8两，多以野菜、白菜、萝卜充饥。有的社员用自织土布、旧衣服到北部山区换粮。全县劳动日值在一般为0.5~1元。南中部乡村各社的劳动日值高于北部。生产队分配其他实物时，全部折成现金，纳入现金收入参加分配（表4-3）。

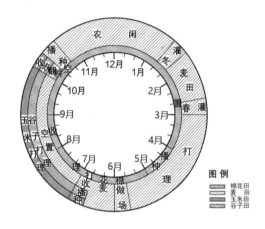

图4-7　1971年薛录村农业生产时序图

乾县社员现金分配增长表　　　　　　　　　表4-3

年份	农业总收入（万元）	各项支出与总收入比例（%）	社员分配与总收入比例（%）	人均收入（元）
1962年	1849.6	46.53	53.48	20~60
1972年	3470	45	55	42
1980年	6238	40	60	72
1983年	11645	32.6	67.3	159

数据来源：《乾县志》

4.3.3 副业生产及其对应的空间形态

1. 副业概况

7队除农业生产外还办有饲养场、弹花会等集体产业。个人副业完全禁止，若被发现会受到严厉处置。但由于生活物资实在不够，仍有部分村民偷偷摸摸干"投机倒把"之事。

2. 副业生产情况

1）村集体副业

村集体副业以林、牧、副、渔为主。各大队饲养室是副业生产所在地，分布在村落周边（图4-8，见下一页）。

牲畜喂养、工具存放以及棉花会等都在饲养室。LJX父亲会算账便承担起管理队弹花会的任务,为7队带来了不错的经济收入。到现在LTM还自豪地说,7队是全大队第一个买手扶拖拉机的生产队。

2) 个人副业

虽然国家严令禁止"投机倒把",但迫于生存压力村民不得不铤而走险。当时LXR老伴和几名妇女夜里到周边村子收鸡蛋,连夜卖给兴平工厂职工,一路不怕狼就怕人,有次路上老远见个人影,吓得撒腿就跑,一路跑到兴平。

3) 投入与产出

村集体副业生产,同样是将人的劳动以时间和强度按标准换算为工分,最后换成粮食。而个人副业的投入和产出都非常有限,只能偶尔贴补家用。

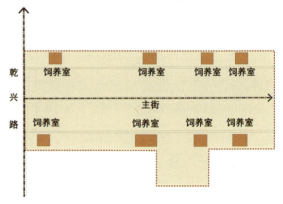

图4-8 各大队饲养室分布

4.4 改革开放初期(1984~2001年)

4.4.1 生产背景

1978年中共十一届三中全会后,全国推行家庭联产承包责任制。公社解散后生产队以户为单位承包土地。集体负责承包合同履行的监督,公共设施的统一安排、使用和调度,土地调整和分配,从而形成一套有统有分、统分结合的双层经营体制。农民根据实际需求种植作物,农产品统购统销被取缔,队办企业兴起,个体副业活动恢复。城乡壁垒逐渐打通,乡村人口可自由向城市流动。这一时期,调整了乡村生产关系,解放了生产力,粮食产量大幅度增加,副业成为第二谋生手段,绝大部分农民的温饱问题得到解决。

4.4.2 农业生产及其对应的空间形态

1. 生产力

1) 劳动资料

此阶段的生产工具数量和质量大幅提高,乾县联户、户营的农业机械越来越多。截至1982年,全县户营的大中型拖拉机154台,小型拖拉机1157台,分别占保有量的26%和75.8%,户营农用汽车10台。农民个体经营农机,这是农机工作的一项重大改革,调动了经营者的生产积极性,使经营效果显著提高。20世纪80年代后,农业机械绝大多数为农户私营。1990年全县大中型拖拉机766台,小型396台,农用汽车239辆,均为农户私营。农业技术也在不断提高和完善,施肥、灌溉技术的推广和应用,有效提高了粮食产量。20世纪80年代初,乾县年化肥施用量便达4万~5万吨。

2）劳动对象

（1）土地

土地以家庭为单位经营，但不能买卖、出租。农民掌握了自主权，调动了生产积极性。薛录村按照土地质量将土地分为五类：壕地、场地、二畛地、三畛地和白洼地，按比例根据各家人口数量分配。LJX家分得土地8亩，LTM家分得土地6亩，LXR家分得土地7亩。

（2）作物

农业生产恢复自主经营，农作物以小麦和玉米为主。20世纪90年代后期开始引进经济作物苹果、梨等。

2. 劳动者

劳动力以中青年家庭成员为主，农忙时老人及孩子参与到生产中。

3. 生产关系

家庭生产恢复后，亲友乡党之间相互协作的生产关系又开始形成。村集体对农业生产所需的公共设施统一安排和调度，对农业生产进行指导和规划。

4. 农业生产情况

土地制度的改良、生产积极性和生产资料的提高缩减了生产时间，提高了生产效率（图4-9）。小麦和玉米播种、收割等工序仍以传统方式为主。

人民公社时期生产工具都在生产队，家庭几乎没有生产工具，也不需要生产空间。包干到户后，村民购买了大量农具存放在家中，小麦收割晾晒完后拉回家，除去要交的公粮，还能余下很多，村民们纷纷在家中建起粮仓。玉米收回来倒在门前或院子里，绑成一捆一捆挂在院墙或门前树上。到冬季农闲时玉米晾干，村民便坐在院子或炕上，边聊天边剥玉米（图4-10）。

5. 投入与产出

20世纪90年代，乡村温饱问题基本得到解决，人均产出口粮在200～300公斤左右。

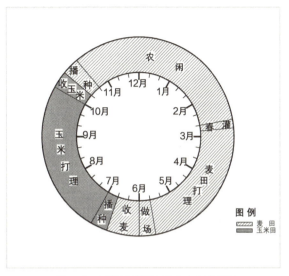

图4-9　1985年薛录村农业生产时序图

图4-10　1985年LJX家农业生产对应宅院空间示意图

4.4.3 副业生产及其对应的空间形态

1. 副业概况

乡村自由贸易恢复后,队办企业兴起,沿乾兴路分布(图4-11)。村民利用农闲时间做起生意、打长短工,活动范围扩展到县城甚至省外。LJX跟着父亲做起收废铁的生意,LXR儿子到外地打工,LTM到西安工地,干起建筑施工的活。

2. 副业生产情况

1990年,LJX父亲在家里收废铁,平时只需在家里收购即可,废铁堆放在院里,再用架子车卖到兴平钢厂去。后来,收购废铁的人越来越多,在家收购效益大大降低,LJX父亲便买了一辆老式农用三轮车,父子俩利用农闲时间,到各村镇收废铁。

3. 投入与产出

农业生产解决了温饱问题,副业生产则用以改善物质条件。LJX父子一天收一车废铁可以挣50块钱,一个月能挣800元。LTM在建筑工地干活一天能挣3块5毛钱,一年大约有三个月在工地,一共能挣300块钱。1992年LTM当上村会计之后,每月还有130元工资,生活条件大大改善。

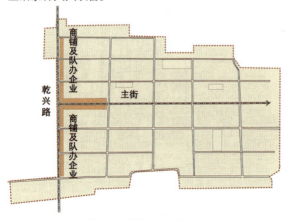

图4-11 改革开放初期薛录村商铺及队办企业分布

4.5 现阶段(2002~2015年)

4.5.1 生产背景

现阶段,土地承包管理服务不断提高,土地确权工作稳步推进。传统农业生产向现代农业转型,机械化规模化,经济作物代替粮食作物,关中成为蔬菜、水果之乡。传统家庭生产模式向产业示范园、生产基地过渡。农民持续增收,农业生产商业化不断提高,但也暴露出不少问题。土地分散经营规模小,难以形成大规模的经济效益;大量农民转投第二、第三产业,涌出乡村,但农民不能自主处置土地,"两栖"生产生活限制了农民的择业。城镇化建设大肆征占农民耕地,农民被"圈地上楼"后无法保障其工作、保险福利,社会发展遇到新的瓶颈。

4.5.2 农业生产及其对应的空间形态

1. 生产力

1)劳动资料

在各项农机新技术示范带动下,各种专用收获机械、果园生产机械、畜牧业机械、蔬菜机械等不断增加,农机化生产水平大幅提高,其中,小麦、玉米生产机械化水平分别达到了75%和80%以上。小型农用工具家家户户基本具备,农用三轮车、锄头、铁锹应有尽有,农户院落、檐下都是贮藏之地(图4-12,见下页)。此外,建引渠、新打机电井、埋设输水管、修复排灌站等水利项目逐年完善(图4-13,见下页)。

2)劳动对象

(1)地

土地制度规定土地分配"小动不大动,增人不增地,

第 4 章 生产活动下的薛录村空间形态百年变迁 115

减人不减地",故农户土地位置和数量保持无大变动。随着城市建设如火如荼地开展,农业生产无法再创造更多的经济惊喜,村民生产热情不如以前,青壮年更愿意进城打工,村里的土地则以转包、出租、互换等方式流转出去。LJX 家有 8 亩地,将 1.5 亩地给自己亲戚耕种。LXR 家共 7 亩地,夫妇两人年岁已高,把所有土地都交给二女儿耕种。

（2）作物

玉米、小麦新品种推广,产量增加。乡村开始大量种植苹果、桃、梨等经济作物。LJX 家种了 2.5 亩地苹果树,LTM 家种了 3 亩地苹果树。

（3）劳动者

劳动者以中年人为主,老人及孩子基本不参与。

2. 生产关系

生产力的提高改变了传统农业的种植方式和生产关系。农忙时,各家庭可独立完成生产,对亲友乡党的依赖性减弱。也有成规模的农业专业合作社,为了提高农业机械的耕种效率,在农业局的指导下统一耕种、收割。

图 4-12　2015 年 LJX 家日常农具摆放位置

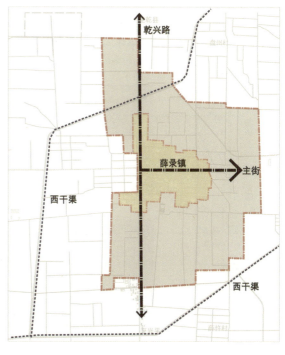

图 4-13　2015 年薛录村水利情况

3. 农业生产情况

1) 小麦、玉米

小麦、玉米耕作时节和过程没有太大改变，但耕作时长缩短（图 4-14）。

播种阶段，除了边角地，农机都可完成耕地播种任务。村民只需提前选好种子安排好时间，少有重体力活。

田间管理阶段运输靠电动车，喷药用打药机，灌溉的时候村民提前半小时电话通知机井负责人，相比过去省时省力了很多。

收割阶段相对繁忙，收割机在地里收割，村民用三轮车把粮食拉回屋，倒在宅前晾晒、除杂，留下吃的粮食，其余全部拉到粮站卖掉。有的农民收完后甚至直接在地里就把粮食出售了。

以 LJX 家为例，收割机收完小麦后，LJX 把小麦全部拉回来，倒在宅前晾晒，晒干后用电动除杂机清理一遍，就装进麻袋放进铁皮粮仓里，等到粮食价格好的时候，便可出售（图 4-15）。

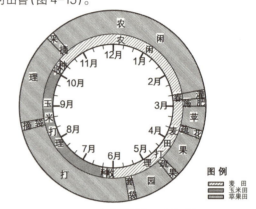

图 4-14 2015 年薛录村农业生产时序图

图 4-15 2015 年 LJX 家收割粮食对应宅院空间示意图

2）果树

改革开放后在市场经济的引导下，乾县果树种植业兴盛起来。2000年以后，薛录村开始大量种植苹果树，为农民带来了丰厚的经济收益。

果树栽种后需三年才能结出果实，在此期间，需对果树进行精心养护，施肥、剪枝、打药等。等到开始结果后，农民一年大部分时间都花费在果树种植上，种植过程见图4-16、表4-4。

4. 投入与产出

小麦、玉米每亩耕种成本约500元，小麦亩产稳定在1000斤左右，市场价每斤约1.2元。玉米亩产稳定在800斤左右，市场价每斤约1元。经济作物苹果每亩地投入约1500元，亩产苹果1万斤左右，市场价大致为每斤约2元每斤。

以LJX家为例计算，小麦玉米各1.6亩，苹果2.5亩，一年农业生产净收入大约4.8万元（表4-5）。

（a）苹果树套袋　　　　　　（b）果园里出售苹果　　　　　　（c）宅前堆放修剪的树枝

图4-16　果树相关场景

LJX家种植果树流程表　　　　　　　　　　　　　　　　　表4-4

时间	任务	操作内容
2月	春灌施肥	入春后对果树进行春灌，有专人负责联系各家各户。浇地时LJX去地里开沟引水，浇透一亩地只需半个小时。浇完之后，需对果树施肥，夫妻俩干一两天便可完成
3~4月	疏花疏果	3月果树开花，为了提高产量要疏花，使每个枝丫上留下适当数量的花朵。4月份结果后又要疏果，摘掉多余果子，保证大多数果子的成长。LJX夫妻俩要忙活半个月
5月	套袋	5月份为免果实受虫害且均匀色泽，得赶在半个月内给所有苹果套袋。LJX家2亩苹果树需要一周时间完成套袋。一些种植大户需雇人帮忙，按人均每天80块工钱计费。若天气干旱还需要再浇水、树施肥、喷药
8月	撕袋	套袋大约三个半月后，苹果基本长好，此时再将套袋撕掉。LJX夫妻两三天即可完成
9~10月	收获出售	苹果开始成熟，LJX把三轮车开到地里摘装，两三天便可摘完。运回家中，存放在院子里，等到合适价格再出售
11~12月	剪枝	为提高明年果树产量，LJX夫妻两人利用冬季农闲时间对果树进行剪枝，剪下来的枝条存放在后院当柴火烧

2015年LJX家农业生产收益统计表　　　　　　　　　　　　　表4-5

品种	亩产（斤）	单价（元）	亩数（亩）	产量（斤）	投入（元）	收益（元）	净收入（元）
小麦	1000	1.2	1.6	1600	800	1920	1120
玉米	800	1	1.6	1280	800	1280	480
苹果	10000	2	2.5	25000	3750	50000	46250

4.5.3 副业生产及其对应的空间形态

1. 副业概况

副业生产基本分为做生意、打工、出租房屋三类。

2. 副业生产情况

1) 做生意

生意种类很多,开商店饭馆、四处做买卖等。生意规模一般不大,范围以薛录镇及周边村镇为主(图4-17)。

2004年父亲过世后,LJX将收回来的废铁堆放到乾兴路边的宅院里。2010年左右,生意逐渐冷淡下来,LJX不再外出收购废铁,之前收的废铁现在还堆放在院里。

2009年,LTM购买了一台压面机,摆放在门厅里,做起了压面生意。这两年,村民自己擀面越来越少,特别是农忙时或是逢年过节生意很好(图4-18)。

2) 打工

年轻人大都选择外出打工,近至西安远至新疆。中年人也会利用农闲时间,到村镇周边打零工。

3) 租房屋

近些年,大量外来人口到镇上做生意或居住生活。本村村民将空置房屋进行租售。乾兴路两侧的宅院租金较高,村内部的租金相对便宜。LJX把自己两处宅院门房租给修车师傅和农用品老板(图4-19),租金一年两万元。LXR把二儿子宅院租给了外地人居住,租金一年2000元。

3. 投入与产出

越来越多农民将空闲甚至全部时间投入到副业生产中,副业俨然代替农业生产成为主导产业,家庭运营几乎全依赖副业收入。

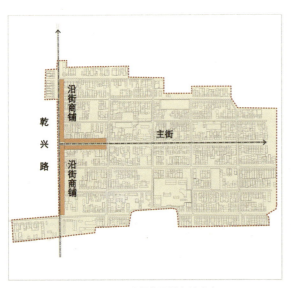

图4-17 现阶段薛录村商铺分布

(a) LJX 堆放在出租宅院的废铁　(b) LTM 门厅摆放的压面机

图4-18 现阶段典型户副业生产情况

(a) 出租给修车铺　(b) 出租给化肥店

图4-19 2015年 LJX 家两处宅院出租情况

4.6 调研总结

4.6.1 生产与乡村的思辨

土地制度是国家从上而下对乡村进行的生产设定和行政划分,而生产则从下而上组织和建构着乡村内涵和空间。

1. 生产是乡村经济与发展基础

生产是村民生存、乡村发展的基础。长期以来,乡村处于农副业(手工业、务工等)相结合的生产状态。农业生产承担着粮食安全的功能,家庭手工产品用以换取生活必需品,务工或产品交易的经济收入作为维持家庭正常运转的经济开销。

2. 生产建构乡村社会秩序和生活图景

乡村生产不仅是家庭生产,也是社会生产。生产主导着社会交往形式,从而形成社会不同的结构和秩序。中华人民共和国成立前农业生产的自给自足、男耕女织形成乡村社会内向封闭、日出而作、日落而息的生活图景。中华人民共和国成立后,生产力生产关系发生巨变,乡村社会秩序和生活图景也随之变化。

3. 生产组织乡村聚落空间格局

空间形态是乡村社会的物化,乡村生产组织着社会秩序,换言之,则组织着村落空间格局。生产力水平、单位土地供养力和农耕半径控制着村规模和发展形态,生产模式与关系决定着公共建筑的类型与布局。

4.6.2 生产活动变迁

自1912年以来乡村生产经历了民国小农时期、农业合作化至人民公社集体时期、改革开放初,家庭联产承包时期以及现阶段转型期。农业生产由村落共同体自给自足,转变为政治统筹的集体劳动,再发展为机械化、个体化、商业化的经济生产;副业生产从家庭养殖、手工业谋生发展,到队办乡镇企业繁荣与衰落,直至当下背井离乡打工弃农的产业状态。

1. 农业生产的变迁(表4-6,见下一页)

民国时期旱地劳作,地广薄收。一年大部分时间投入在农业生产中仍无法果腹。生产力落后的年代,个体力量微不足道,家庭对亲戚、邻里乡亲的依赖极强,整个村落高度依存,集体意识和认同感极强。

农业合作化至公社时期,计划经济体制下,村落以生产队为单位集体劳作,生产资料归集体所有,社员生产生活高度同步。平整土地,兴修宝鸡峡引渭上塬乾县段;增补农具,化肥、拖拉机出现。人人皆是劳动者,男女老幼安排不同任务,但高体力投入产出极为低效。三年困难时期,薛录村社员日均口粮仅6两。20世纪70年代初人均年收入仅40元,70年代末才提高到70元,住房消费出现。

改革开放初期,家庭联产承包责任制恢复家庭生产模式。土地包产到户,拖拉机、农用三轮车普及。主要作物为小麦和玉米。20世纪90年代后期引入苹果等经济作物。农忙时亲戚乡邻互助生产。农机使用由集体统一调度。此阶段生产热情高涨,产出基本解决温饱问题,20世纪90年代村民日均口粮可获1~1.6斤。

现阶段,传统农业向现代农业转型,收割机、翻耕机、抽水机普及,土地流转普遍。农业结构转变,经济作物比例增大,薛录村成为苹果、桃种植大村。留守妇女老人成为生产主力。市场经济介入、生产力提高以及生产规模缩减多重因素使得家庭对集体依赖度大大降低,亲邻人情冷漠。生产时长缩短,村民选择看电视、打牌等行为消磨空闲时间与精力。

各阶段薛录村农业生产情况　　　　　表 4-6

历史阶段	生产资料		生产对象		劳动者	生产关系	年投入	年产出
	工具	设施	土地	作物				
民国时期 （1912~1949）	锄犁锨等传统工具	局部修渠	分散个人所有	小麦 玉米 杂粮	男丁	熟人互助 村落共同体	9个月×10小时/天	人均日均口粮：5两
农业合作化至人民公社时期 （1950~1983）	手扶拖拉机出现	兴修水利 平整土地	集中集体所有	棉花 小麦 玉米 杂粮	全体男女老幼	统一安排 集体分配	12个月×14个小时/天	人均日均口粮：6两
改革开放初期 （1984~2001）	拖拉机、农用三轮普及	完善水利、供电基本设施	包干到户集体所有	小麦 玉米 果树	男女劳动主力	熟人互助	8个月×8个小时/天	人均日均口粮：1~1.6斤
现阶段 （2002~2015）	收割机、翻耕机、抽水机等	水利、供电体系化	局部流转集体所有	果树 小麦 玉米	留守妇女老人	个体异化 合作社 熟人互助	2个月×8个小时/天	LJX粮食作物收入1.5万，果树收入4.5万

2. 副业生产的变迁（表 4-7）

民国时期，女性纺纱织布、养殖家禽，农闲时男子打长短工、做小生意。正常年景下一块标准布段可换粮50~70斤，长工的年薪约300~500斤粮。

农业合作化至公社时期个体副业禁止，但物资紧缺的年代仍有"投机倒把"之事。生产队开办饲养场、弹花会等集体产业，收入人均分配换成粮食或货币。

改革开放初期，乡村自由贸易恢复，村办、队办、个体企业兴盛。随着城乡壁垒取缔，村民副业范围扩展到西安甚至外省。副业生产很大程度改善了乡村经济，住房建设大量涌现。

现阶段，副业已成为乡村经济主体。乡镇企业的衰落和农业生产的低收益，使农民更愿意背井离乡弃农打工。大量农民涌入城镇，生产生活"两栖化"。宅院隐形交易出现。关中人好盖房、重婚丧，房屋、婚丧成为家庭消费的重要部分。

乡村产业从男耕女织到半耕半工，村民日子越来越好。然而，城镇化引发人口严重流失、农业生产困于发展瓶颈等问题，迫切要求对产业结构做出新的调整。

各阶段薛录村副业生产情况　　　　　表 4-7

历史阶段	劳动者	内容			地点	产出
		畜牧	（手）工业	服务业		
民国时期 （1912~1949）	男女劳动主力	家庭喂养牲畜	家庭织布	农副产品交易、打工	乡公所范围内	一块标准布50~70斤粮；长工年薪300~500斤粮
农业合作化至人民公社时期 （1950~1983）	全体男女老幼	集体喂养牲畜	队办弹花会、砖厂等	—	公社范围内	生产队副业收入人均分配换成粮食或货币
改革开放初期 （1984~2001）	男女劳动主力	家庭喂养牲畜	村镇企业（预制厂、铸造厂等几十家）	农副产品交易、打工	村、镇、县范围	LJX卖废铁一个月挣800元；LTM建筑施工一个月挣100元，村会计每月工资130元
现阶段 （2002~2015）	男女劳动主力	偶有家庭喂养	铸造厂、橡胶厂等几家	农产品交易、打工、宅院出租	村、镇、县、市、省范围	住房租金成新收入；LJX出租门面年收入20000元；LXR儿子出租宅院年收入2000元

4.6.3 生产活动下的空间形态变迁

村落空间形态与生产活动经历着高度同步的变迁轨迹，体现在村落体系层级、村落内部空间层级、宅院空间层级三个方面。

1. 村落体系层级

村落体系经历"散点结构—散团结构—树状结构—网状结构"变迁，见表4-8。

2. 村落内部空间层级

1）生产经济影响村落发展规模与速度

改善居住条件是乡村满足衣食后的首要需求与消费。因此，村落的发展规模和速度是乡村生产与经济的直观体现。

民国时期住宅建设极少，年增长速度为0.05公顷/年。农业合作化至人民公社时期，乡村经济低迷，尽管队员宅基地无偿获取，但乡村建设速度缓慢，年增长速度约0.15公顷/年。改革开放初期，乡村经济繁荣村落发展速度空前达0.82公顷/年。现阶段，住房建设逐渐饱和，速度降为0.6公顷/年（表4-9）。

历史阶段生产活动下的薛录村村落体系空间形态变迁　　　　表4-8

内容	民国时期 （1912~1949）	合作化至公社时期 （1950~1983）	改革开放时期 （1984~2001）	现阶段 （2002~2015）
农业生产	自然村为生产细胞，每个村落均为自给自足的封闭完整体，散状分布	大而空的公社为生产细胞，细胞核为若干生产队。每个公社自成体系	公社解体变为乡镇，下辖行政村为生产细胞，细胞核为单户家庭	土地流转，拆乡并镇、拆户并村，村与村整合重构，乡村新型社区形成
副业生产	村落与村落通过农产品互换产生联系	公社内部队办企业兴起，个人副业取缔。公社与公社间游离	队办企业与个人副业兴盛。村村联系加强，形成"镇—乡—村"主体结构	乡镇企业衰落，劳动人口流向城市。村村联系冲破行政结构，与周边密切联系
空间示意	盘州、东堡子、薛宅、大马、街道、西堡子、薛仵	行政村、大墙乡、姜村乡、薛录镇	生产队、大墙公社、姜村公社、薛录公社	大墙社区、姜村镇、薛录镇
	散点结构	散团结构	树状结构	网状结构

薛录村建设用地面积与增长指标百年变迁　　　　表4-9

民国时期 （1912~1949）		合作化至公社时期 （1950~1983）		改革开放初期 （1983~2001）		现阶段 （2002~2016）	
面积	年增长率	面积	年增长率	面积	年增长率	面积	年增长率
13.00公顷	0.05公顷/年	15.96公顷	0.15公顷/年	33.39公顷	0.82公顷/年	50公顷	0.6公顷/年

注：民国时期为1935年数值、合作化至人民公社时期为和1954年和1971年平均值、改革开放初期为1985年和1998年平均值、现阶段为2015年数值。

2) 生产方式改变村落"集体"尺度

"生产集体"是中国乡村特有的集体所有制产品，时刻提醒着村民的集体意识，个体言行举止深受村集体这张无形的大网约束、管制。而生产方式则在空间形态无形划分了"生产集体"的尺度范围，这范围是村民交往频繁的最大集体尺度。

民国时期，薛录村以东堡子、街道为生产集体。农业合作化至人民公社时期，建立"三级所有，队为基础"的生产模式，生产小队是最小的生产集体，当时薛录村有15个生产小队。改革开放初期，15个生产小队合并为11个生产小组，集体尺度扩大。现阶段，11个生产小组各自扩张，尽管人情逐渐淡漠，但村民公共事宜仍以小组为单位共同参与，小组意识根深蒂固且约束力极强（图4-20）。

3) 产业结构改变村落发展形态

生产控制着乡村发展，当产业结构从农业偏向副业为主，薛录村的空间发展形态也逐渐由内向型向开放型、交通主导型转变。

民国时期，传统小农经济孕育出乡村封闭格局。此时，薛录村街道和东堡子规模小、形态规整，夯土城墙围合，城内主街一条，宅基地南北朝向，沿道路自然展开。

农业合作化至人民公社时期，均质的生产促使自然村城墙打开，街道和东堡子冲破城墙连成整体并向四周发展。

改革开放初期，乡村农业与副业蓬勃发展。家庭独立生产逐步淡化传统农业塑造的共同体意识。20世纪90年代末，副业生产繁荣，宅基地择址突破原有形态，以对外交通为重要考虑因素。薛录村沿乾兴路延伸，宅基地由南北朝向向东西朝向转变。

现阶段，副业成为乡村经济主体。个人对集体依赖减弱，传统生产关系改变。宅基地选址以交通便捷、基础设施完善地段为优选。薛录村继续沿乾兴路发展（图4-21）。

4) 公共农业生产空间消失或萎缩

共同劳作是增加村落认同促进邻里交往的重要途径，传统生产方式的转变导致共同生产空间消失或萎缩，这无疑为村落共同体的解体起到了推动作用。

民国时期，生产场和街道作为村落公共农业生产空间，用以加工、晾晒粮食。生产场环绕村落分布。每逢小麦收割之际，生产场、村内道路皆是劳作之景。

农业合作化至人民公社时期，各生产队在村建设用地边缘建起工具室、仓库以存放农资，工具室前的生产场用于加工、晾晒粮食、堆放麦草。队员每天聚居在此早请示晚汇报，麦垛堆是儿童的游乐场。

改革开放初期，宅前道路成为村里唯一的公共农业生产场地。街道成为共享农业生产的平台，村民过路上下围绕生产展开交流。

现阶段，生产时间空间缩减，道路生产功能削弱，邻里交往减少（图4-22）。

5) 公共副业生产空间析出

宋代起，薛录村便为集市所在地。集市承担着凝聚与辐射村落活力的功能。市场主导下，集市不断向外析出，薛录村的活力与凝聚力再一次被削减。

民国时期，集市分布于街道与东堡子主街。粮食集、棉花集、杂货集应有尽有。薛录村的集会为每月农历含"三、五、八"的日子。农户把农副产品拿到主街上交换，商贩们挑担子走街串巷叫卖。

农业合作化至人民公社时期，村口供销社代替集市。各个生产队在工具室旁建起饲养室饲养牲畜，办起砖厂、弹花会等企业。

改革开放初期，集市恢复。队办企业依托交通优势，在乾兴路主街口选址建厂。

现阶段，商业规模迅速膨胀，主街商业萎缩向乾兴路析出。队办企业倒闭改为沿街商业对外出租。商业的析出导致村落的偏心发展形态，很大程度上削弱了村内部的活力，也拉开了原东堡子与街道的发展差距（图4-23）。

第 4 章 生产活动下的薛录村空间形态百年变迁　123

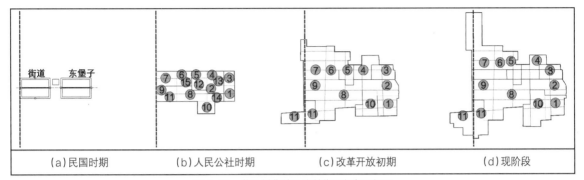

图 4-20　薛录村集体生产单位百年变迁组图

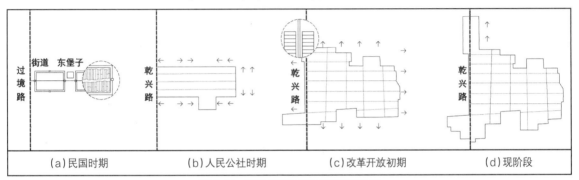

图 4-21　薛录村发展形态百年变迁组图

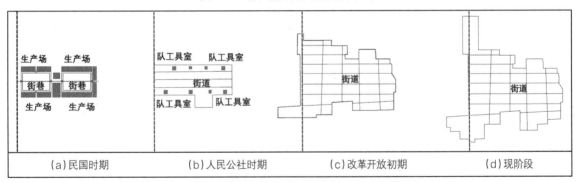

图 4-22　薛录村公共农业生产空间形态百年变迁组图

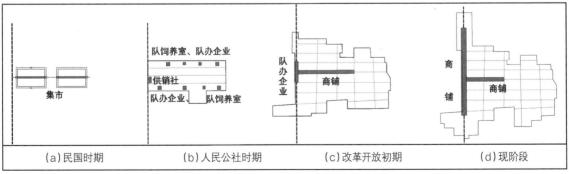

图 4-23　薛录村公共副业生产空间形态百年变迁组图

3. 宅院内部层级

1）经济发展引发住房建设行为

经济发展引发乡村宅院三次变迁，房屋数量和功能经历从无到有，从少到多，从多到空的变化轨迹，这是村民追求居住规模对应家庭需求的过程（表4-10）。

民国时期，多为土坯房，房间包括门房和单间厦房，少有大房，房间少功能高度复合。农业合作化至人民公社时期，第一次宅院更新，原地加建厨房、子女房。改革开放初期，宅院第二次更新，新批宅基建设新房，建筑砖混结构保持传统的门房、厦房、大房形制。房屋功能满足父母、各子女用房、厨房、堂屋、粮仓所有需求。现阶段，宅院第三次更新，多为父母为子女新批宅基建房，2层楼房，门房、厦房或取消，房间功能更加精细，洗浴间出现（图4-24）。

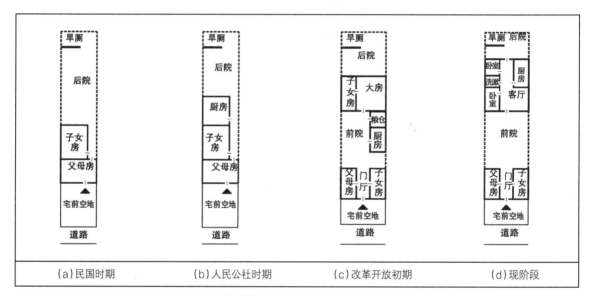

图4-24 薛录村宅院建设典型家庭平面百年变迁组图

经济发展引发的薛录村典型家庭住房建设行为 表4-10

内容	民国时期 （1912~1949）	合作化至公社时期 （1950~1983）	改革开放时期 （1984~2001）	现阶段 （2002~2015）
建设情况	建设缓慢	一次更新：扩建	二次更新：新建	三次更新：新建
户均建筑面积	34.2平方米	46平方米	73.7平方米	159平方米
人均建筑面积	10.5平方米	12.9平方米	29.2平方米	76平方米

2)生产房间专有化与萎缩

加工和储存是家庭生产中的两项重要内容,加工和储存空间经历了高度复合向功能专有化转变再到功能萎缩房屋空置的变迁历程。

民国时期,父母房兼具厨房、加工农副产品、储存粮食的功能。农业合作化至人民公社时期,厨房独立,成为家庭生产核心空间。改革开放初期,粮仓、堂屋独立成为加工、储存空间。现阶段,生产活动的萎缩导致生产空间的萎缩,非正式的加工空间,家用口粮存于厨房内,大量房间空置储存农资(图4-25)。

3)院落生产内容转变

院落是室外的主要生产场所,分为宅前、前院、后院。院落生产内容随着前后院的私密属性而变化,也随着生产结构的变迁由经济属性向自然生态属性转变。

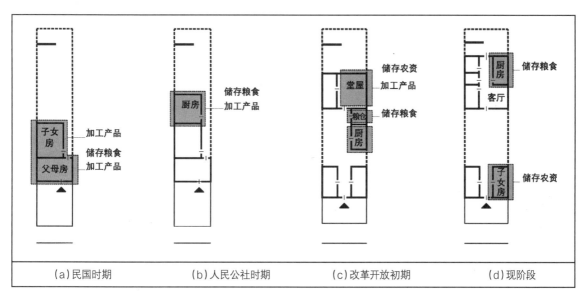

图4-25 薛录村宅院典型生产房间百年变迁组图

民国时期,院落用于晾晒粮食、加工产品、储存农资,后院私密性较强用于饲养牲畜。农业合作化至人民公社时期,家庭无生产活动。改革开放初期,院落生产恢复。现阶段,院落生产减少,宅前偶尔晾晒粮食,前后院种植蔬菜花木(图4-26)。

4. 过渡空间的生产属性

过渡空间,衔接个人、家庭与邻里,人工与自然,并非宅院专有生产空间,但其生产活动的高频率发生却是生产作为社会活动的自然选择结果。过渡空间包括檐下、廊、门厅等空间,其生产内容跟空间公共私密属性相关。从民国到现阶段,宅前和门房的过渡空间因其公共性较强,生产活动发生频率最高,厦房、大房的过渡空间生产活动对内,后院的过渡空间则多用于储存农资(图4-27)。

4.7 本章小结

本章笔者在土地制度时段的基础上,结合生产活动特点,将其整合为民国时期、农业合作化至人民公社时期、改革开放初期和现阶段四个时期,然后对每个时期的农业生产活动和副业生产活动进行梳理和分析,包括农业生产的生产力、生产关系、生产情况、产出与收入和副业生产的生产内容、产出和收入等方面。

土地制度对乡村聚落体系进行从上而下的生产关系设定和行政等级划分,而生产则从下而上定义村落的产生联络。生产是乡村经济与发展的基础,建构着乡村社会秩序和生活图景,组织着乡村聚落空间格局。百年时间内,农业生产经历传统小农、大集体生产、包干到户以及当下特色化规模化四个阶段,而副业生产则从家庭生产发展到集体企业,最后回到个体生产、副业析出。

最后,对生产活动下的薛录村空间形态从体系层级、村落内部层级和宅院内部层级进行梳理和分析。村落体系经历"散点—散团—树状—网状"变迁。村落内部空间形态方面生产经济影响村落发展规模与速度;生产方式改变村落"集体"尺度;产业结构改变村落由内向型向开放型、交通主导型发展;公共农业生产空间消失或萎缩;公共副业生产空间析出。宅院内部层级方面,经济发展引发住房建设行为,典型家庭户均建筑面积由34.2平方米增到159平方米,人均建筑面积由10.5平方米增到76平方米;生产房间经历高度复合—功能专有化—空间空置三个阶段;院落生产的内容由生产属性侧重向自然生态属性变化;廊、檐等过渡空间依旧是生产活动高频发的非正式生产空间。

在下一章,作者将对生活活动影响下的薛录村空间形态变迁进行梳理和分析,得出对应机制。

第 4 章 生产活动下的薛录村空间形态百年变迁　127

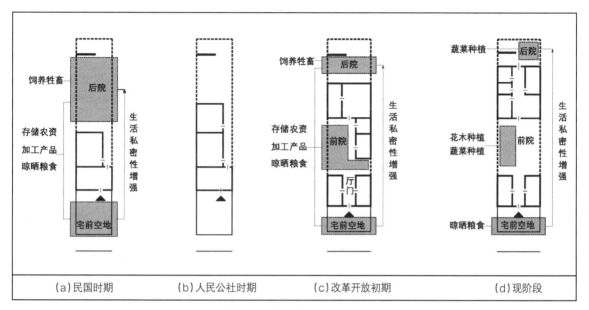

图 4-26　薛录村宅院典型院落空间生产百年变迁组图

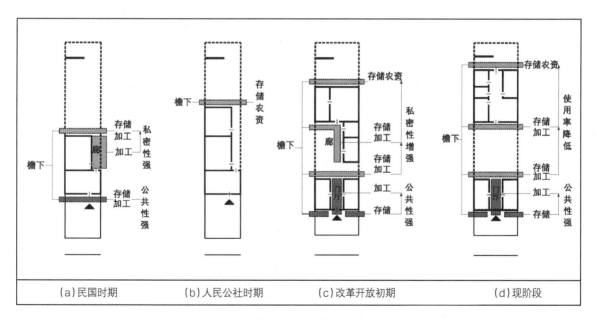

图 4-27　薛录村宅院典型过渡空间生产百年变迁组图

CHAPTER 5

第 5 章　生活活动影响下的薛录村空间形态百年变迁

5.1 历史阶段划分

生产活动是生活活动的主动关系,本章延续生产活动历史阶段划分进行论述(表5-1)。

生产活动历史阶段划分　　　　表5-1

生活活动	时段	1	2	3		4
	时期	民国时期	农业合作化时期	人民公社时期	改革开放初期	现阶段
					第一阶段	第二阶段	
	年代	1912~1949	1950~1982	1983~1993	1994~2001	2002~2015

5.2 民国时期(1912~1949年)

5.2.1 生活概述

"木匠住的破大门,石匠坟上没碑文。裁缝穿的烂袄裤,瓦匠没有房屋住。今年指照明年好,明年还穿破皮袄。活阎王算盘打得快,鸡蛋里算出骨头来。"这样一首陕西民谣《世上苦不过受苦人》反映出了民国时期的关中社会背景。

5.2.2 日常生活情况及其对应的空间形态

薛录村村民人身安全、衣食住行、日常闲暇极度贫乏与艰苦(表5-2)。

1. 居住安全

民国时期,百姓为抵御匪患,筑起城墙、城壕以保证村民的居住安全,但仍有许多家庭遭受过惨痛伤害。LJX家庭当年闯进一伙土匪来抢钱,LJX二爷非但没给钱还骂了几句,夜里就被这帮土匪残忍地杀害。在动荡的年代里,亲人知道是土匪干的却也无法申冤,只能痛苦承受。

2. 衣

"所穿的衣服,自纺纱、织布以至缝纫,均为自制。不论男女老少,多以黑、蓝色为主。"[76]LXR讲述当时夏季穿白汗衫,冬季穿夹袄,外面再穿一个破棉袄,衣服大小不得体的话就在腰上系一根布绳勒紧。

3. 食

风调雨顺年间,妇女靠织布还可以在集市上换粮,但遇上大旱,整个薛录镇都没余粮,家里的男人就必须去北山(现永寿、彬县一带)用布交换粮食(图5-1,见下一页)。LXR当年去北山换粮,七八十斤重的粮,全靠步行背回来,来回将近十天时间,往家背的路上饿得趴在麻袋上痛哭。

LXR回忆,家里做饭的灶台盘在父母房,柴火主要以玉米秆、高粱秆、麦秆、棉株、树叶为主,一部分堆在灶台边,其余堆在院子里。生活用水要去公共水井挑,再倒进瓮中澄清。

民国时期薛录村百姓日常生活情况及其对应空间　　　　表5-2

类别	分类	情况	对应空间
日常基本活动	居住安全	村落外部不安全,筑起城墙	村落四周
	衣	妇女手工制作	集市、宅院
	食	饥饿、半饥饿状态	宅院、街巷
	住	土房、土炕、住房条件差	宅院
	行	道路不便,靠马车或步行	村落及周边村路
日常闲暇活动	交往活动	主要以茶余饭后的闲聊为主	街巷及村口
	娱乐活动	打牌、抽大烟	宅院、街巷

普通人家油、盐、酱、醋极少,白面、猪肉、蔬菜更是终年难得一见,野菜、土豆、红薯等杂粮就成为替代品。LXR 称四岁之前他没见过馍,结婚后有次妻子做了一锅白面条,他干吃了一大碗。

关中人吃饭一般不围在桌上,而是喜欢端着饭碗圪蹴在宅前,跟亲友边吃边聊。

4. 住

"农民居住多为土屋,土丘之中,筑窑而居,以避风雨,光线甚缺。靠床设炕以卧,除此之外家无场务。虽一桌一椅,亦多无之"。宅基地尺寸不等呈窄长状,一两间房住几户人家,吃饭、睡觉、生产全在一间屋内完成(表5-3)。

5. 行

交通沿用古道,道路建设发展缓慢。1930 年,乾兴路扩修至王乐镇经薛录镇,马连村入兴平古道,为土大道。人们外出多系步行。请医、求师,讲究牲口接送。红白喜事,赶集上会,间有乘坐硬角大车或四轱辘车者。绅士、富有人家,走亲访友,或骑马,或乘轿车。[77]

那时出外是令人讨厌的事,道路泥泞,风沙飞舞。村里主街、环城巷、村外大路均为弯曲坑洼土路。出行都靠走,有时能顺路搭马车。当时 LJX 奶奶坐马车出门,结果半路上马受到惊吓,拉着马车脱缰而逃,吓得她直念"阿弥陀佛"。

6. 交往活动

劳作后村民喜欢"圪蹴"在宅前聊天或农闲时聚集在主街村口大树下闲谈杂聊。闲谈、聊天不仅是社交方式,更是获取信息的重要途径。

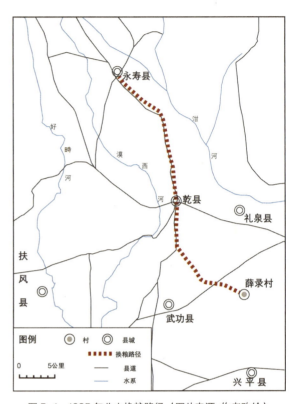

图 5-1　1935 年北山换粮路径(图片来源:作者改绘)

7. 娱乐活动

拼命生存的年代,娱乐活动是贫乏的。小孩子打闹嬉戏,大人们打牌、下棋、玩"游胡"。有的男人染上抽大烟,对于家庭来说更是雪上加霜。LXR 父亲便是其中一位,不抽便浑身无力、无法干活,母亲和妻子就只能拼命织布换钱买烟叶。

1935 年典型家庭宅院情况统计　　　　表 5-3

典型家庭	宅基地尺寸	房间数	户数	人口数
LXR 家	4 米 ×21 米	4	2	7
LTM 家	6 米 ×28 米	4	3	7
LJX 家	7 米 ×37 米	6	2	5

5.2.3 春节情况及其对应的空间形态

春节是一年中最重要的日子,村子展开祭祖、求神、走亲访友、集体庆祝等一系列活动(表5-4)。

1. 祭祖

春节祭祖充满着对祖先的崇敬与怀念,含有慎终追远、缅怀先辈、祈求祖先保佑和光宗耀祖等多重含义,与清明、十月一等祭祖活动相比,最为隆重和恭敬。祭祖活动从腊八开始,持续到正月十五结束(表5-5)。

2. 办年货

进入腊月人们开始置办年货,各村商人赶来摆摊卖货,香烟纸马、供器酒具、炒饴米糖等肩挑小贩走街串巷叫卖。贫困人家简单置办对联、门神、鞭炮、调料和少许肉面等必要年货,有钱人家会在家里杀上一头猪,挂在屋檐下冻着,慢慢取用。

3. 除夕守岁

"一夜连双岁,五更分二年。"人们最重视过除夕,所以有除夕守岁的风俗。屋前屋后,灯火辉煌。这时全家人围坐在祖宗堂前,共叙天伦之乐事。或坐在炕上;或坐在凳子上,或讲故事、谈经验体会、说笑;还有各种游戏,如耍纸牌、打麻将、猜谜语、捉迷藏等。

民国时期薛录村春节期间主要活动　　　　　　　　　　　　　　　　　表5-4

分类		事件	内容
祭祀祖先		除夕祭祖	将家族的先人从墓地"请回",在家中每日祭祀
求神拜佛		腊八	祭祀天地神,祈求来年五谷丰登
		祭灶	腊月二十三晚,向灶君焚烧香烛纸马
交往娱乐	家庭	除夕	放鞭炮、贴门神和对联,吃年夜饭,守岁
		走亲访友	从正月初三,辈分低、年龄小的看望辈分高、年龄大的
		元宵节	放鞭炮、打灯笼、吃元宵
	公共	耍社火	在村中主街耍社火,村民围观参与
		打秋千	在主街上搭起六七米高的秋千,大人小孩一起娱乐

民国时期薛录村百姓祭祖活动内容　　　　　　　　　　　　　　　　　表5-5

事件	时间	内容
扫舍	腊月二十三	打扫室内外卫生,干干净净"迎接"祖先回家过年
请先人	除夕下午	由族中长子领头,本族男丁(12岁以上)相随。到坟地先从高位祖先请起,依辈分大小请全,一行人才能离开坟地回家
祭祖	三十晚上	首先是给先人灵前献饭(碗口搭上两根香算是筷子),然后从族长或家中长者开始,依次向先人牌位上香、磕头
	初一早上	天还没有亮,第一碗臊子面(或饺子)必须敬献给先人,献完以后全家祭拜祖先
	初二至十五早晚	到先人灵前祭祀,并注意及时续上香火,若有亲戚拜年,也要祭拜祖先
送先人	十五晚上	撤去先人灵前的祭品等,挑上灯笼,"送"先人到祖宗坟地,燃放一串鞭炮

4. 走亲戚

大年初一第一项活动就是拜新年。鸣炮焚香拜祭先祖，然后按辈分大小疏远厚薄依次拜年，先向舅家、岳父家拜年，再向姑家和姨家拜年，最后是左邻右舍拜年。拜年活动，从正月初二起到正月十五。新年伊始，锣鼓喧天，鞭炮齐鸣，拜年的人群熙熙攘攘。

5. 公共活动

1) 打秋千

每到腊月二十九或者三十，村里好事者就着手准备秋千。"缚时一般由一个有经验的中老年人作指挥，精壮的小伙子齐上手，碎娃娃们则是高兴地前后乱跑，大呼小叫。选4根老碗粗、四五丈高的直檩，分别绑成两个出尖的"A"字，将其底部埋入地下，然后用8个大碌碡在地面夹之。在两个"A"字的枝杈上，架一根粗大的横梁，中间绑上两根胡萝卜粗的牛皮井绳，再在底下1米高的部位，穿上一块类似板凳面的踏板，秋千就缚成了。缚成的秋千上，柱头绑着红绸，或是顶端插着红旗，这样一村的热闹与欢笑就被点燃了[78]。"

2) 耍社火

正月十四、十五，主街上有热闹的社火。社火是一种群体性民间表演，包括舞狮子、龙灯、秧歌、高跷、芯子、竹马等各种民间艺术。社火多以村为单位，本村的大户人家会把家里的骡马牵出来，各村相互比赛，以压倒对方为荣。

1949 年 LXR 结婚流程   表 5-6

事件	时间	地点	内容
定亲	—	女方家	双方父母商定儿女婚事
娶亲	6:00	两村之间	新郎借马车迎娶新娘
过门	7:00	门前	披红、扔五谷、抬水壶、跨火盆
入洞房	7:30	新房	换钥匙、换请帖、挂门帘
酒席	12:00	院子	新人敬酒、亲戚吃酒席

5.2.4 婚嫁情况及其对应的空间形态

1930 年中华民国政府公布的《中华民国民法·亲属编》是我国第一部实际施行的婚姻法。但传统的婚姻制度对当时的乡村仍有深刻影响，"父母之命，媒妁之言"，禁止同姓结婚，禁止良贱通婚，禁止寡妇再嫁，表彰守节妇女。

1949 年 5 月，经媒人介绍 LXR 迎娶了薛宅村的一位姑娘。因父亲抽大烟败了家，LXR 的婚礼办得相当简洁，但也代表了薛录村普通村民的婚嫁情况。5 月 19 日，LXR 借大户人家的马车，天不亮就将新娘从娘家接来。因家境贫寒，LXR 没给任何彩礼，新娘只带了一包袱衣服。接到家后，亲人在家门口等候，舅舅为其"披红"，兄弟向新媳妇身上扔五谷，随后两人抬一水壶，跨过火堆进入婚房，换上娘家带来的门帘，双方开箱换钥匙、互换请帖。随后在家里后院摆几桌饭菜招待亲戚，新郎、新娘一一敬酒，双方的婚姻缔结仪式正式宣告完成（图 5-2、表 5-6）。

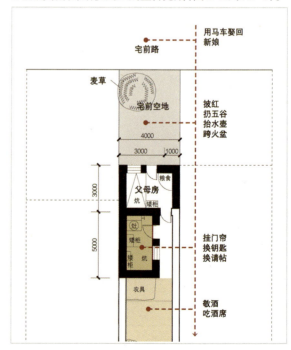

图 5-2   LXR 结婚空间示意图

5.2.5 丧葬情况及其对应的空间形态

关中有一句口头禅"父愁子妻,子愁父亡",长辈关心晚辈婚姻,晚辈重视长辈丧事。关中人借繁复的厚葬礼制表达孝心,传播孝道(表5-7)。

1949年6月,LXR父亲因抽大烟伤了身体去世。LXR回忆父亲丧礼有三件事还记忆犹新:一是东拼西凑到处借钱才给父亲做了一幅棺椁;二是打墓要靠几个年轻力壮的小伙子干三四天才能完成;三是下葬得葬在自家地里,因距离偏远,在下葬路上碰到一队骑马的人,拦住问是干什么的,LXR回答说是"埋人",他们撩开布看见是棺椁后才放行。

5.2.6 庙会情况及其对应的空间形态

关中农村宗教信仰非常盛行且形式多样,药王、菩萨、关帝、马王、龙王等一律敬拜,佛、道两教次之,天主教与基督教潜在势力也相当可观。村民常常把悲苦的生活视为一种命运,寄希望于宗教,以此慰藉心灵。因此,即使生活再贫苦,但对敬奉祭祀从不吝惜。

薛录村当时有三座寺庙——财神庙、城隍庙、南华寺(图5-3)。

1. 城隍庙

薛录村城隍庙传说主人为薛仁贵。据地方志载,薛仁贵自幼英武、力大骁勇,唐太宗至唐高宗时期,立下赫赫战功。为表彰其战功,薛仁贵被封正二品平阳郡公,并封邑为奉天南之薛录食2000户,病死诏令厚葬。邑人知其功赫位显得民心,故尊为神庇佑本城一方安宁。城隍庙位于街道西城门内,分山门、拜殿、大殿和寝殿四部分。山门对面一棵大树旁修建戏楼。戏楼建在1米高的土台上,用木头搭建6米宽的戏楼,戏楼后面有几间供演员化妆、休息的土房。城隍庙会为每年农历七月十五,薛录镇周边八十八村村民都会前来烧香、请愿。

2. 南华寺

南华寺始建于唐代,历史悠久,规模宏大,佛法兴盛,僧众云集。延至民国三十年(1941年),因修建学校被占用,仅留后殿做学校灶房。[79]

民国时期薛录村丧葬事件习俗	表5-7
事件	内容
初终和小殓	一般在亲人咽气以前,要用温水把身体擦洗干净,男的要剃头,女的要梳洗头发,并修剪手脚指甲,然后穿上早已准备好的寿衣,移尸于床,放在正室,叫寿终正寝,与此同时在死者脚下点一盏菜油灯
报丧	丧家将丧事及时告诉各位亲友,或派孝子、族人前往
大殓	即尸体入棺仪式,又叫盛殓,一般在死后的第三日进行
成服	死者亲属按照与死者的亲疏和血缘关系,穿上相应的丧服,称"成服",也就是为死者披麻戴孝,主要是亲友中的晚辈为丧者服孝
开吊	生者对死者的吊唁、追悼仪式。亲朋好友在得知丧事后,陆续携带香、纸钱、挽幛、挽联等祭品前来哀悼祭奠,并安慰孝子节哀保重,谓之"吊唁"或"吊丧"
暖丧	亦称"闹丧夕""烧天明纸"。迎祭后从傍晚到天明,亲友至孝依次轮流烧纸、献乐、祭奠,由礼宾指导,行九叩十八拜"三献礼"。午夜吃一顿饭,称为"暖丧饭",表示对父母灵魂的饯行。期间要升棺三次,意在恭送亡灵步步高升
出殡	指运送灵柩到墓地,"葬日晨兴行遣奠礼,扶柩往墓所,鼓乐前导,亲友袓奠,预请尊者至墓所,祀土书主。葬毕迎主归,行虞祭礼"
葬后祭奠	包括新丧,也就是未满三年的固定节日的祭奠,如七七、百日、周年、二周年、三周年,还包括三年丧期以后的节日祭祀

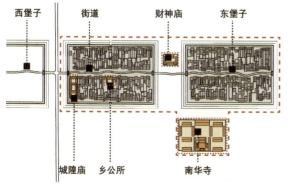

图 5-3 1935年薛录村庙宇位置示意图

5.3 农业合作化至人民公社时期（1950~1983年）

5.3.1 生活概述

人民公社将个人生活完全集体化、公共化。村民生活无时无刻不带有政治烙印，各种政治动员、思想教育活动是村民日常生活的重要内容。

5.3.2 日常生活情况及其对应的空间形态

1. 居住安全

中华人民共和国成立后社会稳定，过去抵御兵荒马乱的城墙成为阻碍村落发展与建设的壁垒，逐渐被破坏消失。

2. 衣

困难时期，缺衣少穿是常态。衣服只能到公社购买布匹，自己裁制。1974年LTM高中毕业想让母亲给做一身"黑老布"制服，但家里没钱不给做，他在家足足哭闹了三天，父母才勉强答应。

3. 食

计划经济时代，农民靠挣工分，分粮食，有自留地时可种点蔬菜。烟酒、肉类由生产队统一分配。一般端午、中秋、春节才杀上几头猪，平均分配下来每人也不过几两。

薛录村经历了短暂的"两灶一堂"的集体大锅饭时期，村里专门建了两个灶房和一个食堂（图5-4，见下页），村民集体劳动，每到饭点就到食堂吃饭。大锅饭解散后，各家重新生火做饭。厨房逐渐从居住空间分离，生活水平有所提高。

4. 住

尽管生活艰苦，改善居住环境仍是生活的重要消费。1971年，LXR加盖了两间房，一间子女房，一间灶房。LTM家也艰难地加盖了一间灶房。

5. 行

人民公社中后期，道路设施开始建设。薛录大队平整了村内部道路，原本弯曲不平的土路全部垫土填平、笔直修建。乾兴路重新规划兴修，《乾县志》记载："1965年，沿途大队社民工建勤，修成简易路宽5米的土公路。1975年，县交通局测量设计，建成7米的三级沙石路面。1979年，县上组织筑路专业队，建成三家油路面，1982年7月，全线竣工。路基宽7.5米，路宽6.5米，两道旁水沟各0.8米。"交通工具也得到改善，距离稍远的可搭乘手扶拖拉机、卡车，条件稍微好的家庭骑行自行车，人们的活动范围不再拘束于本村，与周边村落联系逐渐加强。

6. 交往活动

由于每天高强度的劳动使得人疲惫不堪，闲谈杂聊、串门等日常活动极少。

7. 娱乐活动

娱乐活动带着鲜明的政治色彩。思想教育、批斗会等社员大会成为农村生活的主要内容（图5-5，见下页）。

第 5 章　生活活动影响下的薛录村空间形态百年变迁　　135

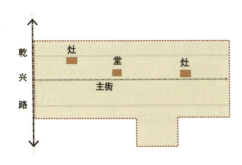

图 5-4　公社时期薛录村"两灶一堂"位置示意图

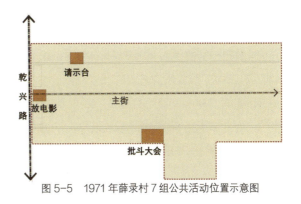

图 5-5　1971 年薛录村 7 组公共活动位置示意图

5.3.3　春节情况及其对应的空间形态

国家提倡"革命化的春节"。饥饿、疲乏和被压缩的闲暇时间，使得大多数人没有过春节的心思，过年仪式极简。

1. 祭祖

祭祖受到压抑，但村民还是会悄悄地表达对亲人的尊敬和思念。人们先去墓地里给先人烧纸、磕头，然后在门房或父母的房里供奉上祖先的牌位，摆上简单的祭品，向祖先上香、磕头（图 5-6）。

2. 办年货

当时购买物资需凭票证到供销社里置办年货（图 5-7）。年夜饭相比平时，略有改善。

3. 公共活动

大规模的耍社火、打秋千等集体活动销声匿迹。串门拜年的情形也不多。与之前不同的是，春节期间大队在剧院组织队员进行"忆苦思甜"的政治教育活动，或者播放革命电影、样板戏，来丰富大家的春节生活。

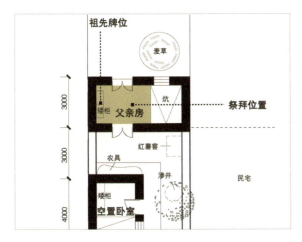

图 5-6　1975 年 LTM 家祭祖位置

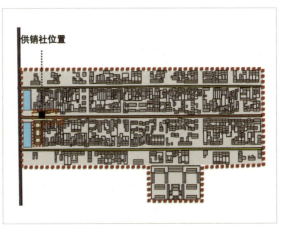

图 5-7　1975 年薛录村供销社位置

5.3.4 婚嫁情况及其对应的空间形态

政治高于一切的年代，政治就成为一切的主题，包括婚姻。结婚讲求阶级成分，婚礼流程和细节精简。

1979 年，LTM 和邻村姑娘结婚，给了女方家彩礼 240 元，属于"满礼"。女方陪嫁的嫁妆很简单，几床新被子和一个大木柜子。结婚当天，LTM 用自行车将媳妇接回来，进门前沿袭了披红和扔五谷的习俗，中午在院子里摆了十桌酒席，宴请亲戚和乡邻（图 5-8）。

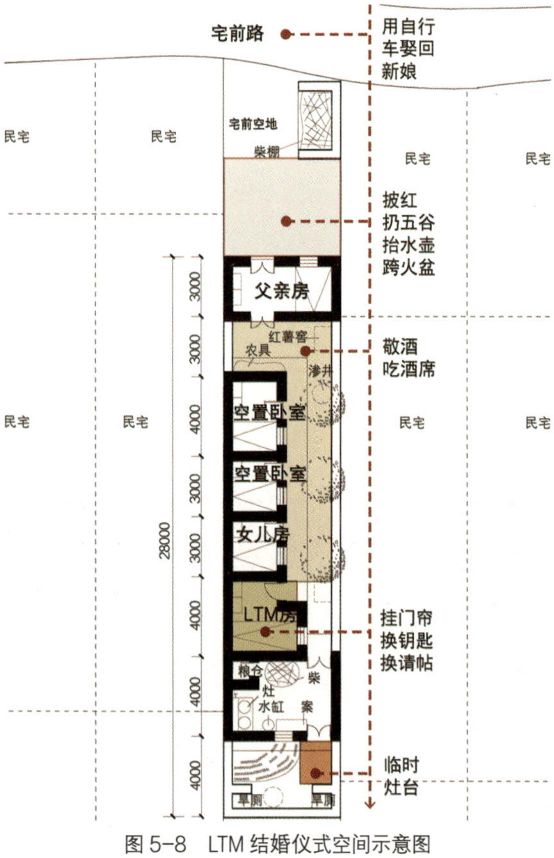

5.3.5 丧葬情况及其对应的空间形态

国家大力破除封建迷信，因此传统丧葬烦琐礼仪被摒除（表 5-8）。

1978 年 LXR 母亲病逝，丧事前后用了五天时间，最后将母亲葬于七组公墓。丧葬结束后，因家境贫寒，LXR 也没宴请答谢亲友。

人民公社时期薛录村丧葬事件一般流程及内容　表 5-8

事件	内容
初终和小殓	亲人咽气以前，用温水把身体擦洗干净，男的剃头，女的梳洗头发，并修剪手脚指甲，然后穿上早已准备好的寿衣，移尸于床，放在正室，叫寿终正寝
报丧	丧家将丧事及时告诉各位亲友
大殓	尸体入棺仪式，又叫盛殓，一般为死后的第三日进行
成服	亲属为死者披麻戴孝，一般是亲友中的晚辈为丧者服孝
开吊	亲朋好友在得知丧事后，携带香、纸钱、挽嶂、挽联等祭品前来哀悼祭奠
暖丧	亲友至孝依次轮流烧纸、祭奠
出殡	指运送灵柩到墓地，无鼓乐伴奏
葬后祭奠	基本没有

图 5-8　LTM 结婚仪式空间示意图

5.3.6 庙会情况及其对应的空间形态

薛录村大大小小的庙宇全被摧毁或被改为其他用途（图 5-9）。

1. 城隍庙改为粮站。在这场浩荡的革命中，城隍庙被破坏得极其严重。LXR 回忆，上级领导要求必须拆除，但村民都想把城隍庙留下来。被要求拆除城隍老爷雕像的人喝了大半瓶白酒，借着酒劲才把城隍爷像推到了。笔者调研当时住在城隍庙旁的一户人家，发现他家现在还供着城隍老爷像。农户说城隍庙被拆之后，村民都悄悄在家里供奉着老爷像，祈求家宅平安。

2. 城隍庙会被禁止。

3. 财神庙改为公社政府。

4. 南华寺改为南华小学。

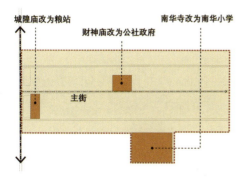

图 5-9 1971 年薛录村寺庙变动情况

5.4 改革开放初期（1984~2001 年）

5.4.1 生活概述

十一届三中全会确定了改革开放的基本国策，不符合社会发展要求的人民公社解散。随着家庭联产承包责任制建立和国家政权对农村公共生活的控制逐渐弱化，农民生活转向个体化。20 世纪 90 年代薛录村开始种植经济果树，经济水平迅速提高。社会环境的开放、经济模式的转变使得生活物资得到极大改善。

5.4.2 日常生活情况及其对应的空间形态

1. 居住安全

经济发展迅速，村民生活发展差异化，有的做生意，有的外出打工，有的在土地里勤恳耕作，贫富差距出现，村里时有发生入户偷盗事件。LJX 居住在乾兴路新宅时，就遇到小偷从后门撬开锁进来偷东西，于是村民开始加强宅院的安全防范，房门加锁、窗户加铁网、院墙加高，居住安全防护从村缩小到院。

2. 衣

集会恢复后沿主街和乾兴路规模逐渐扩大。集市上卖的布有各种颜色和图案，不再是以前统一的黑蓝灰，也有成品衣服、鞋帽，样式齐全。织布机被淘汰，缝纫机流行开来，甚至成为每家妇女的标配。妇女在集市上扯好布料，约上三五同伴在家中或宅前，拉着家常相互帮助，共同完成衣物的制作。

3. 食

厨房从卧室分离出来。LJX 父亲在院子里建了一个面积不足 10 平方米的小厨房，后来被雨水冲塌，厨房挪到了大房内。1998 年 LJX 夫妻搬到乾兴路边新宅子居住，专门建造了一间开敞明亮的厨房。

随着经济收入逐步提高，加之副业的繁忙，村民开始有了在外面吃饭的需求，乾兴路两侧饭馆兴旺起来。LJX 随父亲外出贩铁无暇做饭，便在外面吃饭，当时一碗豆腐脑 3 毛钱，一碗面 1.5 元钱，一碗羊肉泡 5 块钱。

4. 住

住房形式在这一时期变化明显。1982 年时任薛录村在 2 组、4 组、5 组和 7 组进行宅基地示范点建设，村民只需付 1600 元即可获得 9 米×30 米的新宅基地和三开间的砖砌门房。7 米宽的卫生街后因严重的安全问题和卫生污染被取消，宅基地尺寸变为 9 米×33.5 米。

1985 年，LJX 家搬到新宅基地，三间门房、院里一间灶房和粮仓、后院三开间土房，住房条件大为改善。1990年 LJX 结婚，房间家具有炕、大衣柜、缝纫机以及沙发等新式家具。1998年 LJX 夫妇搬到新宅基里，盖了一间门房和一间厢房，2000年加盖了大房。老宅就只有父母两人居住。

1986 年 LXR 家搬到了新宅基地，只有三间门房。1998 年在加盖砖木结构大房和厢房。同年为二儿子新批宅基地并盖了新房，但二儿子在外工作，鲜有居住。

1992 年 LTM 家搬到示范点的新房。三间门房，院里一间土木结构的灶房。1996 年，LTM 加盖了砖木结构的大房，新房的椽子还是用的老宅的材料。

5. 行

交通道路变得通畅发达，汽车、三轮车、自行车普及，村民日常活动范围扩大到乾县、兴平乃至西安。

6. 交往活动

年轻人习惯于坐在在沙发、凳子上喝茶看电视聊天，老人还是喜欢坐在门前晒晒太阳、说说话。

7. 娱乐活动

电视、收音机等家电进入乡村，听广播、看电视逐渐成为娱乐主流，大大改变了村民的生活方式。人们在房间里待的时间多了，与街坊邻居互动的时间少了。

5.4.3 春节情况及其对应的空间形态

思想的禁锢解除、人民生活水平有所好转，过年的物资更丰盛，加之电视、电话等现代化电器逐渐普及，自行车、摩托车开始走进寻常百姓家庭，这一时期的年味尤其浓烈与热闹（表5-9）。

1. 祭祖

祭祖的形式逐步简化。LJX 家大年三十傍晚去公墓将先人们"请回来"，在父母房间摆放牌位、祭品、磕头、上香，正月十五再将先人"送走"。

2. 集会办年货

集会规模变得更大，除了主街商铺外，乾兴路涌出了大量店铺和周边村镇赶集、卖货的商贩商摊。

3. 除夕

平日在外工作学习的家人纷纷返乡与家人团聚，家里住得满满当当，贴对联放鞭炮，全家人围坐在父母卧室，喝酒吃饭打牌聊天，观看春节联欢晚会。

4. 走亲访友

随着日子越过越好，交通越来越便利，走亲访友开始变得热闹起来。亲戚朋友相互走动联络，人们坐在大房下喝酒吃饭聊天，人与人之间的感情相互加深。

5. 公共活动

耍社火重新热闹起来，活动地点从主街转移到乾兴路。除此之外，剧院还新增了放电影活动，由 LTM 负责，影片有《江姐》《智取威虎山》等，全村乡亲们带着小板凳坐在剧院的院里观看（图5-10，见下一页）。

改革开放初期薛录村春节活动　　　　表5-9

分类	事件	内容
祭祀祖先	除夕祭祖	同民国时期
求神拜佛	腊八	祭祀天地神，祈求来年五谷丰登，天不亮吃浇汤面
	祭灶	腊月二十三晚，向灶君贡献糖果，焚烧香烛纸
家庭活动	除夕	放鞭炮、贴门神对联，吃年夜饭，观看春节联欢晚会
	走亲访友	正月初三开始，小辈拜年晚辈
	元宵节	吃汤圆、放烟火
公共活动	耍社火	乾兴路上耍社火
	放电影	大剧院播放电影

5.4.4 婚嫁情况及其对应的空间形态

20世纪90年代中期以后,农村男女结婚年龄推迟到男子20周岁以后,女子18周岁以后。青年男女到了适婚年龄可主动追求喜欢的对象。

1990年,23岁的LJX与东堡子的姑娘结婚,在此之前,17岁那年两人便已订婚,订婚时男方家里送了"四色礼",有手表、衣服、毛线、围巾。结婚当天,男方送了五百元的彩礼,早上六点钟,LJX的大嫂坐上邻居家青海湖牌卡车前往新娘家接亲(图5-11),接回来之后,在门前两人披红,大哥向新娘身上扔五谷,跨火盆,之后便走进婚房,中午12点出来敬酒(图5-12)。到了晚上,晚辈们来闹洞房,让新娘子点烟。

随着经济条件改善,村民办红事的场面也更隆重。LJX结婚当天,在后院临时搭了一个灶,邻居们帮忙做饭、蒸馍,早上吃浇汤面,中午吃酒席。

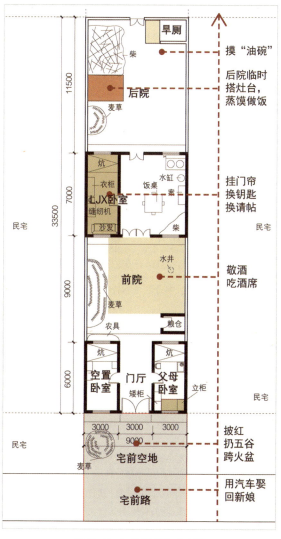

图 5-12 LJX 结婚仪式空间

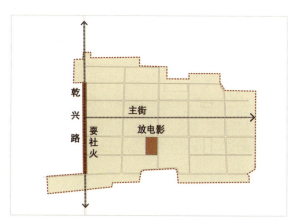

图 5-10 1985年薛录村春节公共活动位置

图 5-11 LJX 结婚娶妻路线

5.4.5 丧葬情况及其对应的空间形态

随着家庭经济实力的增长,过白事规模扩大。传统丧葬仪式流程基本保留,同时也逐渐融入了新的时代特色(表 5-10)。

1985 年,LTM 父亲和母亲前后几天相继去世。LTM 父母的丧事持续了十天时间,与之前丧葬仪式(图 5-13)不同的是,有两点内容:

1. 每天晚上多了打麻将"盼丧"这一环节。
2. 在 LTM 父母的丧葬上,出现了乐队和放映电影、录像的新形式。当时 LTM 的表弟在县里开放映馆,于是父母的葬礼上,每晚就在家里门前放映电影或是录像。LJX 回忆说,当时他还在上学,每天晚上都来看电影,看一晚上,然后早上起来直接就去学校上学了。当时看电影在农村来说还是一件相当新鲜的事。

改革开放初期薛录村丧葬情况　　　表 5-10

事件	内容
初终和小殓	亲人咽气以前,用温水把身体擦洗干净,男的剃头,女的梳洗头发,并修剪手脚指甲,然后穿上准备好的寿衣,移尸于床,放在正室,叫寿终正寝
报丧	丧家将丧事及时告诉各位亲友,或孝子或派族人前往
大殓	即尸体入棺仪式,又叫盛殓,一般在死后的第三日进行
成服	亲属为死者披麻戴孝,一般主要是亲友中的晚辈为丧者服孝
盼丧	以喜冲悲
放电影	露天播放电影,代替古时皮影戏、秦腔等形式,聚集人气
开吊	亲朋好友在得知丧事后,陆续携带香、纸钱、挽幛、挽联等祭品前来哀悼祭奠
暖丧	亲友至孝依次轮流烧纸、祭奠
出殡	指运送灵柩到墓地,鼓乐伴奏
酒席	答谢前来帮忙的亲戚朋友、乡里乡亲
葬后祭奠	七七、百日、周年、二周年、三周年,还包括三年丧期以后的节日祭祀

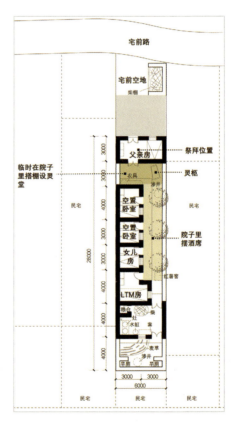

图 5-13　LTM 父母葬礼仪式空间

5.4.6 庙会情况及其对应的空间形态

改革开放后,乡村精神信仰重新得到释放,加之经济收入水平提高,人们开始重建被毁的寺庙,宗教文化开始恢复。

1993 年,村民集体募资重建新城隍庙。自此以后每年农历七月十五,城隍庙会重新举办起来。城隍庙所在街道布满商贩,有卖小吃的,有卖香火的,有卖玩具的,也有聚集在一起摇骰子的。此外,城隍庙管理者用香火钱来邀请戏曲名家在大剧院唱戏,村民烧香拜佛之后就去戏楼听戏(图 5-14,见下一页)。

5.5 现阶段（2002~2015 年）

5.5.1 生活概述

进入 21 世纪，关中地区农村发展迅速。村民生活水平显著提升，村落环境开始改善，宅院内部环境干净整洁，物质需求得到了很大满足。但随着人口流动加剧，村落空心化、老龄化异常严重，精神世界空虚，生活方式较以前变化明显。

现阶段薛录村百姓日常生活情况及其对应空间统计表 表 5-11

类别	分类	情况	地点
日常基本活动	居住安全	村落内外不稳定要素极多	宅院内部布局围合紧凑
	衣	市场购买、偶尔手工制作	乾兴路商店、乾县商店
	食	菜式多样，营养丰富	宅院
	住	砖混结构，开敞明亮，空置率高	宅院
	行	交通便捷，活动范围广	村落及周边省市
日常闲暇活动	交往活动	茶余饭后闲聊	街巷及家里客厅
	娱乐活动	打牌、看电视、跳广场舞	宅院、街巷

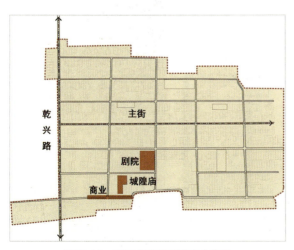

图 5-14 1993 年薛录城隍庙会位置

5.5.2 日常生活情况及其对应的空间形态

此阶段乡村生活向小康迈进，衣食住行有所提升（表 5-11）。

1. 居住安全

大量流动人口打破熟人社会，带来了居住的安全隐患。过路的大量车流也带来了交通隐患。这些安全隐患是不能通过修建城墙、挖壕沟等来抵御的，而是需要政府管理部门进行有效的监管治理，也需要村民自身提高安全防范意识。

2. 衣

乾兴路和主街两侧开了很多服装店，本已满足穿衣需求，但近两年村民收入增长以及对物质要求提升，妇女会直接坐班车去乾县大商场里购物消费。

村民更喜欢穿简单舒适的衣服进行农业生产，例如喜欢穿自己缝制的鞋，觉得透气。做鞋也非常简便，以前要自己纳鞋底，现在在集市上花 3 块钱买一双鞋底，5 块钱买 3 双鞋面，农闲时利用一两个晚上说话、看电视的功夫就能缝制好。此外，保存衣服的家具也发生变化，矮箱变成立柜，既能挂衣服，也能叠放衣服。

3. 食

市场提供各种蔬菜水果供应，各家各户厨房条件也明显改善，现代化厨房电器改变了过去厨房烟熏火燎的景象。

LJX 平常做饭主要用电磁炉和电饭锅（图 5-15，见下一页）。蒸馒头或家里来客时才用上厨房里的大灶，柴火是苹果树枝和碳，吃饭就在客厅。进入冬季后，夫妻俩搬到门房去住（图 5-16，见下一页），门房卧室里有炕，生一个火炉烤火，可直接在火炉上炒菜做饭，一间小房子就能基本满足做饭、吃饭的需求。

乾兴路两侧开满了大大小小的饭馆，炒菜、羊肉泡馍、面食、包子、稀饭等经济又实惠。农民在农忙之后常会选择在外面吃饭，干完活回家前，先给饭馆老板说一声吃什么，然后回家放农具、洗澡、换衣服之后直接去饭馆吃饭。

4. 住

居住条件有了质的飞跃。2002 年 LJX 父母把后院上房拆掉，盖了一栋二层新房（图 5-17，见下一页），包括四间卧室、客厅、厨房、洗澡间。2008 年，LJX 又在乾兴路东侧再批一庄基，沿街盖二层楼房。

5. 行

2010 年左右，乾兴路再次翻新。村里各街巷也由石子路修成水泥路。村与村之间也修起了"村村通"水泥路。私人交通工具电动摩托车、轿车以及去西安、乾县、兴平的班车都有了，出行十分便捷（图 5-18，见下一页）。

6. 交往活动

年轻人出走后乡村活力大减。中老年人平日里在家里看电视或照顾小孩，妇女们傍晚跳跳广场舞（图 5-19，见下一页）。

图 5-16　2015 年 LJX 家厨冬夏位置变化

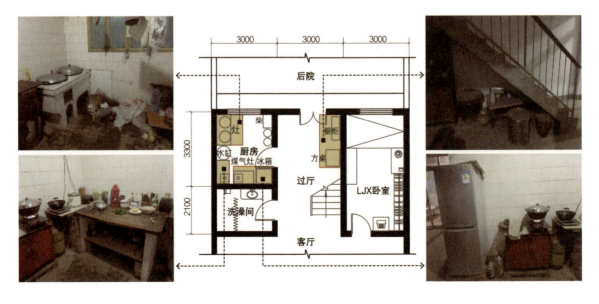

图 5-15　2015 年 LJX 家厨房家具摆放情况

第 5 章　生活活动影响下的薛录村空间形态百年变迁　　143

图 5-17　2015 年 LJX 父母宅院内部情况

(a) 乾兴路　　　　　　　　(b) "村村通" 生产路　　　　　　(c) 生产生活用面包车

图 5-18　出行道路和工具

(a) 村民广场舞　　　　　　(b) 宅前聊天晒太阳　　　　　　(c) 宅前下棋聊天

图 5-19　薛录村日常交往活动场景

7. 娱乐活动

2000年，热爱打篮球的村民集资在LJX乾兴路东侧宅院后面的空地上建了一个简易篮球场，白天干完活之后，男人们在这里打球，妇女们坐在一旁干手工聊家常，后来又添置了两张乒乓球案，但几年后，随着村民外出就慢慢废弃了。2013年，陕西省村级农民体育健身工程在薛录大剧院前的活动广场上安装了新的篮球架、乒乓球案、健身器械，但这里并没有成为人们活动的主要场所。

现在，村里每个月都在北二街口免费放电影，看的人很少，大家更愿意在家里看电视（图5-20）。

5.5.3 春节情况及其对应的空间形态

一到春节在外工作学习的年轻人回乡团圆，往日空荡荡的村落顿时热闹起来（表5-12）。

1. 祭祖

祭祖仪式与上阶段变化不大（表5-13）。

2. 办年货

如今年货种类和样式越来越齐全。LJX说现在乾兴路的商品琳琅满目，从北到南一趟下来就买得差不多了。商家在人行道上摆满了各式各样的礼品，人们走亲访友购买礼品非常方便。周边村村民骑上电动车或三轮车来赶集，整个乾兴路被堵得水泄不通。这样的热闹一直持续到正月初七初八。

3. 待客

家庭聚会少则三五人多则数十人，平日极少使用的大房便显得尤为重要。以LJX家为例，每年正月初五LJX在家招待所有亲朋好友（图5-21）。

客厅是主要接待空间，人们在这里既能看电视、聊天、喝茶，到了饭点摆两大桌酒席喝酒吃饭，饭后打牌聊天，这种公共大空间利用率非常高。门前及檐下的灰空间也起到非常重要的作用，既能停放车辆，还可供人们晒太阳、喝茶聊天，小孩子打闹嬉戏，既是从村落到宅院的过渡空间，也是室内空间活动的延伸。卧室空间较为私密，供亲戚朋友小范围安静地交谈，避免客厅公共娱乐活动造成的干扰。

4. 公共活动

公共活动由从前的社火变成锣鼓队表演。几乎每个村都有一个锣鼓队，成员多是年龄较大的老头儿、老太太。锣鼓队的表演场所从主街偏移到乾兴路，这里人流量大、气氛活跃，但锣鼓队会造成交通的彻底瘫痪，大量人流、车流、摊位将前行路堵得水泄不通。然而，作为专门活动场所的大剧院广场却无人问津。

现阶段春节基本活动内容　　　表5-12

分类	事件	内容
祭祀祖先	除夕祭祖	同民国时期
求神拜佛	腊八	祭祀天地神，祈求来年五谷丰登，天不明吃腊汤面
	祭灶	腊月二十三晚，向灶君供糖献果，焚烧香烛纸马
家庭活动	除夕	放鞭炮、贴门神和对联，吃年夜饭，观看春节联欢晚会
	走亲访友	基本按照传统规矩，过年待客丰盛
	元宵节	吃汤圆、放烟火
公共活动	锣鼓队	在乾兴路上敲锣打鼓

现阶段春节祭祖仪式内容　　　表5-13

事件	时间	内容
扫舍	腊月二十三	打扫室内外卫生，干干净净迎接祖先回家过年
请先人	除夕下午	族中长子领头，本族男丁一一相随。到坟地先从高位祖先请起，依辈分大小一一请全
祭祖	三十晚上	先给先人灵前献饭（碗口搭上两根香算是筷子），然后由族长或家中长者开始，依次向先人牌位上香、磕头
	初一早上	第一碗臊子面（或饺子）必须敬献给先人，献完以后全家祭拜祖先
送先人	十五晚上	撤去先人灵前祭品，挑上灯笼，送先人到祖宗坟地，燃放一串鞭炮

5.5.4 婚嫁情况及其对应的空间形态

结婚流程简化为提亲、订婚、结婚、回门。婚嫁物品包括大彩电、洗衣机、冰箱、组合柜、双人床、汽车等。最重要的是，盖新房或城镇买房必不可少。

2013年4月19日，LTM为儿子在家举行了一场隆重的婚礼。为筹备婚礼，老两口把宅院里里外外重新装修了一遍，给儿子婚房购买了全套的家具家电，累计下来花了12万元。LTM从乾县请来了婚庆公司负责仪式，从其他村请来服务队负责酒席，亲戚朋友从四面八方赶来参加这场婚礼（表5-14，见下一页）。

婚礼使用到LTM家内外及邻居宅前、道路，影响到整个村落范围（图5-22，见下一页）。

（1）迎娶新娘之前，新郎在院子里向父母、亲人郑重地鞠躬，以表达感激之情。

（2）长长的娶亲车队在停放在门前，亲戚朋友再次欢送新郎出发娶亲。

（3）娶亲车队顺利回来，亲朋好友、乡里乡亲聚集在门前欢迎。

（4）在婚房内举行传统的习俗。

（5）在宽敞的院子里举行隆重而热闹的婚礼，亲朋好友挤满整个院子。

（6）婚礼仪式之后，在自家和邻居家门前摆放酒席，宴请亲朋好友、乡亲父老。

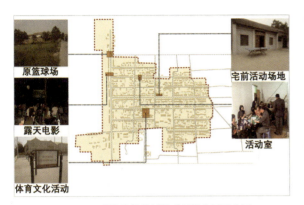

图 5-20　现阶段薛录村活动场地位置示意图

图 5-21　现阶段春节 LJX 家空间使用情况

LTM 儿子结婚流程　　　　　　　　　　　　　　　表 5-14

事件		地点	内容
祭祖		宅院	新郎娶妻出发前先祭祀家族先人，向父母鞠躬感谢
娶妻	出发	门前	婚车停在门前路上，亲戚朋友们在门前欢送
	进门	门前	新郎将新娘抱进家门，放鞭炮，取消扔五谷等行为
婚礼		前院	婚礼在前院举行，四周站满亲朋好友，专业婚礼主持和现代化音响设备，婚礼仪式热闹温馨
酒席		门前空地	新郎新娘敬酒表达谢意，服务队承包酒席饭菜及其他物品

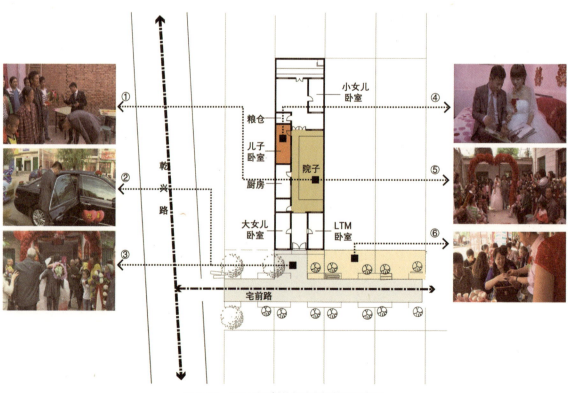

图 5-22　LTM 儿子婚礼仪式空间使用示意图

5.5.5 丧葬情况及其对应的空间形态

近些年丧葬的场面更加隆重,有专业服务队和表演加入(表5-15)。

2013年,LJX母亲去世。母亲生病之后就搬到客厅里住,子女睡在旁边的木板床上日夜照顾母亲吃饭、睡觉、上厕所。母亲去世后,丧事持续了十天。丧葬事件基本分为四个阶段:葬前阶段、葬礼阶段、出殡阶段、葬后阶段。仪式空间包括五部分:客厅里的灵堂、室外灵堂、宅前空间、道路、乾兴路(图5-23)。

现阶段丧葬活动内容　　　　　　　　　　　　表5-15

事件	内容	地点
初终和小殓	亲人咽气以前,用温水把身体擦洗干净,男的剃头,女的梳洗,修剪手脚指甲,然后穿上准备好的寿衣,移尸于床,放在正室,叫寿终正寝	大房下
报丧	丧家将丧事及时告诉各位亲友,或孝子或派族人前往	村落
打墓	挖掘机挖出大致形状,再由人工挖掘	公墓
盼丧	在灵前打麻将,保佑逝者	大房下
大殓	尸体入棺仪式,又叫盛殓,一般在死后的第三日进行	大房下
成服	亲属为死者披麻戴孝,一般主要是亲友中的晚辈为丧者服孝	大房下
开吊	亲朋好友在得知丧事后,陆续携带香、纸钱、挽幛、挽联等祭品前来哀悼祭奠	大房下、门前路
表演	请专门的演出人员在门前唱歌跳舞	门前
暖丧	亦称"闹丧"夕,"烧天明纸"。迎祭后从傍晚到天明,亲友至孝依次轮流烧纸、献乐、祭奠,由礼傧指导行九叩十八拜"三献礼"	门前
出殡	运送灵柩到墓地	村落、公墓
酒席	宴请所有帮忙的亲戚朋友、乡里乡亲	门前、门前路
葬后祭奠	七七、百日、周年、二周年、三周年,还包括三年丧期以后的祭祀	灵前

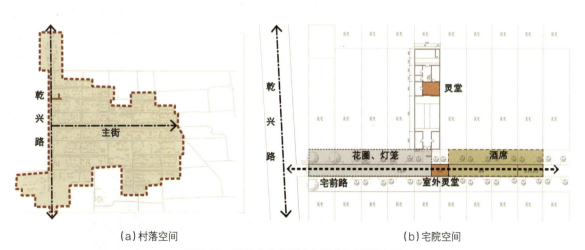

(a)村落空间　　　　　　　　　(b)宅院空间

图5-23　2013年LJX母亲去世对应空间示意图

1. 葬前阶段——客厅设置灵堂，宅前搭帐篷收礼接待，门前道路上摆放灯笼，邻居家门前摆放花圈纸扎（图5-24）。

2. 葬礼阶段——在门前道路上设置室外灵堂、酒席，有歌舞表演（图5-25）。

3. 出殡阶段——活动范围涉及门前道路及乾兴路，亲友前来送行（图5-26、图5-27，见下一页）。

4. 葬后阶段——丧葬仪式后，牌位摆放在门房的门厅，祭奠活动在此举行（图5-28，见下一页）。

现阶段丧葬事件对宅院内部空间影响极少。一是仪式规模扩大，院内空间容纳能力有限；二是村民开始表现出不希望仪式对宅内有过多干扰的意愿；三是丧葬本是一件公共性事件，参与的人很多，室外公共空间开放，适合举办这类活动。

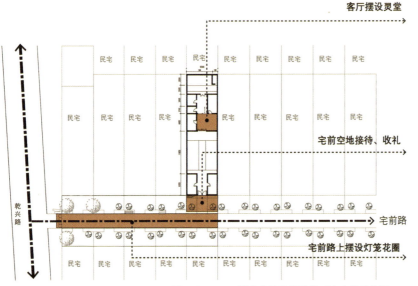

图5-24 LJX母亲葬礼葬前阶段对应空间示意图

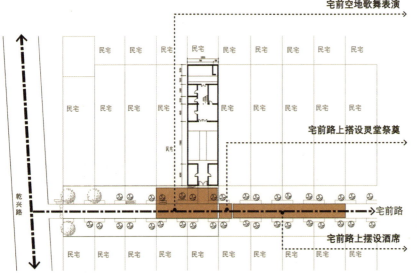

图5-25 LJX母亲葬礼阶段对应空间示意图

第 5 章 生活活动影响下的薛录村空间形态百年变迁　　149

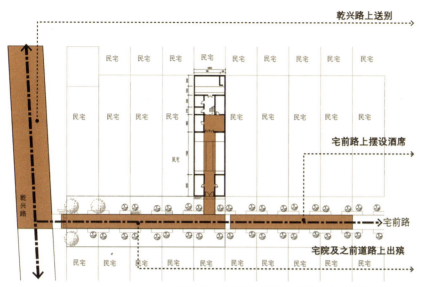

图 5-26　LJX 母亲葬礼出殡阶段对应空间示意图

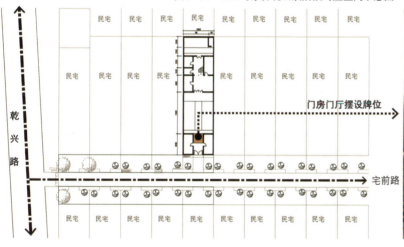

图 5-28　LJX 母亲葬礼葬后阶段对应空间示意图

5.5.6　庙会情况及其对应的空间形态

物质需求的增长引发对精神信仰追求的同步提升。除了新建城隍庙外，2002 年村民又在村落南面新修南华寺。之后，村民又自发修建关公庙、娘娘庙和太白庙等小庙（图 5-29，见下一页）。

每年农历七月十四的城隍庙会是薛录村及周边村落最热闹的庙会，同时南华寺也有隆重的烧香表演活动。庙会集市分布在乾兴路、主街以及城隍庙前道路。薛录镇八十八村村民都会来烧香、祈愿，还有各村的锣鼓队、

图 5-27　LJX 母亲葬礼出殡阶段对应村落空间示意图

舞蹈队表演,所有相关道路水泄不通(图5-30)。集市除了卖香火纸钱还有卖衣服、农具、生活用品、小吃以及小孩玩乐的各种体验游戏。

城隍庙人山人海,整个薛录村弥漫着浓浓的香烛味。当天夜晚,城隍庙灯火通明,虔诚的村民三五成群围坐在大殿前陪伴"城隍爷"过夜,谈心、聊天、讲述人生收获或烦恼,直到天亮。

同时,庙会也为各村锣鼓队、舞蹈队提供了一次表演交流的机会,队伍成员大多是五六十岁的大叔大妈,他们为此精心准备几个月,届时锣鼓喧天,热闹得跟过年一样。

由此可见,城隍庙会不仅成了一个祭祀活动的庙会,更是一个联系四面八方乡亲父老的重要节日和平台,在村民的心目中占有举足轻重的地位。

5.6 调研总结

5.6.1 生活与乡村的思辨

生产建构起乡村社会运行的秩序和逻辑,生活则是基于乡村生产,为了发展而进行的各种行为。生活比生产高一个层次,追求的目标是幸福和人生的意义。

1. 生活是乡村社会展开的内容

家庭生活是乡村社会的最小构成。每个小家庭生活的延展和叠加构成乡村生活整体。过日子是乡村生活的逻辑。把日子过好,完成家庭、社会关系和人生意义的经营和延续,就是乡村生活展开的内容。

2. 生活补充和完善乡村聚落空间功能

生活的展开是追求各种需求的过程。衣食住行的温饱需求、社会关系的交往需求、人生意义的精神需求,对应不同功能的乡村聚落空间,使得乡村聚落空间尤其是公共空间功能更完整。

5.6.2 生活活动变迁

百年时间,乡村生活经历了四个阶段的变迁。民国时期,乡村为典型的村落生活共同体,衣食住行等基本物资贫乏,但社会关系紧密、人生信仰强烈;农业合作化至人民公社时期,乡村生活被生产极度挤压,集体至上,衣食住行统一安排,春节、婚丧一切从简,个体娱乐、信仰被否定;改革开放初期,乡村生活物质需求和精神信仰得到极大的解放和发展,社会关系繁荣;现阶段,市场经济代替农业生产组织着乡村的秩序,乡村生活物资发达与城市接轨,传统生活事件的压缩甚至消失以及现代通信、传媒的发展致使社会关系日渐封闭与冷漠,精神信仰空虚,乡村生活失去了乡土气息,与土地、自然环境、四季节律逐渐脱轨。

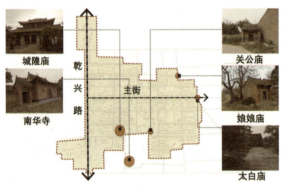

图5-29 现阶段薛录村寺庙分布图

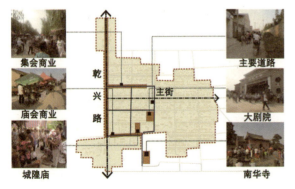

图5-30 现阶段薛录村城隍庙会各空间使用情况

1. 日常生活变迁

居住安全经历"外乱内安—平均安全稳定—贫富差初现、家庭财产威胁—贫富差增大、社会冷漠"的变化。衣食经历"自给不足、衣不保暖、食不果腹—公分兑换、成品自制—衣食充足、自制为主—市场购买"的变迁。居住经历"狭小简陋—偶有加建—迁新宅建新房—建楼房、隐形交易"的变化。交通经历"土路、步行，驴马车辅助—石子路、自行车出现—自行车、三轮车普及—水泥路，汽车普遍"的变化。交往与娱乐经历"农闲打牌、油壶—时常社员大会、批斗、看电影—农闲看电影、听广播、看电视—每天上网、看电视、带娃"的变迁（表5-16）。

各阶段薛录村日常生活情况　　表5-16

历史阶段	居住安全	衣	食	住	行	交往娱乐
民国时期（1912~1949）	村外匪患四起，村内熟人社会	自家纺纱、织布、染色、裁剪、缝制	粮食极其短缺，以物换粮	夯土房屋，一宅多户，极其简陋	土道，步行为主，马车驴车较少	圪蹴抽烟闲谈、打牌、游胡
农业合作化至人民公社时期（1950~1983）	集体生活同质，内外无安全因素	凭布票买布料，自己人工裁剪、缝制	记公分，发粮票肉票，粮食短缺	宅基无偿，收入微增，房屋加建扩建	土路变石子路，自行车少有	社员大会、早请示晚汇报、跳忠字舞、看电影
改革开放初期（1984~2001）	村落贫富差距出现，个体财产受到威胁	集市买布人工或缝纫机缝制或直接购买成品	粮食能解决温饱，餐馆兴起	老宅迁新宅，老宅废弃，一宅一户	自行车、汽车、三轮车交通工具多样化	看电影、聊天、看报、听广播、看电视
现阶段（2002~2015）	熟人社会崩溃，被市场经济代替	集市或商场买成品，款式多样	粮食作物减少，主要市场购买	房屋空置，一户多宅。房屋出现商业价值	三轮车、轿车、大巴车、村村通普及	看电视、上网、打牌、广场舞、带小孩

整体来说，乡村日常生活在基本物资上着实发生了惊人的变化。从民国时期处处充满着生存威胁与压力，发展到现阶段社会安全稳定，衣食商品化、住房宽敞、交通便捷，生活水平达向小康发展。而另一方面，日常生活中的社会关系和精神信仰也发生着嬗变，分析原因有二：其一，市场经济进入乡村改变了传统农业主导的生活方式，传统时期所有物资靠自家制作，如今一切生活用品可用货币买到，性价比远高于手工制作，于是生活事件少了，寄托于事件上的村民互动与交流也少了，社会关系散了；其二，现代通信与传媒的介入改变了农耕时代的生活观和乡村观。手机、电视主宰了乡村村民大半年的闲暇时光，虚拟的媒体世界使得生活单一，时间不再与农业主导生活下的日出日落、四季变化、土地和自然环境密切相连，村民的精神信仰空虚，"过日子"向"混日子"转变。

常说"年味变淡"（表5-17，见下一页），根据调研原因有二。其一，春节的文化内涵消失。传统的春节是一年中最重要、最热闹的日子，一年庆祝辛苦生产后的丰收和来年充满希望的期盼，而现在更多是一年中规模最全的家人团结、人情往来的日子。其二，传统活动消失。当精神含义少了，村民自发组织的庆祝活动内容缩减。而这些传统活动，又是增强村民参与、交往的必要载体。

春节保持着祭祖等习俗。这是村民过日子精神层面的核心体现，并不是对祖先、神灵的崇拜，而是继往开来，表达对祖先的思念和祈求日子越过越好。

2. 婚嫁

从调研可知（表5-18，见下一页），婚嫁仪式整体变化不大，但婚姻观念和物质条件却变化很大。仪式从传统八抬大轿迎娶进门，到现阶段小车迎娶仪式中西合并，缔结形式由媒妁之言、父母之命，发展到自由恋爱，婚姻观念由门当户对、隐忍坚守发展到合则聚，不合则散的追求自我感受，彩礼由被子、柜子发展为房子、车子，酒席讲求排场由屋内变成屋外。

尽管婚嫁对于普通农户来说是不小的压力，但关中农民认为子女成家立业是一生的追求，完成了子女的婚嫁、盖好了子女的房子，等子女有了孩子，家庭的发展便有了延续，肩上的担子才会落下，人生使命才能完成。

3. 丧葬

关中人追求厚葬。经历了一百年，除了在人民公社时仪式简化规模缩小外，发展到现阶段，丧葬仪式融入时代特色，规模排场越来越大（表5-19，见下一页）。传统时期，贫困农民甚至连棺材钱都凑不齐，丧礼三四天就草草结束，还要靠亲戚邻里帮忙筹备。现阶段，丧葬仪式有专业的歌舞表演和服务队，时间跨度十天左右，场地由宅内院落迁至街道，长度占据七八户。

当然，不变的是小家庭的丧葬已成为一个街道甚至一个生产队的公共事件，由队长或执事人安排事宜，每家每户都有义务帮忙。

4. 庙与庙会

庙与庙会经历着一致的变迁轨迹（表5-20，见下一页）。民国时期，关中多庙，关中人忠于信仰。人民公社时期，村落核心活动场所全被摧毁。改革开放后，寺庙重新修建，但宗教信仰的人却越来越少。庙会的内容十分丰富，烧香拜神、集市、看大戏，但庙会的主办者、承办者和参与者全是老人。

各阶段薛录村春节情况　　　　　　表5-17

历史阶段	祭祀祖先	求神拜佛	家庭活动		公共活动
			除夕	拜年	
民国时期 (1912~1949)	除夕下午将先人从墓地请回家，每日祭拜正月十五送走	腊八、祭灶	守岁，讲故事，耍纸牌、猜谜语、捉迷藏等	辈分大小依次拜新年	打秋千、玩社火
农业合作化至人民公社时期 (1950~1983)	简单地烧纸、祭拜	禁止	早早睡去	较少走动	政治教育、看电影样板戏
改革开放初期 (1984~2001)	请先人、祭拜先人、送先人	腊八、祭灶	守岁，吃饭、打牌、看春晚	恢复	玩社火、看革命电影
现阶段 (2002~2015)	请先人、祭拜先人、送先人	腊八、祭灶	守岁，吃饭、上网、打牌、看春晚	走场式拜年，餐馆、娱乐场所兴起	锣鼓队

第5章 生活活动影响下的薛录村空间形态百年变迁

各阶段薛录村婚嫁情况　　　　　　表 5-18

历史阶段	缔结形式	彩礼嫁妆	仪式	酒席
民国时期 (1912~1949)	媒妁之言、父母之命	视家庭条件而定	马车、轿子迎亲,披红、扔五谷、抬水壶、跨火盆、换钥匙、换请帖、挂门帘	规模不大,仅在院落中宴请族内亲戚
农业合作化至 人民公社时期 (1950~1983)	媒妁之言、父母之命	彩金、木柜、被子	自行车迎亲,披红、扔五谷、抬水壶、跨火盆、换钥匙、换请帖、挂门帘	规模不大,仅在院落中宴请族内亲戚、邻里
改革开放初期 (1984~2001)	经媒人介绍 男女相互了解	手表、衣服、毛线、围巾、礼金	汽车迎亲,披红、扔五谷、抬水壶、跨火盆、换钥匙、换请帖、挂门帘	在院落中宴请族内亲戚、邻里
现阶段 (2002~2015)	自由恋爱、经人介绍	房子、车子、礼金	轿车迎亲,披红、扔五谷,西方婚礼仪式	规模较大,宅前路上宴请宾客

各阶段薛录村丧葬情况　　　　　　表 5-19

历史阶段	葬前	祭奠	出殡	葬后	特点
民国时期 (1912~1949)	初终和小殓、报丧、大殓、成服	开吊、暖丧	出殡	葬后祭奠	族内亲友合作、传统仪式、规模小
农业合作化至 人民公社时期 (1950~1983)	初终和小殓、报丧、大殓、成服	开吊、暖丧	出殡	无	族内、亲友合作、简化传统仪式、规模更小
改革开放初期 (1984~2001)	初终和小殓、报丧、大殓、成服	盼丧、看电影、开吊、暖丧	出殡	酒席答谢亲友、葬后祭奠	结合传统仪式加入新的活动形式、村民互助、规模扩大
现阶段 (2002~2015)	初终和小殓、报丧、大殓、成服	开吊、歌舞表演、暖丧	出殡	酒席答谢亲友、葬后祭奠	结合传统仪式加入新的活动形式、村民互助、规模扩大

各阶段薛录村庙会情况　　　　　　表 5-20

历史阶段	庙	庙会			
		烧香拜神	商业	戏剧	参与者
民国时期 (1912~1949)	城隍庙、财神庙、南华寺	香火旺盛	集市	城隍庙看戏	男女老幼
农业合作化至 人民公社时期 (1950~1983)	无	无	无	无	无
改革开放初期 (1984~2001)	城隍庙	香火旺盛、守夜	集市	剧院看戏	男女老幼
现阶段 (2002~2015)	城隍庙、南华寺、太白庙、关公庙、娘娘庙	香火旺盛、守夜	集市、腰鼓队	剧院看戏	老人

5.6.3 生活活动下的空间形态变迁

1. 村落体系层级

生活活动与村落体系空间的影响是被动和甚微的。生活活动是土地制度、生产活动的次生品，而对于村落体系空间形态的影响，后两者则是主要的。生活活动只是在已形成的体系下变迁的内容，故此处不重点讨论。

2. 村落内部空间层级

1) 村民增长的物质需求引发商业空间扩展

集市的繁荣是经济发展的体现，其本质是村民日益增长的物质需求的对应。

从民国到现阶段，薛录村的商业占地面积由 0.995 公顷发展到 2.49 公顷，增长速度由民国时期缓慢发展到现阶段 0.08 公顷/年，其中，公社时期因为制度安排发展速度为 -0.04 公顷/年（表5-21）。民国时期，集市多为柴米油盐等基本物资买卖；现阶段，大型超市、食材加工店、服装店、饭店、婚庆店应有尽有，各种物资、服务与城市生活相差无几（图5-31，见下一页）。

2) 行政（管理）力量引发内嵌型正式公共空间建设

薛录村为建制镇驻地，由行政（管理）力量决定的正式公共空间相对完善包括行政空间、活动空间、信仰空间和服务空间四类，其数量与分布是外部管理意识形态的体现，而非村落自身秩序的生成。

民国时期，政府管理力度薄弱，村落以乡贤自治为主。正式公共空间除乡公所、戏台外，均为信仰空间。公社时期，国家政治力量高度统一，信仰空间全部改为行政空间和服务空间，每生产队的饲养室和剧院是国家安排的集体活动空间。改革开放初期到现阶段，国家控制力量逐渐撤离，乡村由行政单位变为治理单元，薛录村的公共服务设施增加，新建恢复村落信仰空间。但正式公共活动空间的数量、面积并无增加，其配套设施、空间品质落后，利用率较低（图5-32，见下一页）。

3) 生活萎缩引发内生型非正式公共活动空间萎缩

道路空间是村落自发形成的内生型非正式公共活动空间，是村落的公共客厅。从乾兴路到自家宅院之间的路程，是乡邻打照面、寒暄的高频空间。而以家为中心向周边辐射一个街区范围的宅前路，更是村民最重要的公共活动空间。一个街区的范围基本是一个小组的范围，因此宅前路空间也具有集体感属性。

婚丧事件是道路空间内涵的最好佐证。迎亲或送葬队伍从乾兴路开始或结束，酒席、仪式空间、收礼空间、礼品展示空间以自家为中心向两侧邻里宅前道路延伸，整个生产队由执事人统一安排帮忙事宜。

随着生活内容萎缩，道路的日常社交功能正在萎缩，交通功能的膨胀是重要原因。百年内，出行工具由驴马车变为汽车，道路由4米变为6米，村内部街道直接与乾兴路接轨，交通安全隐患大大削弱了道路的生活气息（图5-33，见下一页）。

除道路外，民国时期，开放的城门入口空间、公共水井为非正式的公共活动空间。公社时期，涝池、壕沟等微地形为村落的人气趣味空间。改革开放初期，内生型公共活动空间变为封闭的麻将馆和村民自发建设的篮球场。现阶段，社交的冷漠和精神空虚催生了村民寻找精神寄托的渴望，自发地在村落周边修建小庙。由此可知，满足村民内在社交需求的公共活动空间的建设是极有必要的，乡村乡土生活内涵的变革也是亟须的（图5-34，见下一页）。

薛录村商业占地面积与增长指标百年变迁　　　　表5-21

民国时期（1912~1949）		合作化至公社时期（1950~1983）		改革开放初期（1984~2001）		现阶段（2002~2016）	
面积	年增长率	面积	年增长率	面积	年增长率	面积	年增长率
0.92公顷	0.01公顷/年	0.715公顷	-0.04公顷/年	0.985公顷	0.03公顷/年	2.49公顷	0.08公顷/年

注：民国时期为1935年数值，合作化至人民公社时期为1954年和1971年平均值，改革开放初期为1985年和1998年平均值，现阶段为2015年数值。

第 5 章 生活活动影响下的薛录村空间形态百年变迁

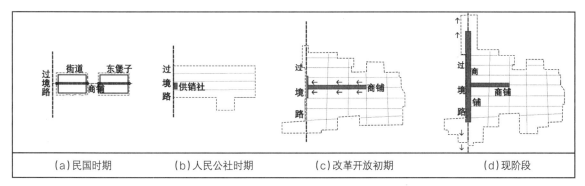

图 5-31 薛录村商业空间格局百年变迁组图

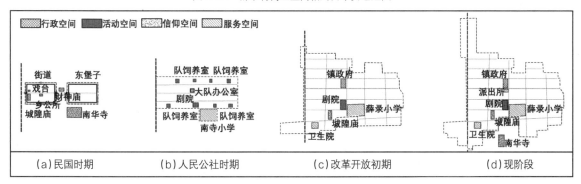

图 5-32 薛录村内嵌型正式公共空间格局百年变迁组图

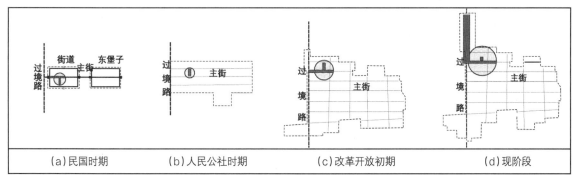

图 5-33 薛录村道路空间日常使用强度和婚丧使用范围百年变迁组图

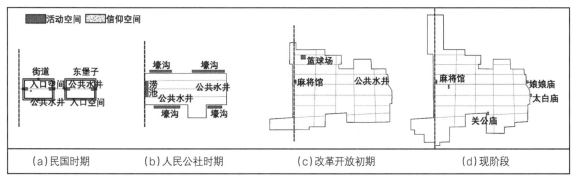

图 5-34 薛录村非正式公共活动与信仰空间分布百年变迁组图

3. 宅院内部空间层级

1) 房屋功能趋于专有化与空置化

宅院房屋功能越来越精细。衣食起居、卫生功能由高度复合发展到空间专有。

民国时期，房屋仅为父母房和子女房，父母房包含食寝、起居、粮仓、祭祖等功能，子女房包含起居、居住、交往、洗漱等功能。人民公社时期，厨房从父母房间分化，厨房包括粮仓、祭祖、餐厨、起居等功能。改革开放初期，厨房分化出粮仓和大房，子女房增减。现阶段，洗漱功能从父母子女房间分化，保证每个子女有一间房。随着常住人口减少和生活简洁化，粮仓、厨房等因饮食便捷化出现功能萎缩，房屋空置现象严重，使用率由100%变为20%（表5-22，见下一页）。

随着房屋经济属性的突显和房屋空置的普遍，现阶段薛录村的宅院使用对象不仅指集体内部人群，也包括村外人群。村外人口租用整个宅基，或与本村人混合居住，都对现有房屋功能和布局提供了新的需求。

2) 房间空间组织趋于集中与封闭化

关中人喜用"间"定义房的大小并组织房的格局。间的大小、组织方式与宅基地尺寸、经济、技术和材料相关，但终由生活需求驱使并决定其使用情况。

民国至人民公社时期，间作为一代人衣食住行复合的基本单元房，尺寸多为3米×4米，多间并列，几代同堂。改革开放初期，砖混结构实现了3米×6米的宽敞空间，间仍为父母、子女居住、起居、洗漱的混合功能空间单元，厨房、大房尺寸以此为模数，各房间以横向并列或纵向并列的方式组织关系。

现阶段，2层楼房的空间一改传统多间并列的空间组织方式，房间相互嵌套，起居和洗漱等辅助功能从各屋中析出，家庭共用，布局更显紧凑，但房间的尺寸仍保留3米×6米的传统使用尺寸，大大降低了空间的使用效率，淡化了房屋集中布局的优势，封闭的间又减弱了复合大空间形成的机会。同时，集中式布局增加了屋内空间的封闭程度，减少了房间与院落的空间耦合，未形成良好的宅院空间层次。随着城乡人口的混合和乡村文化的复辟，当下宅院房屋格局亟须优化（图5-35，见下一页）。

3) 院落生活功能减弱与转变

院落生活功能一方面是相邻房间的室内功能拓展，另一方面也因前后院的私密属性而变化。随着生活品质的提高，院落的生活功能逐渐萎缩并转向景观功能。

宅前空间为邻里交往、婚丧迎接空间。与主体建筑相邻的院落则承担日常起居、婚丧仪式、节日待客的功能。此外，院落必然是燃料柴草、储存生活物资之地。改革开放后，柴草等物资堆放于后院，宅前空间和前院用于种植花木，景观功能受到重视。现阶段，尽管院落越来越干净、美化，但由于房屋格局趋于集中和封闭，院落与房间的结合减弱，空间层次降低，加之生活内容自身的萎缩使得院落的生活使用率越来越低（图5-36，见158页）。

4) 过渡空间的生活属性

过渡空间连接建筑与院落，宅内与宅外。其生活功能是建筑的补充，同院落空间类似，过渡空间的生活内容与其公共私密属性相关。靠近门房的过渡空间多用于社会交往，而靠近主体建筑的过渡空间则多用于日常起居、待客和仪式，后院的过渡空间则用于存储生活物资。因过渡空间具有介于人工与自然、个体与公共的模糊属性，其生活内容的发生频率高于建筑与院落（图5-37，见158页）。

第 5 章 生活活动影响下的薛录村空间形态百年变迁　　157

生活需求引发的薛录村典型家庭房屋使用百年变迁　　表 5-22

内容		民国时期 （1912~1949）	合作化至公社时期 （1950~1983）	改革开放时期 （1984~2001）	现阶段 （2002~2015）
房屋功能变迁图示					
建筑总面积（平方米）		80.1	127.2	286	615
使用建筑面积（平方米）		80.1	127.2	227.7	123
人均建筑面积（平方米）		10.5	12.9	29.2	76
实际人均建筑面积（平方米）		10.5	14.6	41.1	220.6
实际人均使用建筑面积（平方米）		10.5	13.8	32.7	43.9
建筑使用率（%）		100	94.5	79.6	20
比例分布	0（出租）	0	0	0	28.5%
	0~20%	0	0	0	14.5%
	20%~40%	0	0	7.1%	28.5%
	40%~60%	0	0	8.4%	28.5%
	60%~80%	0	0	31.0%	0
	80%~100%	100%	100%	53.5%	0

注：本表数据为薛录村调研数据为例，民国时期数值对应薛录村 1935 年数值、合作化至人民公社时期对应 1954 年和 1971 年平均值、改革开放初期对应 1985 年和 1998 年平均值、现阶段对应 2015 年数值。

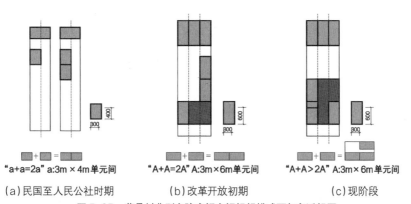

(a) 民国至人民公社时期　　(b) 改革开放初期　　(c) 现阶段

图 5-35　薛录村典型宅院房间空间组织模式百年变迁组图

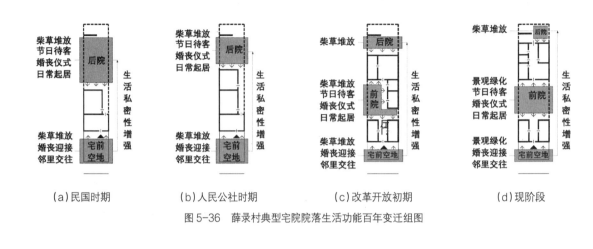

图 5-36　薛录村典型宅院院落生活功能百年变迁组图

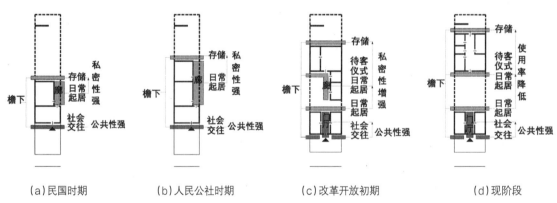

图 5-37　薛录村典型宅院过渡空间生活功能百年变迁组图

5.7 本章小结

本章延续生产活动的时间划分将百年时间分为民国时期、农业合作化至人民公社时期、改革开放初期和现阶段四个时期。然后对每个时期的日常生活（包括居住安全、衣食住行、日常交往与娱乐）和特殊节日（包括春节、婚嫁、丧葬和庙会）进行梳理和分析。

生产建构起乡村社会运行的秩序和逻辑，生活则是基于乡村生产，为了发展而进行的各种行为。生活是乡村社会展开的内容。过日子，完成家庭、社会关系和人生意义的经营和延续是乡村生活的逻辑。生活补充和完善着乡村聚落空间功能。百年时间内，日常生活物资达到温饱水平却丢失了乡土味，社会交往与精神信仰空虚；春节从对生产与生活的庆祝与祝愿变为一场普通家庭聚会，婚丧排场规模追求越来越大，庙会热闹非凡却是老人们点燃的寂寞花火。

最后，对生产活动影响下的薛录村的空间形态，从村落内部层级和宅院内部层级进行了梳理和分析。村落内部空间方面，村民增长的物质需求引发商业空间扩展；政（管理）力量引发内嵌型正式公共空间（行政空间、活动空间、信仰空间、活动空间）丰富建设；生活萎缩引发内生型非正式公共活动空间（道路、活动空间、信仰）萎缩。宅院内部空间方面，房屋功能趋于专有与空置化，人均建筑面积由10.5平方米变为76平方米，房屋使用率由100%变为20%，外来人口与村内人口混合居住；房间空间组合趋于集中与封闭化；院落生活功能萎缩向景观功能转变；过渡空间仍为生活高频率发生空间。

在下一章，作者将对重点调研村薛录村、辅助调研村北党村、六营村空间形态变迁进行对比分析和归纳整理，提出关中区域乡村聚落空间形态百年变迁的共性和异性。

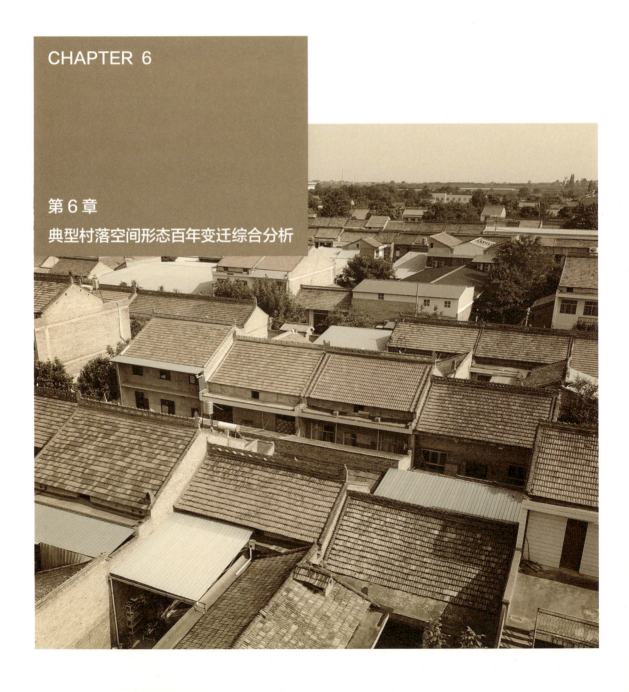

CHAPTER 6

第 6 章
典型村落空间形态百年变迁综合分析

6.1 薛录村空间形态百年变迁分析

通过不同视角的变迁梳理，本章根据变迁特点，将空间形态变迁整合成四个阶段，即民国时期(1912~1949)、农业合作化至人民公社时期(1950~1983)（后文统一简称为人民公社时期）、改革开放初期(1984~2001)、现阶段(2002~2015)。

6.1.1 村落体系空间形态变迁分析

民国时期到今，村落体系经历"散点—散团—树状—网状"变迁（图6-1）。

6.1.2 村落内部空间形态变迁分析

齐康先生在《城市建筑》中对聚落空间形态提出"轴、核、架、群、界"五类基本形态要素。本书借用此理论展开村落内部空间各要素及其结构的变迁分析。

1. 轴（图6-2）

民国时期，主街作为村落内部基准轴，集交通、商业、生产与生活等多重功能于一体，是村落交通生产生活大动脉（表6-1）。人民公社时期，主街商业功能受极大限制，极大地削弱了主街轴整体的活力。改革开放初期，主街轴向过境路偏移衍生出新轴，新轴活力明显大于以前，但生产功能逐步削弱新增服务行政功能。现阶段，因交通优势，乾兴路轴线已成为村落发展核心轴。

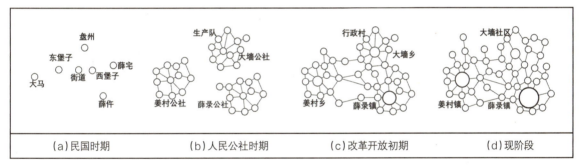

图6-1 薛录村村落体系变迁

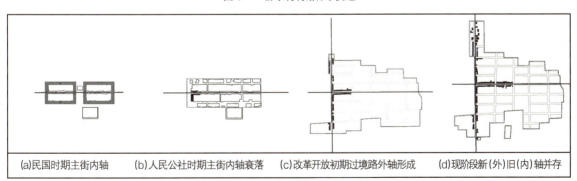

图6-2 薛录村"轴"要素形态变迁

薛录村"轴"要素内容变迁　　表6-1

阶段	构成	活动内容	功能	属性
民国时期	主街	交通、商业、庙会社戏、加工及晾晒农作物	交通、商业、交往、生产、娱乐、信仰	公共性
人民公社时期	主街	交通、商业、加工及晾晒农作物	交通、商业、交往、生产	公共性
改革开放初期	乾兴路、主街	交通、商品贸易、日常交往、晾晒农作物	交通、商业、行政	公共性
现阶段	乾兴路、主街	交通、商品贸易、日常交往、晾晒农作物	交通、商业、行政	公共性

2. 核（图6-3，见下一页；表6-2）

民国时期，城门、城隍庙、乡公所、财神庙等核沿轴分布，除乡公所外，其他均是精神信仰核，核与轴相依增加了轴线的空间厚度与活性。

人民公社时期，信仰核转变为生产大队行政管理核，沿村落周边新建生产小队行政管理核，复合公共管理、生产与生活功能。核布局不依轴分布，而是均质散布在居住群内，一定程度弱化了轴线，但提升了整个村落的"行政管理"辐射。

改革开放初期，公社行政管理核取消，原信仰核被废弃，沿村落边缘逐渐新建行政、服务、信仰核，包括镇政府、卫生院和城隍庙，公共活动核缺失。核散落分布无规律，对村落的功能辐射和活力激发减弱。

现阶段，新增派出所、南华寺、广场等公共服务设施核。行政服务核趋于完善，但分布并未形成标志性和秩序性。同时，公共活动核只涉及村落层面，未深入小组内部，产业核缺失，核的村落活力激发与凝聚功能缺失。

3. 架（图6-4，见下一页）

民国时期，主街和环城巷形成"曰"字形骨架，"丁"

薛录村"核"要素内容变迁　　　　表6-2

阶段	构成	活动内容	功能	属性
民国时期	城门	防御、集会、交谈停留	安全、交往	公共性
	乡公所	政府机构、集会	行政办公	公共性
	城隍庙	庙会、唱戏、烧香拜神	交往、信仰	公共性
	财神庙	庙会、烧香拜神	交往、信仰	公共性
	南华寺	庙会、烧香拜神	交往、信仰	公共性
	涝池	停留交谈、儿童嬉戏	给排水、交往	公共性
人民公社时期	供销社	商品交易	商业	公共性
	大剧院	唱戏、看电影、批斗会	娱乐、交往	公共性
	大队办公室	办公	行政办公	公共性
	各组饲养室	饲养牲畜、集会	交往、生产	公共性
	南华小学	上课	教育	公共性
	涝池	停留交谈、儿童嬉戏	给排水、交往	公共性
改革开放初期	镇政府	办公	行政办公	公共性
	大剧院	唱戏、集会	娱乐、交往	公共性
	城隍庙	庙会、烧香求神	交往、信仰	公共性
	卫生院	看病	医疗	公共性
	南华小学	上课	教育	公共性
	涝池	停留交谈、儿童嬉戏	给排水、交往	公共性
现阶段	卫生院	看病	医疗	公共性
	南华小学	上课	教育	公共性
	大剧院	唱戏、集会	娱乐、交往	公共性
	城隍庙	庙会、烧香求神	交往、信仰	公共性
	卫生院	看病	医疗	公共性
	中心小学	上课	教育	公共性
	南华寺	庙会、烧香求神	交往、信仰	公共性
	涝池	—	给排水	公共性

字路口处形成村落门户空间，主街与环城巷尺度和围合度的不同划分出主次等级（表6-3）。人民公社时期，架为主街、南北两条街道以及局部小巷，从尺度和位置上可区分主次关系。改革开放后，乾兴路、主街和街道相互交织成均质网状，由于主街与街道尺度无明显区别，主次关系模糊。街道接入乾兴路，提高了村落交通便捷度，但车流量和车速提高，使行人无法在街道空间安全停留，生活场所逐步消解。现阶段，架延续网格肌理向南北两端发展。道路以车行交通为主，生产生活功能衰减。

薛录村"架"要素内容变迁　　　　　　　　　　　　　　　表6-3

阶段	构成	活动内容	功能	属性
民国时期	主街	交通、商业、庙会社戏、加工及晾晒农作物	交通、商业、交往、生产、娱乐	公共性
	环城巷	交通、交流、加工及晾晒农作物	交通、交往、生产	公共性
人民公社时期	主街	交通、商业、加工及晾晒农作物	交通、商业、生产	公共性
	街道	交通、交流、加工及晾晒农作物	交通、交往、生产	公共性
	巷	交通	交通	公共性
改革开放初期	乾兴路	交通、商品贸易、日常交往、加工及晾晒农作物	交通、商业、交往	公共性
	主街	交通、商业、红白喜事、日常交往、加工及晾晒农作物	交通、商业、交往、生产	公共性
	街道	交通、红白喜事、交往、加工及晾晒农作物	交通、交往、生产	公共性
现阶段	乾兴路	交通、商品贸易、日常交往	交通、商业、交往	公共性
	主街	交通、商业、红白喜事、日常交往、晾晒农作物	交通、商业、交往、生产	公共性
	街道	交通、红白喜事、交往、晾晒农作物	交通、交往、生产	公共性

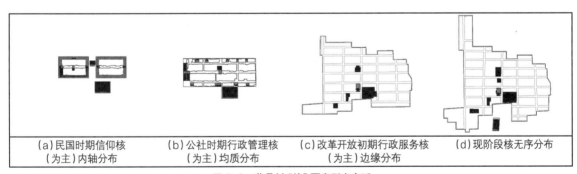

图6-3　薛录村"核"要素形态变迁

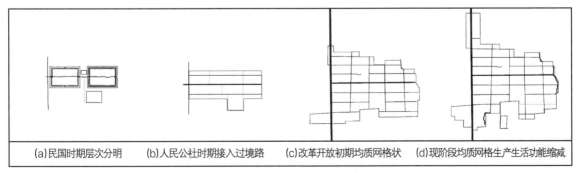

图6-4　薛录村"架"要素形态变迁

4. 群（图6-5，见下一页）

群即街区。民国时期，村落规模小，自组织的街区尺度宜人（表6-4）。人民公社时期，南北两面各发展出单排街区，街道和东堡子的连通使得街区长度过长，街区被南北巷道切断。改革开放初期，街区随着道路骨架形成兵营式基底，宅院划分整齐、均质。现阶段，外围群扩展，群内部空心日渐严重。

5. 界（图6-6，见下一页）

民国时期，界包括城墙和门前空间两个层级。城墙限定村落的生长边界，也围合出村落的区域标志。深浅不一的门前空间，是连接框架与群的衔接界面。人民公社时期，生产场地代替城墙，成为新边界。改革开放初期，宅院与田地相接，村落界面消失。门前灰空间属性减弱。宅基地废弃日益严重，街区界面出现凹陷或空心。内部群空心化日渐严重。现阶段，界凹陷、断面的现象随空心化加强（表6-5）。

6. 要素构成（图6-7，见下一页）

民国时期，街道和东堡子空间形态要素简单明晰，结构紧凑完整。村落内部空间形成"城门—城隍庙—主街—环城巷—门前空间—宅院"的空间层次和"停驻—行进—停驻—到达"的节奏。

人民公社时期，薛录村空间结构较为紧凑。村落内部空间形成"涝池—主街（街道）—门前空间—宅院"的空间层次和"停驻—行进—停驻—到达"的节奏，但空间层次开始萎缩，空间辨识度减弱。

改革开放初期，空间结构松散、层次弱化、无辨识度。村落空间形成"乾兴路—主街（街道）—门前—宅院"的空间层次和"行进—停驻—到达"的节奏。偏心轴使村落不均衡发展，核与轴脱离导致村落丧失重点标志空间节点，核与各街区分配不均致使村落丧失活力。新轴与架垂直导致架主次功能模糊，交接点缺少缓冲架的交通功能大于生活功能。架的均质又导致群与界的均质。

现阶段，村落空间结构无大变化。由于人与人交往更封闭，村落形成"乾兴路—主街（街道）—门前—宅院"的空间层次和"行进—到达"的节奏。

薛录村"群"要素内容变迁　　　　　　　　　　　　　　　　表6-4

阶段	构成	活动内容	功能	属性
民国时期	宅院	加工及晾晒农作物、衣食住行等行为、邻里交往、红白喜事	农业生产、居住、交往	半公共半私密
合作社至人民公社时期	宅院	晾晒农作物、衣食住行等行为、邻里交往、红白喜事	居住、交往	私密
改革开放初期	宅院	晾晒农作物、衣食住行等行为、邻里交往、红白喜事、副业	副业生产、居住、交往	半公共半私密
现阶段	宅院	晾晒农作物、衣食住行等行为、邻里交往、红白喜事、副业	副业生产、居住、交往	半公共半私密

薛录村"界"要素内容变迁　　　　　　　　　　　　　　　　表6-5

阶段	构成	活动内容	功能	属性
民国时期	宅院门前空间	红白喜事、邻里交往、生产活动	居住、交往	半公共
	外围城墙及壕沟	防御	安全	公共性
人民公社时期	宅院门前空间	红白喜事、邻里交往、生产活动	居住、交往	半公共
	外围生产场地及林带	生产活动、集会	生产、交往	公共
改革开放初期	宅院门前空间	红白喜事、邻里交往、生产活动	居住、交往	半公共
现阶段	门前空间	红白喜事、邻里交往、生产活动	居住、交往	半公共

第 6 章 典型村落空间形态百年变迁综合分析   165

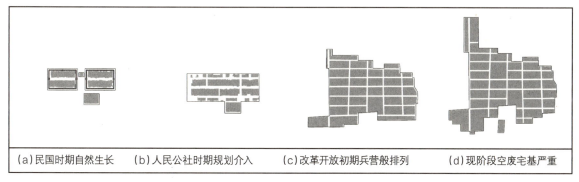

(a) 民国时期自然生长　(b) 人民公社时期规划介入　(c) 改革开放初期兵营般排列　(d) 现阶段空废宅基严重

图 6-5　薛录村"群"要素形态变迁

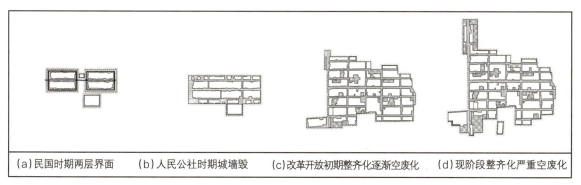

(a) 民国时期两层界面　(b) 人民公社时期城墙毁　(c) 改革开放初期整齐化逐渐空废化　(d) 现阶段整齐化严重空废化

图 6-6　薛录村"界"要素形态变迁

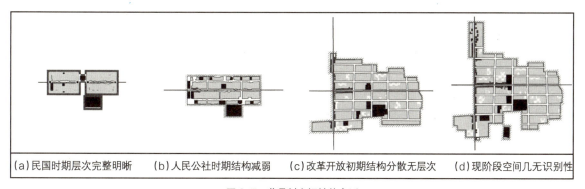

(a) 民国时期层次完整明晰　(b) 人民公社时期结构减弱　(c) 改革开放初期结构分散无层次　(d) 现阶段空间几无识别性

图 6-7　薛录村空间结构变迁

6.1.3　宅院内部空间形态变迁分析

建筑、院落、过渡空间是宅院三大要素，笔者将从三要素和要素组成展开分析。

1. 建筑（图 6-8，见下一页）

民国时期，建筑单边盖，房屋并列，夯土结构，按辈分秩序组织。人多房少，一屋常居住 3~4 人。房屋功能高度复合，起居、生产、餐厨集于一屋内。

人民公社时期，家庭经济的缓解首先反映在改善住房条件上，宅院原地加建或扩建。首先是完成厨房功能的独立，住食分离。但厨房也是复合空间，集餐厨、交往、粮食存储一体。而居住同样集生产、生活等多重功能为一体。

改革开放初期,经济水平提升和宅基地无偿获取促使村民弃置老宅基,新批宅基地盖房。粮仓、大房出现,建筑由土木变为砖木结构,房屋尺寸加大,各房间组织方式仍以串并联为主。同时,政府对民居的严格控制致使建筑形态趋同化。

现阶段,住房第三次更新,宅院向功能完整紧凑的建筑主导型发展。餐厅厨房洗浴房以客厅为核心围绕,粮仓逐渐消失。村民盖房时每个子女均有一间房,导致多数房间空置,利用率不高。

2. 院落(图6-9)

院落包括前院、侧院和后院。民国时期,民居以院落为核心,前、侧、后院相连贯,院落包围建筑。院落功能以生产生活为主。前院是生产生活空间,侧院是生活起居空间,后院则是喂养牲口、卫生空间。人民公社时期,房屋的加建使得前后院落分离。院落生产生活功能减弱。改革开放初期,门房新建使得前院空间消失,侧院和内院的私密性增强。随着生产空间压缩,侧院为生活空间,后院为卫生空间。院落生态景观功能受到重视。现阶段,院落被封闭成内向空间,生产生活内容减少,前院种植绿植,后院为卫生空间和旧物储藏空间。

3. 过渡空间(图6-10)

过渡空间包括门厅、檐廊、院门等灰空间,既是交通空间,联系屋内外、前后院,又是邻里交往的重要空间。从民国到现在,此功能一直延续,现阶段使用率最高的依然是门厅空间。檐廊空间曾是屋内生产生活外向延伸的重要空间,织布、晒粮、吃饭交往都在此,但随着建筑面积扩大和功能细分,廊檐功能萎缩,平时多作储藏之用,但在节假日檐廊又恢复接待、仪式等功能。

4. 要素构成

民国时期,建筑与院落互成系统且互相包含,建筑以院落为核心布置。院落串起居住空间,形成"院门—前院—侧院、檐廊、建筑—后院"的秩序,建筑开敞性较强。人民公社时期,空间秩序变化不大,但院落逐渐被建筑打断。改革开放初期,建筑围合出院落,院落渗透到建筑中,形成"门厅—檐廊、厢房、侧院—大房—后院"的秩序,建筑的围合性增强。现阶段,建筑与院落相互隔断,建筑占核心地位,划分出院落空间,形成"门厅—院落—建筑—后院"的秩序,空间界面简单、无层次。

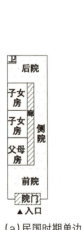
(a) 民国时期单边盖

(b) 人民公社时期加建

(c) 改革开放初期新建

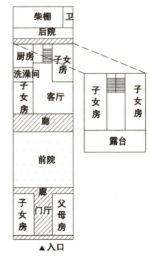
(d) 现阶段新建

图6-8 薛录村宅院建筑形态变迁(图片来源:研究小组绘制)

第 6 章 典型村落空间形态百年变迁综合分析　167

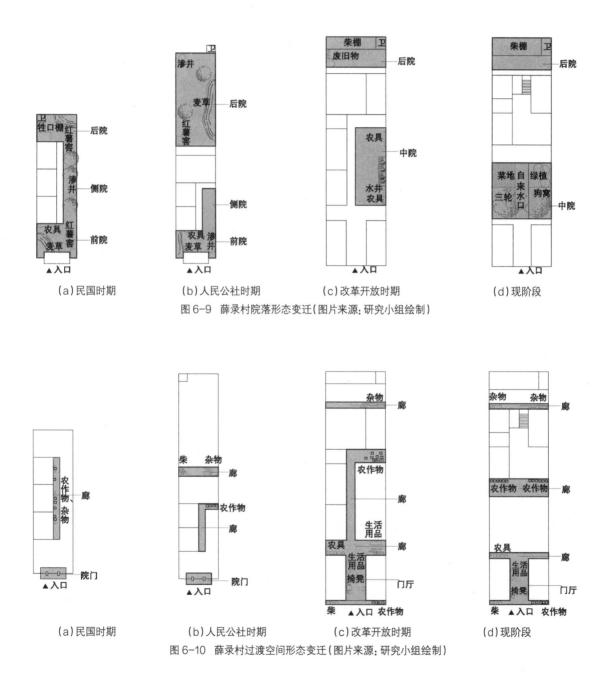

(a) 民国时期　　(b) 人民公社时期　　(c) 改革开放时期　　(d) 现阶段

图 6-9　薛录村院落形态变迁（图片来源：研究小组绘制）

(a) 民国时期　　(b) 人民公社时期　　(c) 改革开放时期　　(d) 现阶段

图 6-10　薛录村过渡空间形态变迁（图片来源：研究小组绘制）

6.2 北党村空间形态变迁分析

6.2.1 土地制度影响下的空间形态变迁

1）村落内部空间形态变迁（表6-6，见下一页）

北党村位于渭南市合阳县路井镇，普通行政村，以农业为主要产业，户籍总人口2276人，由后雷村和南雷村两个自然村落组成，两自然村局部相连（图6-11）。

北党村空间形态百年变迁分四个阶段，具体见表6-6北党村空间形态变迁。

民国时期，后雷村和南雷村均由城墙封闭。后雷村南北长、东西短，南雷村刚好相反。后雷村有9个城门，东西各4个，南面1个；南雷村东西北三面各1个城门。两村均有独立进村道，村与村之间有南北道联系。后雷村绕城墙内外均有环城路，城内5条蜿蜒老巷。南雷村城墙内路网呈"T"字形，老巷自然蜿蜒。后雷村祠堂是两村唯一的一处公共服务空间。村落无集市和商业。宅基地呈南北向狭长形，随道路进退不一。

人民公社时期，后雷村和南雷村城墙被毁，两村向城外扩张。后雷村突破城墙向东西两侧发展，南雷村向西发展。两村之间新增一条联系道路。原祠堂被改为大队办公室，原南面城门被改为大队会计室。城墙周边建有各组的饲养室和工具管理室，村口还有家公社银行。村落内部无供销社。居住区沿原有肌理生长。

改革开放初期，村庄建设进入飞速增长期。后雷村继续向东西两侧发展，南雷村则向南面发展。两村均增加进村路，对外联系加强。后雷村原大队办公室从祠堂迁到城墙西侧空地改为村委会，村委会前设活动广场。原祠堂荒废，在村委会南侧新建了北党小学。在改革开放市场经济冲击下，北党在两村之间的空地上开发了条集体商业街，二层商品房，村民可自由买卖，从此两村连成整体。

现阶段，道路延续上阶段方向发展，同周边村落联系加强。村委会和小学规模扩大，祠堂荒废，但准备重新修葺、开放。商业街因无内需支撑，开发失败，变成村民普通宅院。由于北党村老宅基尺度符合当下建设需求，故并没有出现老宅基大量废弃的现象，许多老宅依旧使用，村落荒废程度不大（图6-12，见170页）。

图6-11 北党总平面图（图片来源：谷歌地图）

北党村空间形态变迁

表 6-6

年份	总平面图	道路	公共服务设施	商铺	住宅
民国时期（1912~1949）	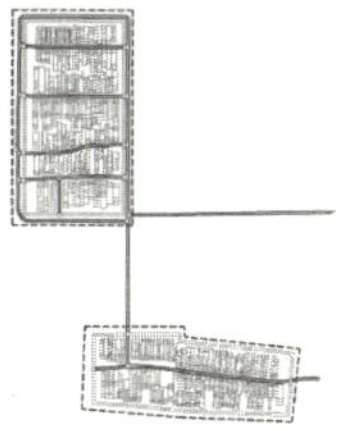	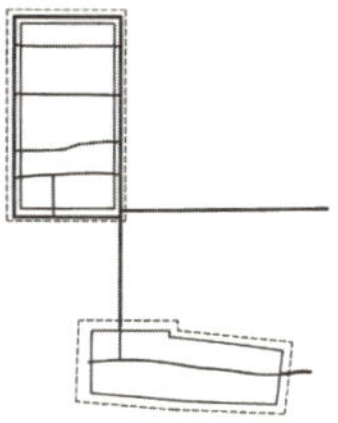	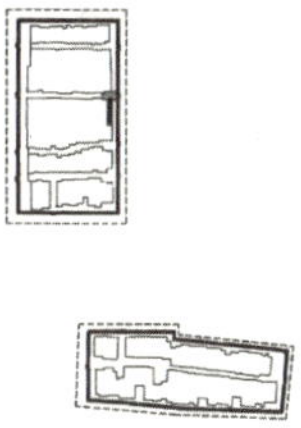	—	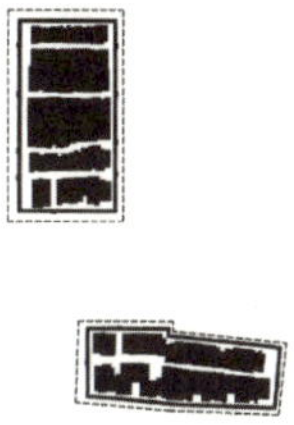
	0M 100M 300M 600M	进村路、环路、老巷、环城巷	祠堂、城墙、城门		城内住区
农业合作社至人民公社时期（1950~1983）	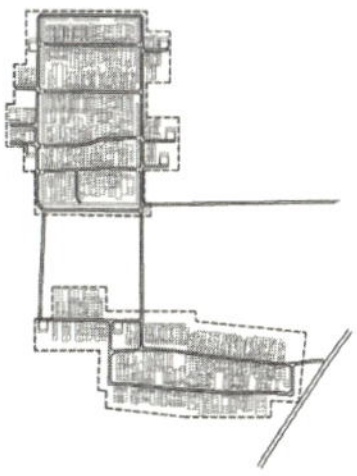	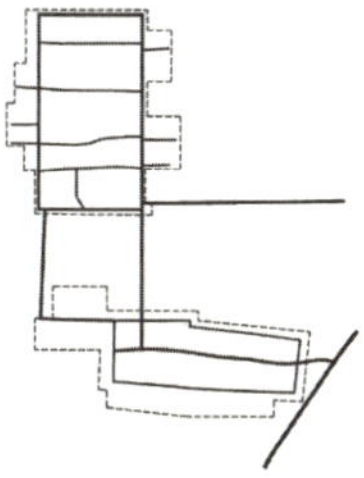	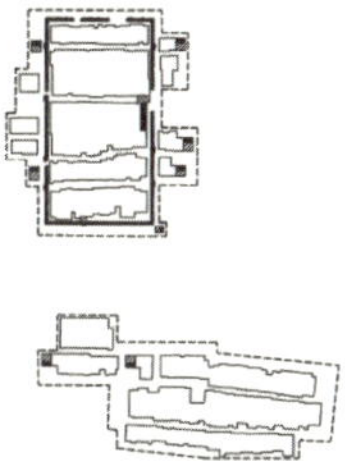	—	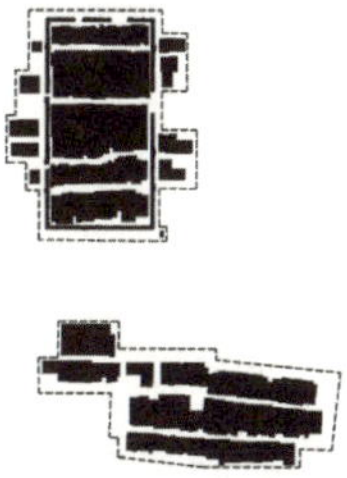
	0M 100M 300M 600M	进村路、环路、老巷、新巷	公社大队、各组饲养室、公社银行		城内住区、城外住区
改革开放初期（1984~2001）	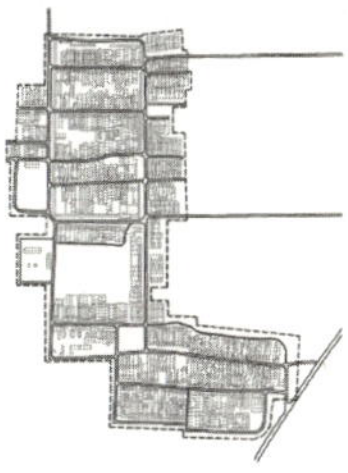	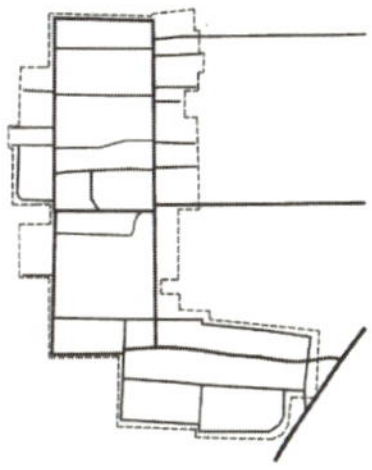	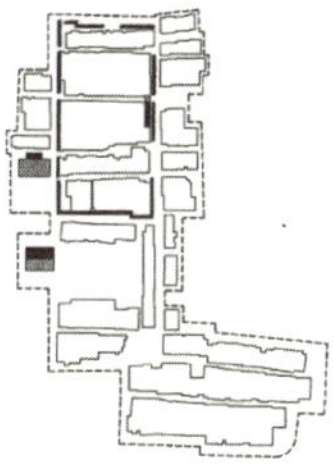	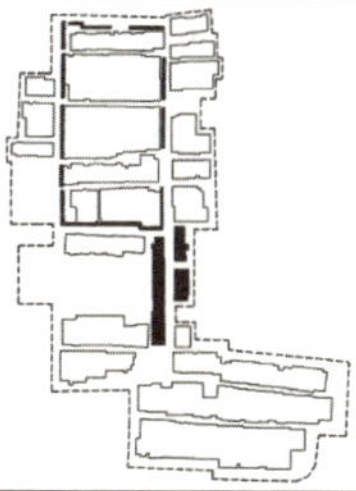	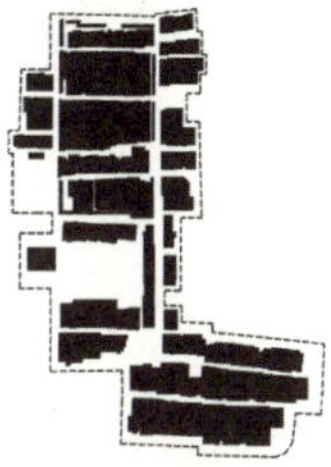
	0M 100M 300M 600M	进村路、环路、老巷、新巷、商品街	村委会、北党广场、北党小学	商品街	城内住区、城外住区、村间住区
现阶段（2002~2016）	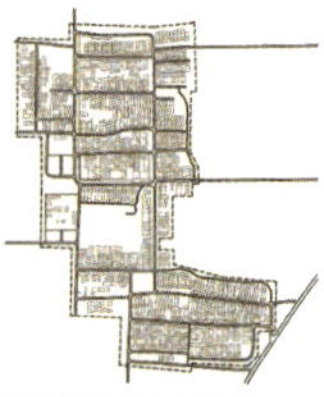	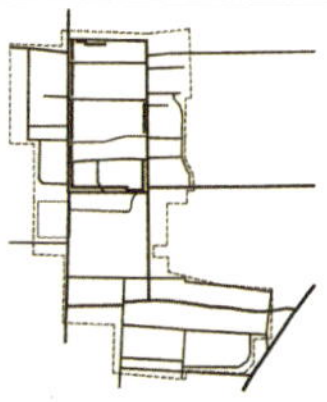	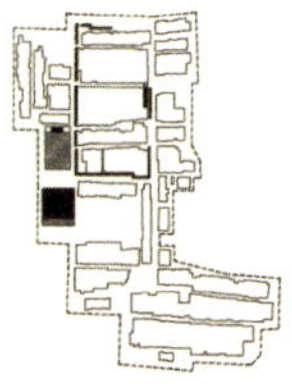	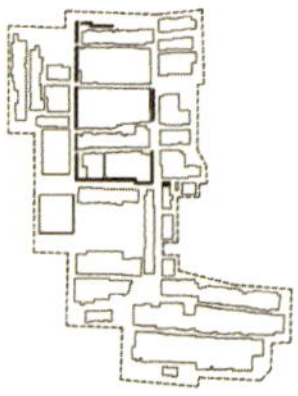	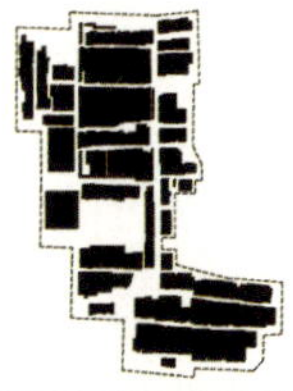
	0M 100M 300M 600M	进村路、环路、老巷、新巷、环城巷、商品街	村委会、北党广场、北党小学	村口商店	城内住区、城外住区、村间住区

(a) 村落鸟瞰　　(b) 城门　　(c) 老巷

(d) 村委会　　(e) 北党广场　　(f) 祠堂

(g) 老宅界面　　(h) 老宅　　(i) 新宅

图 6-12　北党村现状（图片来源：研究小组拍摄）

2）宅院内部空间形态变迁

选取三个典型家庭进行现阶段居住情况调研。

（1）HWX 家庭

HWX 家庭共居 4 口人，平日仅 HWX 与儿媳常住。老宅基，13.3 米 ×38.7 米，门房和厢房于 20 世纪 50 年代建设，门房左间为卧室、右间为厨房现，均空置，厦房两间分别为 HWX 和儿子房间（图 6-13）。前院照壁正对门厅，右侧为菜地。2006 年新盖集中式上房，内含厨房、门厅、客厅、卧室、洗澡间，日常仅厨房和洗澡间适用。

经调研，HWX 家庭的建筑使用率仅为 33.05%，户均宅基地面积为 257.36 平方米，户均建筑面积为 112.33 平方米，人均建筑面积为 56.16 平方米，实际人均建筑面积为 112.33 平方米，实际人均使用建筑面积为 37.13 平方米。

（2）LKJ 大哥家庭

LKJ 大哥家庭四代同堂，三户五口人包括 LKJ 母亲、大哥大嫂、侄子侄媳妇及其儿子，平日只有 LKJ 母亲和大哥在家。老宅基，9.6 米 ×38.6 米，门房厢房布局（图 6-14，见 172 页）。门房两间，母亲房和门厅。厢房三间，分别为大哥房间、侄子房间和厨房。原右侧为 LKJ 住房，与左厢房对应，后新批宅基地迁出。后院堆放杂物、废旧建材、农具和旱厕使用。侧院和后院用一矮墙灵活

第 6 章 典型村落空间形态百年变迁综合分析　171

划分。

　　经调研，LKJ 大哥家庭的建筑使用率为 75.41%，户均宅基地面积为 123.52 平方米，户均建筑面积为 35.92 平方米，人均建筑面积为 21.45 平方米，实际人均建筑面积为 53.88 平方米，实际人均使用建筑面积为 40.63 平方米。

　　（3）LKJ 家庭

　　LKJ 家庭两代同堂，一户三口人，包括 LKJ 夫妻及其儿子，平时只有 LKJ 夫妻常住。20 世纪 90 年代新批宅基地，8.3 米 ×41.8 米，门房和厢房布局。厢房为 20 世纪 90 年代所建，门房为 2010 年建设（图 6-15，见 173 页）。门房为新式大房，有客厅、门厅、洗澡间和杂物间。正对门厅为厢房的山墙，巧妙地形成照壁。厢房四间，分别为 LKJ 房、儿子房、杂物房和厨房。侧院用于晾晒衣服、堆放苹果。后院堆放杂物和旱厕使用。

　　经调研，LKJ 家庭的建筑使用率为 50.60%，户均宅基地面积为 342.76 平方米，户均建筑面积为 164.972 平方米，人均建筑面积为 54.99 平方米，实际人均建筑面积为 82.49 平方米，实际人均使用建筑面积为 41.74 平方米。

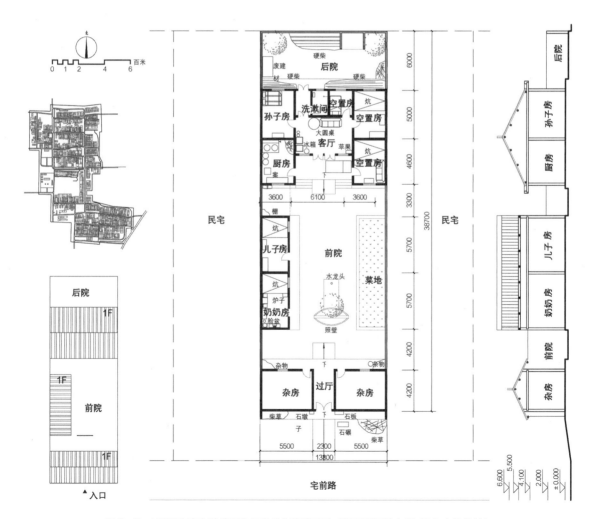

图 6-13　HWX 家庭宅基地区位示意及宅院平面图、剖面图（图片来源：研究小组绘制）

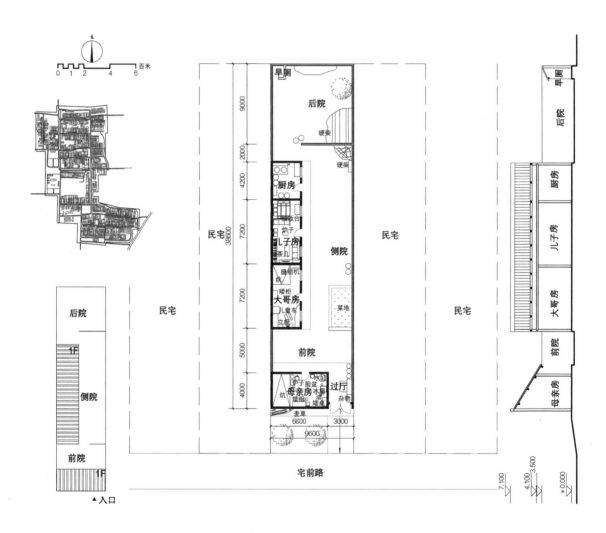

图 6-14 LKJ 大哥家宅基地区位示意及宅院平面图、剖面图（图片来源：研究小组绘制）

第 6 章 典型村落空间形态百年变迁综合分析　173

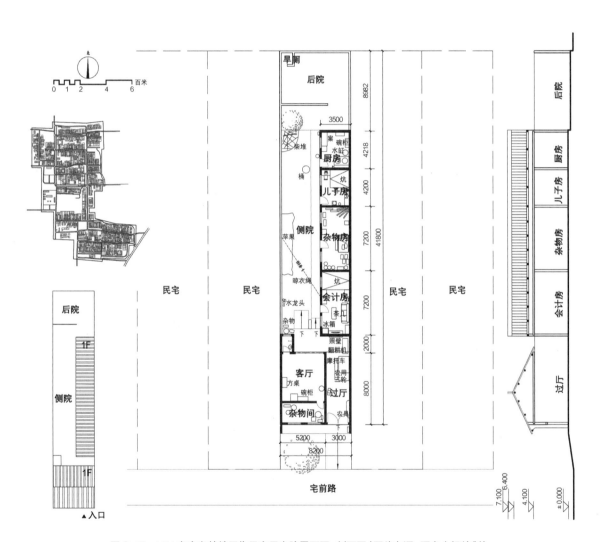

图 6-15　LKJ 家庭宅基地区位示意及宅院平面图、剖面图（图片来源：研究小组绘制）

6.2.2 生产活动影响下的空间形态变迁

1. 生产活动变迁

农业生产与薛录村相似,但现阶段北党村种植粮食作物相对更少(表6-7)。

副业方面,北党村无集市,人民公社时期有队办企业,改革开放初期开发商品街,但均以失败告终(表6-8)。

2. 生产活动影响下的空间形态变迁

1) 村落内部空间形态

农业生产空间变迁主要体现在集体生产空间的消失,从民国时期至今村落公共生产场变为生产队集体公共场,然后再分化为各户宅前道路,最后因粮食作物减少,连宅前路都较少使用。副业生产空间则由家庭生产变为队办企业,再向过商品街聚集,最后村落没有任何集体副业生产空间(表6-9,见下一页)。

2) 宅院内部空间形态

生产力水平提高使得生产对宅院空间需求一再缩小。农业生产从民国时期满屋使用缩减到院落、廊下生产,相反农用品存储空间却从复合空间发展到专有空间再扩展到所有空置房屋。副业生产则从满屋使用缩小到局部院落区域。

各阶段北党村农业生产情况　　　　　　　表6-7

历史阶段	生产资料		生产对象		劳动者	生产关系	投入	产出
	工具	基础设施	土地	作物				
民国时期 (1912~1949)	简易工具	局部修渠	分散私人所有	粮食作物	男丁	熟人间互助	全部人力时间	微薄
人民公社时期 (1950~1983)	工具、机械	兴修水利平整土地	集体所有	粮食作物	全体男女老幼	集体分配	全部人力时间	微薄
改革开放初期 (1984~2001)	机械趋于复杂	完善水利、供电基本设施	包干到户,集体所有	小麦玉米果树	男女劳动主力	村民整体松散、熟人间互助	少量人力和全部时间	增多
现阶段 (2002~2015)	机械多样完善	水利、供电一体系化	局部流转,集体所有	果树小麦玉米	留守妇女老人	个体趋化势、合作社	少量人力和少量时间	丰厚

各阶段北党村副业生产情况　　　　　　　表6-8

历史阶段	劳动者	内容			地点	投入	产出
		畜牧	(手)工业	服务业			
民国时期 (1912~1949)	女丁为主	牲畜喂养	家庭织布	村内打工	乡公所范围内	全部人力时间	等同农业收入
人民公社时期 (1950~1983)	全体男女老幼	集体牲畜喂养	队办砖厂等	—	公社范围内	全部人力和全年时间	补贴农业生产
改革开放初期 (1984~2001)	男女劳动主力	家庭牲畜喂养	队办砖厂等	"商品街"、村外打工	村镇县范围	全部人力和全年时间	赶超农业收入
现阶段 (2002~2015)	男女劳动主力	—	—	—	村镇县省市范围	全部人力和全年时间	超过农业收入

第 6 章 典型村落空间形态百年变迁综合分析　175

历史阶段生产活动影响下的北党村村落内部空间形态　　　　　表 6-9

内容	民国时期 (1912~1949)	人民公社时期 (1950~1983)	改革开放初期 (1984~2001)	现阶段 (2002~2015)
农业生产空间示意				
	晾晒场、道路	道路、队粮食场	道路	道路（农产缩减）
副业生产空间示意				
	各家各户副业生产	队饲养室、队办厂	开发商业街	外出务工

6.2.3 生活活动影响下的空间形态变迁

1. 日常生活与空间形态变迁

1) 居住安全

民国时期，北党村为抵御匪患建起土城墙，砖箍城门，每天由专门的负责人开门、关门。HWX 回忆，当时城墙大门和锁需要多人合力才能推动上锁。人民公社时期，居住环境安全，由于村内空余土地较多，人口增长不大，后雷村城墙有幸保存下来，南雷村未能幸免。改革开放后，安全问题为私人财产保护，宅院变得封闭、集中。先前规划的3米宽的卫生街，因安全隐患被取消后分到两侧宅基地内。

2) 衣

HWX 回忆民国时期女子八九岁便学纺线织布，纺车与织机为农家必备之物。平民衣料皆土布，身着大襟上衣，腰连筒裤，腰紧土布带子，足登布袜布鞋。人民公社时期，人们凭布票在供销社购买布匹，再回家裁剪缝制。改革开放后，村民在寺前镇或路井镇集会上购买成衣。如今，年轻人更愿意去合阳县城购置衣服。

3) 食

过去经济条件差，锅盘在炕边，后来厨房分离出来，但部分老人仍保留着食住一屋的习惯。如今厨房干净整洁，现代化厨具完备，吃饭可在厨房、客厅，但村民更愿意蹲在门前房檐下，边吃饭边聊天。北党村家家户户种植果树，因此，果树枝成了做饭柴火，平时堆放在门前和院落中（图6-16）。

(a) 人民公社存放粮食的水泥柜

(b) 现阶段村民家厨房

(c) 堆放在院子里的柴火

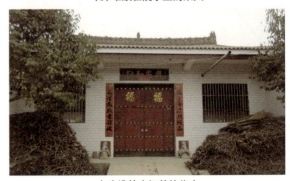

(d) 堆放在门前的柴火

图6-16　北党村村民厨房、柴火

4) 住

民国时期，北党村人少地多，建设用地宽裕，宅院尺寸大，夯土建筑半边盖。20 世纪 50 年代到 70 年代初，北党村住宅建设发展缓慢，宅院内部没有太大的改变。改革开放后，乡村建房迎来高潮。村民在原庄基上修建宅院，砖混结构，房屋格局与先前保持一致。现阶段，上房多为集中式布局。随着子嗣繁衍扩大，城墙内部用地划分完后开始往城墙外统一新辟宅基地。然而，青年人、中年人在外工作、学习，村中仅剩老人、小孩，老宅院荒废，新盖宅院没人居住，住房空废陷入恶性循环（图 6-17）。

5) 行

旧时出门靠步行，偶有驴马车代步。改革开放后，人们开始有钱买得起自行车。近些年，电动车、三轮车普及、在外做生意挣了钱的也买了小轿车，停放在门前或门厅内。村落内外道路由土路翻新为石子路，2005 年统一修葺为水泥路。

6) 交往娱乐活动

北党村以"雷"姓为主，村民日常交往较为密切，田间地头、城门村口、宗祠、门前都是交往娱乐之地。人民公社时期，娱乐活动以大队办（原宗祠）内和城门口的集体政治教育活动为主。随着思想解放，往昔的交往、娱乐活动逐渐恢复。人们偶尔在街巷聊天打牌。现阶段，除节假日年轻人返乡外，平日村里毫无生气，老人们在各家门前聊天、晒太阳。村落新建村民活动广场，规模大、设施完善，但位置偏远，平日使用较少。

(a) 门房（建于 20 世纪 50 年代）

(b) 厦房（建于 20 世纪 50 年代，后刷白）

(c) 大房（建于 2006 年）

图 6-17　HWX 宅院历年建筑

2. 春节情况及其对应的空间形态变迁

民国时期的春节，村民集体到祠堂祭祖，耍社火、舞龙狮，相互拜年。人民公社时期，春节略显冷淡，看电影、政治学习是当时特有的公共活动。改革开放后，过年期间村民在村口杀猪割肉，走亲戚拜年，设酒席庆团圆。HWX 曾给村干部提议，过年把社火秧歌重新组织起来，村里老人都乐意参与进来，然而至今未能实现。

3. 婚嫁情况及其对应的空间形态变迁

四十年前，HWX 结婚仪式相当简单。丈夫用自行车将她从家中接来，嫁妆只有几个衣柜和脸盆等日用品，在门前跨火盆、扔五谷，简单宴请亲友。1995 年，HWX 儿子结婚，家里为其新盖了间厦房，婚礼仪式在大厅举行。如今 HWX 孙子已长大成人，家里已为其在城墙外另批一庄基，盖了新房，等孙子当兵复员回来就可结婚使用。

4. 丧葬情况及其对应的空间形态变迁

旧时葬礼在院中搭棚设灵堂，门前贴讣告，葬礼结束后在院中摆设酒席答谢亲友。"文化大革命"时村里丧事由治丧委员会发讣告，禁延旧俗，丧事简办。20 世纪 80 年代，旧礼俗有所恢复。近年来，丧葬越发隆重且有攀比之势。大房下摆设灵堂，宅前路上大摆筵席，请吹鼓手，放映电影，三晚不歇。前些年 HWX 丈夫去世，家里客厅临时搭建起灵堂，院中摆放酒席，门前靠墙摆满花圈纸扎，停放车辆，接待收礼，村民纷纷前来帮忙，葬礼持续了五天时间。

5. 庙会情况及其对应的空间形态变迁

旧时逢年过节村民都会去雷氏宗祠祭拜祖先，在当时是村里最隆重热闹的事。20 世纪 50～60 年代，宗祠改为村队办公室，开展办公、政治教育以及民兵训练活动。队办公室搬离后宗祠荒废，年久失修导致部分房屋倒塌（图 6-18）。近些年，部分乡绅动员村民集资翻新宗祠恢复往昔香火。然而，村中年轻人归属感已经弱化，对翻新宗祠没太大热情，提议至今没实现。

(a) 宗祠门房

(c) 大殿内坍塌的天花板

(b) 宗祠内院

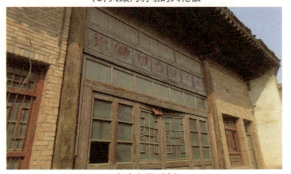

(d) 大殿后侧

图 6-18 北党村雷氏宗祠现状

6.2.4 空间形态百年变迁分析

1. 村落内部空间形态变迁分析

1) 轴（图 6-19）

民国至人民公社期间，轴线为两自然村内居中老巷，但轴线上除祠堂外，并无其他公共空间，轴要素辨识度较弱。改革开放初期，商品街使两村相连，轴线新增南北向发展轴。现阶段，商品街消失，轴线恢复为初始两条。

2) 核（图 6-20）

民国时期，核要素为生产生活核和信仰核。人民公社时期，核多为行政核，祠堂改为大队办公室，南端城门改为大队办公室，新增生产队的饲养室和公社银行。改革开放初期，新增服务核村委会和村小学，大队办公室解散祠堂荒废。现阶段，新增活动广场。

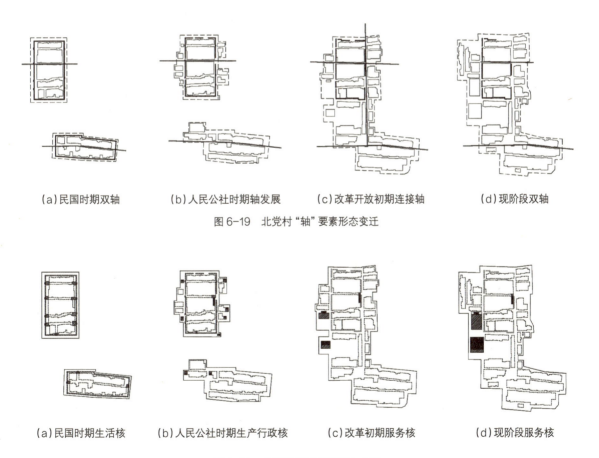

(a) 民国时期双轴　　(b) 人民公社时期轴发展　　(c) 改革开放初期连接轴　　(d) 现阶段双轴

图 6-19 北党村"轴"要素形态变迁

(a) 民国时期生活核　　(b) 人民公社时期生产行政核　　(c) 改革初期服务核　　(d) 现阶段服务核

图 6-20 北党村"核"要素形态变迁

180　关中乡村聚落空间形态百年变迁研究

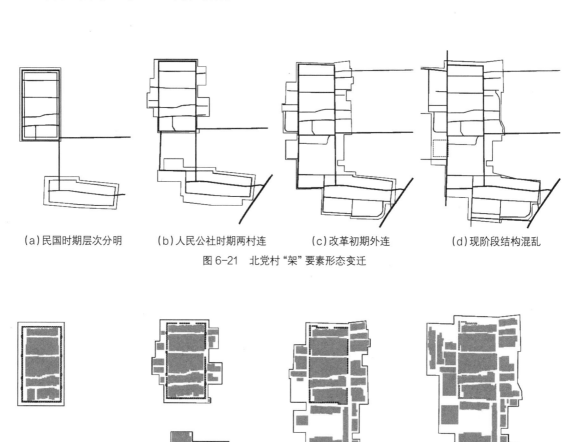

(a)民国时期层次分明　(b)人民公社时期两村连　(c)改革初期外连　(d)现阶段结构混乱
图 6-21　北党村"架"要素形态变迁

(a)民国时期自然生长　(b)人民公社时期原生长　(c)改革初期快速增长　(d)现阶段空心化
图 6-22　北党村"群"要素形态变迁

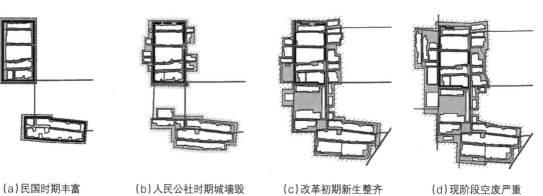

(a)民国时期丰富　(b)人民公社时期城墙毁　(c)改革初期新生整齐　(d)现阶段空废严重
图 6-23　北党村"界"要素形态变迁

第 6 章 典型村落空间形态百年变迁综合分析　181

3）架（图6-21，对应上一页）

民国时期，架为进村路、环路、城内老巷和环城巷，道路曲折蜿蜒，主次分明。人民公社时期，城内老巷向城外新生支路，联系两自然村的道路增强。改革开放初期，后雷村继续向东西延伸，南雷村道路受地形限制向南北发展，两村进村支路增加。架主次减弱，层次混乱。现阶段，新生支路增多，与周边联系加强。

4）群（图6-22，对应上一页）

民国时期，群组团大小不等，自然生长。人民公社时期，群向城墙外发展。改革开放初期，群向城外及两村之间发展，发展速度快且量大，原老城内群肌理保持原生形态，但街区出现空心。现阶段，群发展缓慢，空心增加。

5）界（图6-23，对应上一页）

民国时期，界面为城墙、宅前空地，其后，南雷村城墙消失，村落层级界面变为生产场。改革开放初期，生产场消失，后雷村城墙残存。现阶段，村落层级已无界面。新宅与老宅界面对比强烈。

6）要素构成（图6-24）

民国时期，村落空间结构紧凑完整，形成"进村路—环城路—城门—老巷—宅前—宅院"层次和"停驻—行进—停驻—到达"节奏。人民公社时期，结构层次减弱，变为"进村路—环城路—老巷（新巷）—宅前—宅院"，节奏变为"行进—停驻—到达"。改革开放初期，空间结构松散，层次混乱"进村路—环城路、老巷（新巷）—宅前—宅院"，节奏依旧是"行进—停驻—到达"。现阶段，层次变为"进村路—环城路、老巷（新巷）—宅前—宅院"，节奏变为"行进—到达"。

2. 宅院内部空间形态分析（图6-25，见下一页）

1）建筑

民国时期，北党村宅基地尺寸较大，约9米×40米。建筑单边盖，并列布局，兼顾辈分秩序组织。住房紧缺，一屋居住三四人。人民公社时期，家庭经济条件稍有改善，住房进行扩建、加建。厨房逐渐与卧室分离。改革开放初期，子女新批宅基迁出老宅，宽敞的老宅基有较好的适应性，并没被放弃使用。新建建筑为砖混结构，房间尺寸加大，数量增多。现阶段，出现集中形制大房，卧室、餐厅、厨房、洗浴房等功能用房以客厅为核心围绕布局。父母子女的生活分离，老人住老式房间，子女晚辈住新式大房。房间空置率相对薛录村较低。

2）院落

民国时期到改革开放初期，院落布局变化不大。前院、侧院、后院相连贯，建筑围绕院落布局。前院是生产生活空间，侧院是生活起居空间，后院是喂养牲口、卫生空间。随着建筑功能趋于饱满，院落功能逐渐简单，

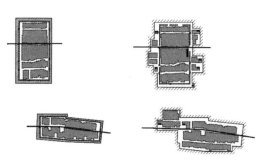

（a）民国时期紧凑完整　　（b）人民公社时期松散　　（c）改革初期无序扩大　　（d）现阶段无识别度

图6-24　北党村要素构成变迁

使用频率降低。现阶段,新式大房的出现割裂侧院与后院,院落趋于封闭。

3) 过渡空间

从民国至今,门厅都是村民邻里自由交往的重要空间和使用率最高的空间。檐廊空间是生产生活辅助的延伸,涵盖洗漱、起居等功能。随着住房条件的改善,生产生活辅助作用弱化,如今主要以交通、存储为主。

4) 要素构成

民国时期,院落前、后相连包围建筑,形成"院门—前院—侧院、檐廊、建筑—后院"的秩序,宅院内空间灵活度高。人民公社和改革开放初期,建筑加建扩建,院落空间围合性加强。现阶段,建筑占据核心地位,空间层次被压缩。

(a) 民国时期土房单边盖

(b) 人民公社时期扩建

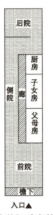
(c) 改革初砖房单边盖

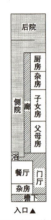
(d) 现阶段增大房

图 6-25 北党村宅院内部空间形态变迁

6.3 六营村空间形态分析

6.3.1 土地制度影响下的空间形态变迁

1. 村落内部空间形态

六营村位于宝鸡市凤翔县城关镇,普通行政村,户籍总人口 2529 人,就地产业以普通农业为主,三组兼顾民俗旅游业。传说,三组村民先祖为驻扎在此的朱元璋第六营士兵,他们大都来自"瓷都"景德镇,会制陶手艺,后来落户为民,农闲时做些玩具礼品出卖。久而久之,这类工艺流传下来使得六营村成为远近闻名的"泥塑村"。改革开放后,三组村民继续将这项手艺发扬光大。

民国时期,六营村为一封闭堡子周边散落数排宅院(图 6-26,见下一页)。

人民公社时期,六营村被分为 5 个生产大队。城墙堡子分裂为 3 个生产大队,新批 2 组在堡子南侧,新批 3 组在堡子北侧,老堡子被划为 4 组。原堡子外北侧和西侧村民被划为 1 组和 5 组。六营村南侧沟壑地带的靠山窑院群因安全问题统一搬迁上原与六营村合并形成 6 组、7 组两个居住点。最终六营村形成 7 个生产小组分散布局的聚落形态。除 1 组、4 组和 5 组集中外,其他各组聚落分散由乡间小路相连。原老城墙的生长受公社时期土地划分的影响,2 组和 3 组的土地并没有直接与老城墙居住区接壤,只能在自组土地内划分新宅基,因此交通便捷性成为聚落选择的首选。同理,6 组、7 组也依托集体土地范围和现有道路进行择址。

改革开放初期至现阶段,六营村空间形态发展以人民公社时期为雏形,因各组团规模小,空间形态发展由交通主导,1 组、3 组、5 组均沿进村道路发展,而 2 组、4 组、6 组、7 组则沿组间内部道路发展。

第 6 章 典型村落空间形态百年变迁综合分析 183

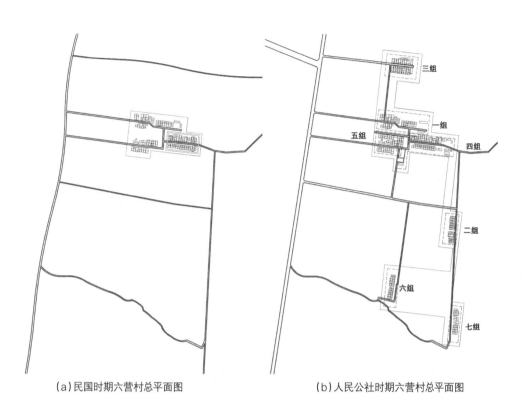

(a) 民国时期六营村总平面图　　(b) 人民公社时期六营村总平面图

(c) 改革开放初期六营村总平面图　　(d) 现阶段六营村总平面图

图 6-26　各阶段六营村总平面图

(a) 六营戏台

(d) 老宅立面

(b) 四组街道

(e) 老宅白灰抹面

(c) 一组街道

(f) 欧式新房

图 6-27　六营村现状（图片来源：研究小组拍摄）

2010年左右,为开发泥塑特色产业,六营村特地聘请专家做整体规划与改造设计。居住区道路笔直宽敞,宽8米,建筑统一后退,用绿篱分隔宅前,宅院门面用白灰抹面,墙上彩绘泥塑作品。村民宅院多数均为二层(图6-27,对应上一页)。

2. 宅院内部空间形态

选取三个典型家庭进行现状调研得到如下结果:

1)HYJ家庭

HYJ家庭位于三组,三代同堂,两户4口人,包括HYJ、儿子儿媳和孙子,平时只有HYJ和儿子儿媳常住。HYJ拥有精湛的泥塑技艺,以出售泥塑为副业,家中再无人继承此手艺。宅基地尺寸为10.5米×30.5米,住房为2000年以后新建砖混结构住房,门房两层,厢房局部一层,正房一层。门房一楼左侧两间房出租给一卖凤翔木版年画的商户,中间为门厅,右侧为厨房和泥塑商店。紧邻泥塑商店依次为杂物房、楼梯间、HYJ房。大房有客厅、儿子房和孙子房。值得一提的是母亲、儿子、孙子三代人房平面尺寸是不一样的,符合不同年代人的使用习惯。正房左侧有一侧巷,通向屋后后院。门房二层为几间空置卧室和杂物房(图6-28)。

经调研,HYJ家庭的建筑使用率仅为48.56%,户均宅基地面积为160.13平方米,户均建筑面积为131.37平方米,人均建筑面积为65.69平方米,实际人均建筑面积为87.58平方米,实际人均使用建筑面积为42.54平方米。

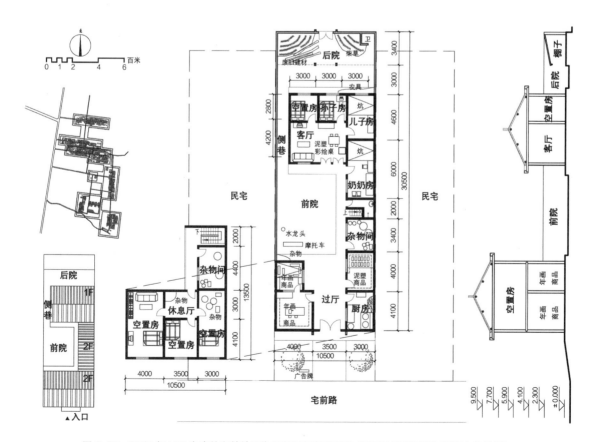

图6-28 2015年HYJ家庭的宅基地区位示意及宅院平面图、剖面图(图片来源:研究小组绘制)

2)NN 家庭

NN 的宅基地位于一组,三代同堂,三户 5 口人,包括 NN、NN 大小儿子,平时只 NN 一人常住。老宅基地尺寸为 10.5 米×30.5 米,平面布局为厢房夹一窄院。左侧厢房为 20 世纪 70 年代夯土老房,右侧为 2008 年新建砖房。左侧厢房包括厨房、两间空置卧室及杂物房,右侧厢房包括 NN 房,大儿子房和小儿子房,屋后右侧有口老井。穿过窄院门,后面是一个大院,有菜地、柴草和旱厕(图 6-29)。

经调研,NN 家庭的建筑使用率仅为 30.72%,户均宅基地面积为 99.75 平方米,户均建筑面积为 45.36 平方米,人均建筑面积为 99.75 平方米,实际人均建筑面积为 136.08 平方米,实际人均使用建筑面积为 41.8 平方米。

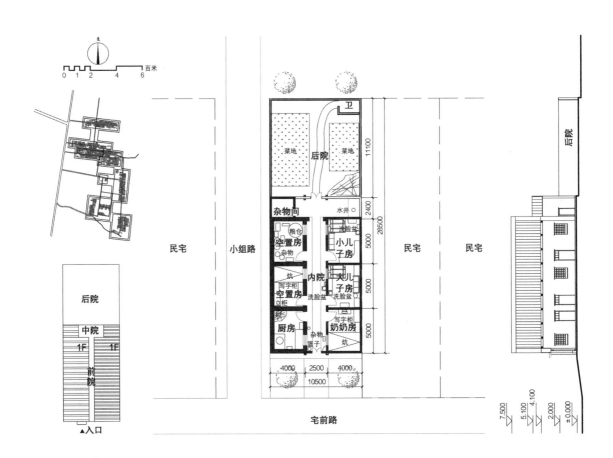

图 6-29 2015 年 NN 家庭宅基地区位示意及宅院平面图、剖面图(图片来源:研究小组绘制)

3) CN 家庭

CN 的宅基地位于四组,三代同堂,两户共 4 口人,包括 CN 夫妇、CN 公公及其儿子,平时只有 NN 和公公在家居住。宅基地尺寸为 10.5 米 ×28.5 米,前后两进院落,建筑为 2011 年盖的新房,包括一层厢房和二层大房(图 6-30)。厢房位于右侧,有厨房、杂物房和洗澡间,大房一层为客厅、饭厅和卧室,二层为四间空置卧室和客厅。侧院水泥硬化,彩钢棚搭顶。大房左侧为一条窄巷,通向后面的后院。

经调研,CN 家庭的建筑使用率仅为 30.77%,户均宅基地面积为 149.63 平方米,户均建筑面积为 107.53 平方米,人均建筑面积为 53.76 平方米,实际人均建筑面积为 107.53 平方米,实际人均使用建筑面积为 33.09 平方米。

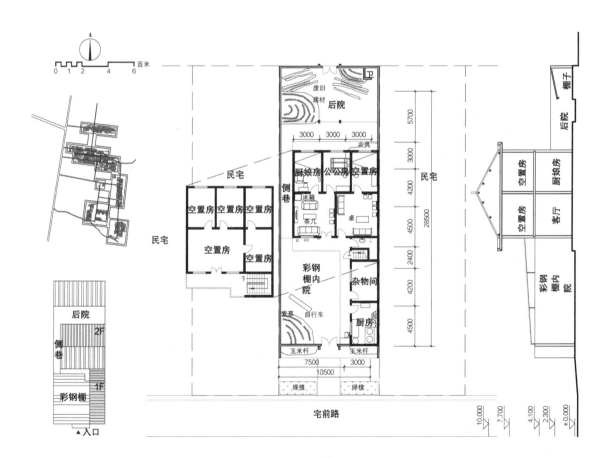

图 6-30 2015 年 CN 家庭的宅基地区位示意及宅院平面图、剖面图(图片来源:研究小组绘制)

6.3.2 生产与生活活动影响下的空间形态

1. 生产活动影响下的空间形态

六营村农业生产变迁与薛录、北党村无异。值得一提的是3组泥塑产业及其空间。泥塑制作包括筛土、砸泥、擀泥饼、制坯、粉洗、勾墨线、敷色、上光等工艺，精细而复杂，使用空间包括院落和客厅、卧室等。前期筛土、砸泥、擀泥饼、制坯等工序一般在前院完成，后期精细加工及存放一般在客厅或卧室内（图6-31），而门房则用于销售。HYJ两间门房还对外出租，出租给卖凤翔年画的商户。3组宅院为典型前商后宅布局。厢房和正房生活用房，内部功能为厅式组织，防盗门窗，私密性、防御性较强，从外到内完成从公共空间到私密空间的过渡。

2. 生活活动影响下的空间形态

公共场所分布在1组、4组和5组。4组和5组间夹着戏台和广场。因位置居中，故广场利用率很高。1组东面有一老庙。3组入口有一处游客停车场，尺度与村落原有肌理相违背（图6-32）。婚丧排场越来越大，延续到宅前道路上（图6-33）。

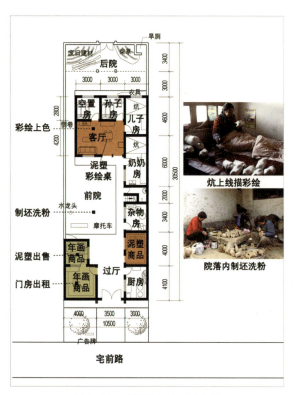

图6-31 泥塑手工及其对应空间

图6-32 六营村落公共活动场分布

图6-33 六营村婚嫁酒席场景

6.4 重点调研村、辅助调研村综合分析

6.4.1 土地制度与生产生活分析

土地制度、生产活动与生活活动是乡村聚落空间形态变迁的三大变迁动力。土地制度是国家从上而下对乡村进行的生产设定和行政划分,是乡村的基本经济制度,其中,宅基地制度是乡村住宅建设的重要制度,决定着乡村宅基地权属、划分和获取方式。生产是村民从下而上发展和建构着乡村内容和空间,农副业生产决定着乡村经济与发展基础,建构乡村社会秩序和生活图景并组织乡村聚落空间格局。生活基于乡村生产,为了发展而进行的各种行为,完成家庭、社会关系和人生意义的经营和延续,就是乡村生活的内涵,因此生活补充和完善乡村聚落空间功能。

薛录村、北党村、六营村在相同的土地制度变迁背景下,生产生活变迁轨迹却不尽相同。三个村落的产业经济发展北党村为最低,薛录村居中,六营村最高,代表着当下关中乡村聚落的发展状况和方向。三个村落均以现代农业为主业,但北党村无第二产业,村落发展较原始缓慢;薛录村从古至今为商贸集会所在地;六营村为传统民俗村,现阶段依托泥塑产业向旅游业发展。日常生活、特殊节日(春节、婚丧、庙会)变迁轨迹相似,但生活物质水平由村落生产水平决定,北党村人口均为村内人,生活方式相对传统而稳定;薛录村人口由村内人和村外人(商户、居住者)构成,生活方式趋于现代化;六营村人口由村内人、村外人(商户、游客)共同组成,促生了居住生活以外的新内容。下一章将具体阐述土地制度、生产活动与生产活动作用体的百年变迁,此处不详述。

因此,三个村落在土地制度、生产活动、生活活动不同发展程度作用下形成各自的乡村聚落空间形态。北党村空间形态变迁保守,薛录村变迁迅速公共服务职能完善,六营村自生革新剧烈,其中有共同之处也有个性之处。

6.4.2 空间形态变迁共性

1. 村落体系空间的变迁共性

在关中平原共同的制度背景下,三个村落体系空间表现出相同的变迁轨迹。民国时期的散点状向人民公社时期的散团状发展,再发展到改革开放初期的树状,最后发展到现状的网状结构。体系层级变得更加丰富,层级间关系变得更加复杂。

2. 村落内部空间的变迁共性

1) 轴的萎缩

民国时期,轴多为村落中心轴线,轴两侧分布祠堂、庙宇、商铺等核,集交通、生产、生活、商业功能一体,随着传统公共核的空废、转型,生产与生活活动的简化,现阶段轴仅剩交通和极少的生产、生活功能。轴的发展主导性逐渐丧失。

2) 核的嬗变

民国时期,核均为公共活动核,拥有开放空间,沿轴线分布。人民公社时期,传统生活核转变为行政核,村落四周新增生产核,在村落均质分布。改革开放初期,公社行政核与生产核撤销,兴建村落服务核,传统生活核荒废,村民的公共开放空间严重缺乏。现阶段,重新注重公共活动核建设,但选址多位于村落用地边缘,利用率不高,且街道层级的公共活动核缺乏,不利于村落(社区)精神建设与村落空间有序性和视觉标准性建设。

3) 架的"瘦身"

一方面,架的层级被削减,由民国时期"进村路—主街—环城巷"的层级逐渐变为"进村路—街道"的层级,层级缩减混乱,空间辨识度下降;另一方面,架的功能随着日常生活的便捷化、生产机械化的变化,道路逐渐变直扩宽,步行尺度变为车行尺度,缺少人行与交往空间,亲人尺度与丰富层次逐渐丢失,村落主要的室外公共活动空间仅剩交通功能。

4) 群的扩张

民国时期，群圈围于城墙内，沿道路自由生长，宅基地肌理为狭长形。人民公社时期，群突破城墙范围向四周扩张，自然村落逐渐连成一片，新生宅基规整化。改革开放初期，群疯狂无序扩张，新生群整齐如兵营，旧群内部出现空心化。现阶段，群扩张基本稳定，但宅基地空心化日益严重。

5) 界的缺失

民国时期，村落有两重界面。一是以城墙城壕以及林木构成的村落层级界面，二是街道宅前空间界面，界面凹凸不齐、层次丰富，使村落有较好的视线景观，连续完整的界面加强村落外部的闭合和领域感，促进内部室外开放空间的使用。现阶段，村落层级城墙、城壕、林木已被摧毁，住宅规整排列和现代住房的冰冷表皮、巨型尺度，宅前空间界面冷漠无细节，缺乏宜人尺度。

6) 结构的混乱

村落内部空间整体结构由民国时期点线面空间有机结合，"村落入口空间—村内入口空间—街道空间—宅前空间"由公共渐入私密的丰富层次以及"行进—驻足—行进—驻足"的空间节奏发展为现阶段的结构混乱，"街道空间—宅前空间"的空间层次和"行进—驻足"空间节奏。村落的空间辨识度、公共属性以及人文属性逐渐退化，从而使人的公共交往、村落认同感的下降。

3. 宅院内部空间的变迁共性

1) 建筑三次更新

人民公社时期，在公分制的背景下，随着中华人民共和国成立初期出生的孩子变为劳动力，家庭条件好转，宅院第一次更新，以加建扩建为主。改革开放初期，家庭联产承包责任制使得农民变得富裕，宅院第二次更新，以新建为主。夯土结构变为砖混结构，房屋多为单边盖形制。现阶段，宅院第三次更新，新式大房（独栋住宅）出现，空间嵌套功能复合不同形制的房屋对应不同年代的人居住，老人居住厦房，年轻人住新式大房。但随着年轻人口流出，房屋空置率极高。

2) 院落趋向独立封闭

民国时期，宅院布局以院落为核心，前中后院相连，宅院宽敞明亮，承担着生产生活的扩展功能。随着建筑的加建、扩建与新建，院落面积越缩越小，甚至被大房打断。随着居住安全的提高，院落变得封闭黑暗，功能紧缩，在生产生活活动的缩减下，除特殊日子外，院落日常使用率极低。此外，院落的功能向生态景观发展。

3) 过渡空间的不变

院门、门厅一直是宅院内对外的窗口，是公共与私密属性的分界点，在关中宅院空间中一直占据着举足轻重的位置。从民国时期到现阶段，院门、门厅永远都是使用率最高的空间。檐廊是连接院落与建筑、人工与自然的空间，尽管生产生活功能削减，但相比室内空间，檐廊的使用比例是极高的。

6.4.3 空间形态变迁个性

1. 村落内部空间的变迁个性

1) 聚散差异

村落的布局雏形在人民公社时期基本形成。受土地制度的影响，各村各组的土地分配不同而导致建设用地分布差异极大。薛录村和北党村各组集体土地与村庄接壤，后续扩张以原生核为基础。六营各组土地分散，各组新批庄基地也随之分开建设，交通优势与干部主观决策便成为影响形态分布的主要因素。

2) 轴的偏移

村落的发展受对外交通影响较大，因此轴的变化与过境路位置相关。当村落与过境道路相近，在市场经济的带领下，村落的发展轴必定向过境道路偏移。当村落与过境路穿插或相切，村落沿过境道路发展。发展新轴成为偏心轴，与村落中心轴偏离，村落内部凝聚力与活力减弱。

3）核的分类

核按功能可分为行政核、服务核、公共活动核、宗教核、生产核等。普通村落边缘分布着公共活动核、宗教核、生产核等。当村落为建制镇所在村，行政核、服务核偏多，且分布在新轴两侧。

4）架的保留

当村落空间的时代适应性较强或者外部环境冲击较弱，架的传统空间形态可较好地保留。

5）群的保留

若村落细胞——宅基地在民国时期划分合理宽敞，则宅基地只进行内部更新，群的传统肌理便会得到较好保留。相反，若宅基地在民国时期划分不能适应使用需求，则群会打散重组，完全更新成"兵营状"。

2. 宅院内部的变迁个性

1）老宅基的留与舍

老宅基的留与舍在于老宅基是否能继续满足居住需求和更新成本。有的村落在民国时期经济条件较好，如薛录村、六营村，村落人多地少，宅基地寸土寸金，划分紧凑，不能满足现阶段的居住需求。因此，在改善居住环境时必定以新批宅基地居多。相反，若村落在民国时期为普通村落，如北党村，地多人少，宅基划分较宽松，能继续满足居住需求，老宅基大多继续沿用。

2）居住模式

三个村落的家庭居住模式多以核心家庭和主干家庭为主，但随着各村的经济发展程度不同，北党村以本村人居住为主，而薛录村和六营村则出现村外人出租房屋与其混合居住的情况。这为关中乡村住宅的多样性提供了契机。

3）住房的更新阶段

住房的更新取决于个体家庭经济条件和居住模式。经济较差的村子住房多以第二次更新为主，例如北党村，尽管现阶段住房多是砖混结构，但建筑仍以门房结合厦房布局。经济较好的村子住房多以第三次更新形式为主，例如六营村3组，建筑布局以门房、厦房和新式2层大房组合为主。而家庭人口结构也决定住房的更新阶段。若家庭只有年轻人，则住房仅为独立洋房格局，若家庭有老人居住，则住房保留厦房形式，便于老人使用。

4）空置率

村落与外界接触的条件越优越、便捷的村落宅院空置率越高。例如，薛录村空置率为80%，六营村空置率为63.32%，北党村空置率为46.98%。

6.5 本章小结

通过第3~5章对重点调研村落薛录村的空间形态变迁梳理，本章对其百年变迁进行综合分析，分别从村落体系空间形态变迁分析，村落内部空间形态要素"轴、核、架、群、界"、结构变迁分析和宅院内部空间"建筑、院落、过渡空间、要素构成"变迁分析三方面入手。同时，对辅助调研村落北党村土地制度、生产活动和生活活动影响下的空间形态变迁进行梳理和分析，对一般调研村落六营村土地制度、生产活动、生活活动影响下的现状空间形态进行梳理和分析，与薛录村空间形态变迁分析结论共同佐证和补充，提出土地制度与生产生活作用体的影响，空间变迁的共性和异性。空间变迁的共性包括村落层级的轴的萎缩，核的嬗变，架的"瘦身"，群的扩张，界的缺失，结构的混乱和宅院层级的建筑三次更新，院落趋向独立封闭，过渡空间的不变。空间变迁的个性包括村落层级聚散差异，轴的偏移，核的分类，架的保留，群的保留和宅院层级老宅基的留与舍，居住模式，住房的更新阶段以及空置率问题。

下一章，笔者将对以上分析进行归纳和具体论述，提出关中乡村聚落空间形态百年变迁的变迁机制。

CHAPTER 7

第 7 章 关中乡村聚落空间形态 "力动体"作用机制研究

7.1 "力动体"体系

通过前面章节内容得知，土地制度表现出不同的城乡关系和人地关系；生产活动农业和副业的不同产业结构决定着乡村就地产业的生命力和对乡村物质环境建设的经济实力；在土地制度和生产的双重制动下，生活活动中衣食住行、子嗣传承、社会交往和精神信仰等诸多方面展开不同表现形式。空间是内容的载体，因此，以上内容与村落空间形态具有高度一致性。

对于聚落空间研究，道萨迪亚斯提出"力动体"概念，他认为分析聚落空间结构的基础应先建立起一个"力动体"，综合考虑所有的力。本研究借用"力动体"的概念，归纳土地制度、生产活动和生活活动衍生出的空间影响因素，并将其分为内聚力和外扩力两类，分别对各种力及其作用进行研究。其中，城乡关系、土地制度、市场经济、乡村生产、对外交通和子嗣传承为外扩力，自然因素、安防、集体文化、人生信仰为内聚力。外扩力推动空间向四周开放发展，内聚力坚守着空间形态原始秩序与组织结构。

"力动体"作用于乡村聚落三个等级空间形态，即村落体系空间形态，村落内部"轴核架群界"及其结构，院落内部"建筑、院落、过渡空间"及其结构。反之空间形态亦可催化内外力发展，使相互作用的动态关系形成良性或恶性循环。

7.2 外扩力及其作用

7.2.1 城乡关系

我国乡村建设具有鲜明的政治特色。中华人民共和国成立后几经改造，国家将村落编制成最基本的行政组织单位，乡村资源由国家统一管理。国家根据发展战略需求调控城乡关系保证经济建设。因此，政府宏观调控的城乡关系便是影响乡村发展的第一外扩力。城乡关系很大程度上影响着村落体系层级空间形态和村落"界"的变化，后期甚至影响到宅院建设的变化（图7-1）。

民国时期，城市尚未完全进入工业时代，生产力水平不高，乡村以农业自成体系，产出的资源不仅要自给自足，还要供给城市支持其发展，城乡关系以乡村为主导，城市依附于乡村。尽管乡村不断向城市输送资源，但村落内部的资源（土地、劳动力和自然资源）可达到自产自销，因此一个个村落以封闭的形态独立而稳定地存在着。

农业合作化时期，国家权力下渗，村落成为国家最小行政组织单位，发展代替安全防患成为乡村和城市的共同主题，村落边界向外膨胀。

人民公社时期，国家进行工业化建设，因物质短缺实行城乡二元制，城乡割裂。国家为对乡村进行集中管理，乡村为城市建设大后方，为城市输送资源。

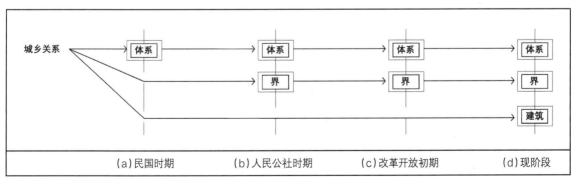

图7-1 城乡关系对村落空间的作用

改革开放初期，国家发展重心逐渐落脚到城镇化建设，城乡隔阂逐渐取消，但城市已逐渐确立起其在国家发展战略中的主导地位，形成"城乡势位差"。在市场机制作用下，撤除政治控制力后的乡村各类资源更加快速地流向城市，城乡关系由城乡割裂转为城乡对立。乡村发展由自组织发展逐步变为城市主导，区位和交通、就业机会成为村落新的发展动力和重心，村落边界消失，村落之间因交通、经济发展开始打破行政区划。

现阶段，城乡差距越来越大，国家调控城市、反哺乡村，但实际操作要求今日反哺明日见效，快速城镇化建设的结果反而表现出城市变相吞蚀乡村资源，包括人口，弱质化的村落发展完全由城市带动，村庄自我发展模式轻易被城市化。除了村落体系、村落界面甚至影响到宅院建设的多方面。乡村宅院空间与功能、盖房材料、施工技术、审美和理念受城市化和工业化影响，房屋追求坚固宽敞、体面大气而缺少乡土温度。村民的生产生活和思想观念、乡土文化也受到城镇化的强烈冲击。此外，乡村劳动力大量流出，留守老人、儿童引发乡村社会各类问题，人走屋不动导致宅基空废成为普遍现象。

7.2.2 制度与政策

国家通过以土地制度为首的相关制度与政策执行乡村管理。土地制度管理和配置土地资源，释放不同的人地关系和经济效益。土地制度决定着以宅基地为单位的村落土地利用，是影响村落空间形态"轴、核、架、群、界"及宅院层级"规模、结构布局"的重要作用力。特别是在中华人民共和国成立后，土地制度就像控制乡村扩张的总开关（图7-2，见下一页）。

民国时期，土地制度沿袭大地主土地所有制，农用地和宅基地均属私人所有，可自由买卖、出租。低效的土地资源分配方式和沉重的苛捐杂税使村民的生产、经济处于解决最低限度的生存问题，房屋消费被长期搁置。因此，宅基地更新极其缓慢。人地矛盾影响下产生对土地极其珍惜的价值观，形成关中宅基地面宽窄进深长的形式。宅基地大小不一，沿道路退红各一，使得道路空间形态丰富。乡绅自治的管理形态与自给自足的小农经济形成公共建筑居中村落内部的布局。

农业合作化时期，土地制度为农民土地所有制，将地主富农的农用地划分给贫下中农，村民的生产积极性高涨。但当时生产工具严重缺乏和土地资源利用率降低，村民经济条件改善不大，宅院建设仅局限在小规模的改扩建行为。当乡村管理者易权，代表着旧有管理制度的实体建筑已无价值。因此，村落中原有公共服务建筑属性和功能发生着重大变化。寺庙、乡公所等被没收，改为合作社行政机构或分配给贫农作为宅院。一时代表着千百年来的乡村文化建筑与空间处于绝境。

人民公社时期，土地制度为集体所有制，生产用地和宅基地均为集体所有。一方面，低效的资源分配方式大大打击了村民的生产积极性，致使生产水平出现倒退情况；另一方面，大公社的集体劳作也顺利完成平整土地，新建水渠，将土路变为石子路等历史性任务。居住区和耕地均以生产小队为单位，重新划片分配。新建宅基地只能在各队土地内批复，因此村落的扩展形态受土地分

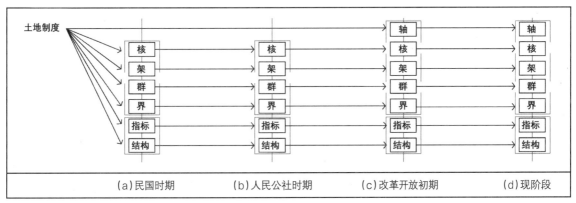

图 7-2 土地制度对村落空间的作用

配和耕地距离的综合影响在此阶段形成雏形。此外，各生产队干部的主观决策意向也是影响村落布局的重要因素。土地的低成本获取改变了乡村几千年来农民寸土寸金的土地价值观。村民以改善居住环境为首要需求，新生核心家庭开始从拥挤的大家庭中迁出，打破村落旧有边界。面对这次村落的扩张，国家要求生产队对村落建设严格控制，村落建设开始由自然生长变为强力控制下的整齐统一。

改革开放初期，土地制度为家庭联产责任承包制。原行政管理机构废弃，农用地包产到户，宅基地统一划分无偿获取。国家取消城乡壁垒，乡村人口自由流动，村民在家经营副业或进城务工。旧宅基逐步荒废，新批宅基位置向交通较好的位置发展。乡村建设迅速繁荣，但仅指生存至上的居住空间，旧有文化建筑经历"文革"时期拆毁殆尽。村落格局、建筑形态受到村集体严格的规划控制，宅基大小一致，退红统一。

现阶段，家庭联产制与人多地少的终极矛盾使得土地价值已成为一种农民生存的社会福利，无法发挥其生产致富的功能。乡村剩余劳动力进入城市，然后将工资收入转回乡村进行宅院建设。因地势低洼、道路不便和旧宅基尺寸太小，村落老城墙内宅基几近荒废。新建宅基地如洋葱层向外扩展，交通便利处线性生长突变。村落发展轴线受交通带动。但新批宅基并非出于实际使用需求，而按子嗣数量需求，故新村落建设区空心问题不减。文化建筑场所受到重视，但由于历史规划缺位导致用地不足，往往建设于村落边缘地带，其功能辐射和活力带动薄弱。

7.2.3 市场经济

市场经济作用力并非国家控制力,但不得不提。该力由市场机制决定,作用于个体从而引发村民的自发性选择行为。市场经济一定程度上是传统小农经济体的对立面,对乡村传统观念形成强烈冲击甚至瓦解,从而进一步影响村落空间形态,例如村落层级"轴、群、界"等要素,宅院层级"建筑、院落"等要素(图7-3,见下一页)。

20世纪90年代初,我国步入市场经济时代。以市场机制为分配原则,灵活而充满生机的经济体制带动城市进入经济飞速发展期,进城务工的村民受到市场经济的刺激和影响。2000年之后,市场经济体制下渗到乡村,新的经济活力使村民逐渐摆脱在村内选址建设的束缚,外在表现是乡村自发选择沿过境道路建房,独立后宅院的封闭性更强。同时,村落公共活动空间需求降低。村民的内心发生静悄悄的改变,保守与开放、人情与金钱、集体与个体、感性与理性,市场经济的影响使得乡村传统非物质文化形态改变比起物质形态更是"重灾区"。

7.2.4 乡村生产

乡村生产是创造乡村经济的手段,也是构建乡村社会秩序的基础。中华人民共和国成立之后,乡村经济飞速发展,村民的物质需求逐步得到满足,生产是乡村物质建设与扩张的根本动力。同时,轻农重商的产业结构变化使得乡村原有社会秩序逐渐弱化。与村民的衣食住行、社会交往相关的所有空间的"核、界"和宅院"规模、建筑、院落、过渡空间"要素功能与布局均受到较大影响(图7-4,见下一页)。

民国时期,乡村生产地广薄收,一年收成不够全家口粮。生存是活着最重要的事,农业生产种植小麦、大麦等,副业每家均有牲畜养殖,妇女织布、男子农闲打工。贫瘠的生活也是围绕农业生产而展开的,劳动力和劳动工具的短缺促成了村落互惠互助的生存原则,邻里互助是生产的有力保障,共同的生产生活催生出一个"熟人社会""村落共同体"。村落空间格局由这种"共同体"共同组成,村中集体开放空间场所较多,且多位于中心位置。自家过渡空间和院落是农产品晾晒、加工以及养殖牲畜的主要场地,因此院落占地较大。

农业合作社和人民公社时期国家为大力发展工业建设把村民组织起来开展集体生产,对农产品进行统购统销。以集体生产队为单位,农业生产统一种植小麦、玉米、棉花。原村落中心祠堂、乡公所变为公社办公室、食堂,以生产小队为单位,新增各生产队饲养室、工具室和队办企业均匀分布在村落边缘。乡村自由贸易市场被取缔,家庭养殖等个体生产行为几乎被压缩到零。整个阶段乡村生产力极其低效,村民食不果腹,到公社后期经济开始恢复,住房建设开始缓增。从另一角度看,集体大劳动和高效管理方式使得村民生产生活高度"同质",村民拥有着共同的集体记忆、集体情感和集体意识,有着强烈的身份认同和群体归属感。

改革开放后,包产到户使得村民又回归到小农生产,集体生产空间荒废。村民生产积极性空前高涨,农业科技促使生产水平逐步提高,解决了吃饭问题。与此同时,院落生产活动逐步减少导致院落空间缩小。大型生产工具的存放改变了建筑空间尺度。

2000年之后,村民开始种植经济作物,粮食种植比例降低。农村土地的流转促使小型规模化生产出现,特色产业示范园、基地得以建立,从而推动新型乡村社区建设。乡镇企业衰落,青壮劳动力多选择进城务工,宅院空废较多。村民副业经济蓬勃发展,但农业生产逐渐与村落、宅院空间分离。旧时生产也是社交,当农业生产从村落弱化后这意味着村落公共空间也在萎缩。家庭院落养殖和手工业废弃,宅院生产行为极少,过渡空间生产功能减弱,院落功能向景观、生态功能转变。粮食种植比例减少与商品粮购买便宜,建筑中粮仓功能退化。乡村旅游介入后,宅院功能与结构急待转型。

7.2.5 对外交通

一直以来,对外交通都是影响村落布点的重要因素。民国时期,村庄择址在古道便利处。人民公社时期,机动交通工具逐渐普及使得关中平原道路体系巨变,各组新批宅地受集体土地限制多依附原有村庄扩建,若是整组新迁则以对外交通的第一择址要素,村庄形态随之牵引发展。改革开放后,集体土地的限制和宅基地管理放松,对外交通成为建房选址首选,比起聚居,村民更乐意将宅基单独选择在过境道路旁,对外出行方便。现阶段,村庄沿对外交通线性布局已成为普遍现象,这对公共设施配置和交通压力都产生了一定的负面影响(图7-5)。

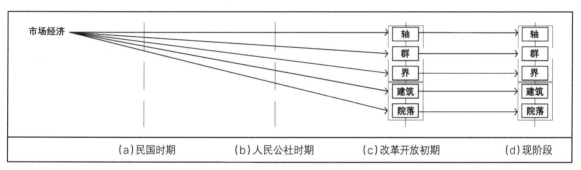

图 7-3 市场经济对村落空间的作用

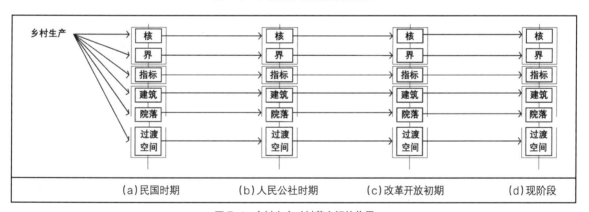

图 7-4 乡村生产对村落空间的作用

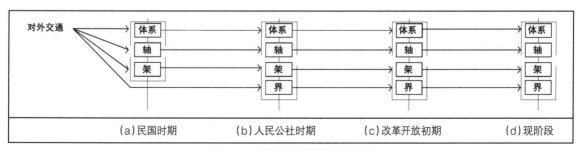

图 7-5 对外交通对村落空间的作用

7.2.6 子嗣传承

子嗣传承、生儿育女是关中乡村家庭生活的核心，是生活得以再生产的根本动力。生儿子是最看重的，因为儿子是家庭生产的主要劳动力，而且男人要搞社交，在外代表的是整个家庭。因此，在关中乡村，只有儿子才能继承家产，才能将本家日子延续下去。为了儿子，父母要辛勤劳作、苦心经营，给儿子盖房子、娶媳妇、抱孙子，一系列生活自然而然延展开来。其中，盖房子便是影响村落"群"要素和宅院空间十分重要的一件事。人口增长是村落扩张的原生动力（图7-6，见下一页）。

中华人民共和国成立后乡村宅院的三次更新都跟结婚潮有关。第一次宅院更新高潮是20世纪70年代中后期，这是20世纪50年代生育高峰中出生的孩子达到适婚年龄，乡村宅院更新建设达到顶点，主要以扩建加建为主。第二次更新是20世纪80年代中后期，中华人民共和国成立后，第二次生育高峰中的孩子达到适婚年龄，乡村建房进入第二次更新阶段，此次更新以新批宅基地新建宅院为主。第三次更新便是2000年以后，80后达到适婚年龄。此阶段，盖房子成了结婚第一重要的事。盖房不再出于实际使用需求，而是按照子嗣数量，父母有几个儿子，就得申请几套独立宅基地盖房子。父母辛辛苦苦攒一辈子钱，就是为了给儿子盖房子、娶媳妇。房子几乎是他们一生中金钱耗费最大的事情，同时也是最大的财富积累。在村里，没有房子是娶不到媳妇的。关中人对盖房子的热衷，不仅因为房子是给儿子娶媳妇的资本，同时也是向外人展现家庭经济实力的表现。近二十年来，乡村人口流动很大，年轻人都进城打工，村子已成为他们回不去的故乡。但是村里的父母依旧执着地盖房，哪怕举债也毫不犹豫，他们依旧觉得盖了新房就是他们延续生活的基础。这种现象造成大量土地资源及经济消耗，一边盖新房一边弃旧房，村落的空心化因此越来越严重。

同时，随着家庭结构越变越小，建筑功能与空间趋于集中布局，使得建筑与院落空间的耦合变得生硬而缺失层次。年轻人更倾向对个性空间的追求。

7.3 内聚力及其作用

7.3.1 自然因素

地形、水、耕地等自然因素是村落和住宅选址的重要考虑因素，也是限制村落发展的重要因素。但随着建房技术和城镇化基础设施完善，自然因素作为内聚力，越来越弱化（图7-7，见下一页）。

关中平原地区分布着阶地、台塬、冲沟等地形地貌，村落形成与发展深受其印象。位于阶地、台塬缘的村落多成线性发展，位于冲沟缘的村落旧时多为窑院形态，中华人民共和国成立后才搬到塬上房居。而平地上的村落，周边受壕、微地形高差影响以致村庄建设用地并不能均匀扩展分布，村庄边界呈不规整形态。

离渭河越远，海拔越高，村落出水量越小、水质越不好。村落发展过程中，小组建设常因水源、土地分散问题而受到限制，因此人民公社时期村落发展衍生出小型组团搬迁到水源好、属于生产小队土地且离耕地近的地方新建居住点。

7.3.2 安防

村落安防通过两个途径来实现：实体的村落边界以及乡村熟人社会环境（图7-8，见下一页）。

民国时期，关中因其独特的自然、社会、政治条件，土匪在活动时间、人数规模、为祸程度和社会影响等方面空前绝后。村落应对匪患安防的措施便是筑城建堡。3~4米厚、7~8米高的城墙和5~6米的城壕作为一道地域防线，保卫着村落的人身财产安全，也日渐成为村民的一道心理防线和标志。城墙的围合划分出内外空间，造就了村民的排他性和归属感、认同感。

中华人民共和国成立后，剿匪工作基本完成，生产代替安防成为村庄发展的主题。农业合作社和人民公社时期政府强有力的权力监管和村落上下风风火火的集体劳作，集体安防问题日渐弱化。随着村落的扩展，城墙从昔日防线变成一道高耸的障碍，被推倒后成为农户新建房屋的基土，至此，其最后的使命已完成。

改革开放之前，乡村社会环境依然保持着熟人社会下的守望相助。乡村人固守乡土，面孔熟悉，村民做事都在乡党的观望之下，小孩儿去串门玩，只要家人在家门口喊几嗓子，就会有村民相互传递信息到小孩儿跟前，甚至某一家的亲戚面孔都会被周围邻居熟记。这样的信息环境使村民对陌生人很敏感，面对外村人时会有各种询问。这些行为习惯编织出基于熟人社会的安防网络。

改革开放后，村民对村落和集体的依赖度减弱，大部分村民常年外出打工，村落只是偶尔居住的场所，而不再是获取生计和生活意义之地，村民视村落为共同家园的意识淡化。个体生产出现异化，贫富差距愈渐明显，集体安防退守到个体家庭层面。宅院围墙越砌越高，院门由木门换为铁门，窗户后院加上防盗网。面对村中偷鸡摸狗之事或不正义之举，越来越多的人选择"置身村外""关起门过日子"的保险心态，以守住自家人身、财产安全为原则，关起门来规避风险。同时，随着村落边界的消失，村民的归属感和排他性也消失，村中随处可见往来的陌生人，村民视之无感。从农业合作化到改革开放初期，传统乡土非物质文化受到不同程度打压，在这段长期的文化遗忘期中，如同物质安防一样，作为精神安防的乡村文化自豪感与认同感也被瓦解。

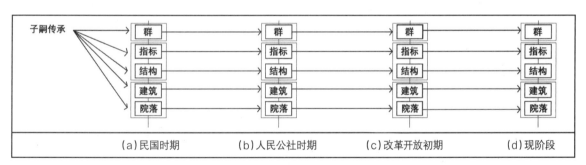

图 7-6　子嗣传承对村落空间的作用

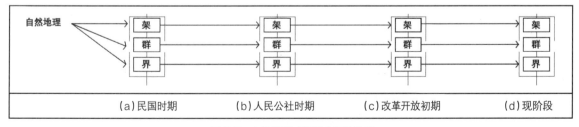

图 7-7　自然地理对村落空间的作用

图 7-8　安防对村落空间的作用

7.3.3 集体文化

在村里生活,除了过好自家日子,还要处理好与他人的社会关系,包括血缘、地缘、业缘等多重关系。从村落共同体到村民居住点,尽管家庭个体在逐步强化,但集体与个体的界限依然模糊,集体文化仍然是乡土社会的特色烙印。集体文化影响着村落道路空间"架"、公共空间"核"以及宅院"过渡空间"的布局与功能,相反又极大程度受这些空间制约(图7-9)。

民国时期,人情网络较强。同宗同族同生产,村落祠堂、戏台是村落共同体的见证。土地改革后,政府建立公社制度,乡村形成"队为基础"最小集体单位,生产生活高度同质。公社解散后乡村社会恢复个体化。但以生产小队(村民小组)为集体的组织管理体制保留了下来。看集体电影、缴集体公粮、开集体大会、集体经济竞争、村民小组成为中国乡村的一大特色。城镇建设快速发展时期,市场经济瓦解了传统农业生产和熟人社会,村民对集体依赖对减弱,但凡涉及集体事务,村民都有义务或集体约束,不得不参与。例如红白喜事,与其说是家庭事件,不如说是村落公共事件,小组成员都得积极参与进来,由德高望重之人写一张执事名单,把红白喜事具体任务安排到左邻右舍。道路、宅前空间更是随时随地承载邻里交往活动。村民需在乡邻交往中获得安全感与认同感。而集体文化也像一张无形的网,束缚着集体成员,集体成员小心翼翼维护着各自之间的微妙关系,例如各家建房相互模仿但又相互攀比,家庭活动相互帮助但又相互比较。

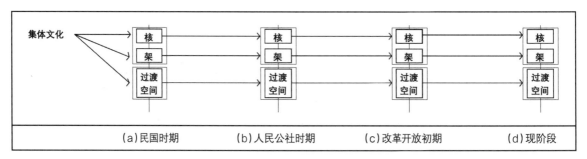

图7-9 集体文化对村落空间的作用

7.3.4 人生信仰

关中村民有种朴素又强烈的人生信仰,就是对乡村传统文化与事件的传承。这并不是情怀,尽管传统文化严重受市场经济冲击,但村民骨子里仍在坚持并认定自己的文化。这在一定程度上表现出村民在精神层面渴求社会认定、种族认定和自我认定,体现在空间的形态是"公共核"信仰空间和宅院祭拜空间的变化(图 7-10)。

自古关中多庙。村落各姓祠堂、城隍庙、财神庙、娘娘庙、关公庙多者可有十余处,精神信仰活动丰富。改革开放后,随着经济高速发展带动追求物质生活的狂热,村民精神信仰需求长期被压制。近几年,精神的空虚促使村民自发地在村口或村落周边修建小庙或者宅院门口设置灶神龛位以供祭拜,这是乡村精神文化的点滴恢复。

有庙自然离不开庙会,庙会是村里的重大节日。热情地参与庙会并不代表村民多诚心地信奉神灵,而是寻求内心的慰藉与平静。当然,庙会的核心除了人与神的关系,重要的还有人与人的关系,依托庙会走亲访友、赶集、看戏等村民活动便开展开来。

此外,关中村民也特别崇拜祖宗。老人去世后,子女每年都要在亡日祭拜,特别是三周年最为隆重,每年清明、过年,子女们也会通过上坟来表达敬思,希望祖先保佑在世的亲人能够平安、幸福。这种乡村特有的观念村民依然敬畏与遵守着。

再如红白喜事经历民国阶段的繁复、公社时期的简化以及当下添加新的时代形式,但最基本的传统仪式与流程依旧传承着。这在缺乏仪式感的当代社会,正是乡村人的生活信仰让生活变得安心、简单与平静。然而,越来越多从农村走出去的年轻人在现代文化教育、城市竞争中愈发难得体会到这份乡村文化内涵的平静,见表 7-1(102~103 页)。

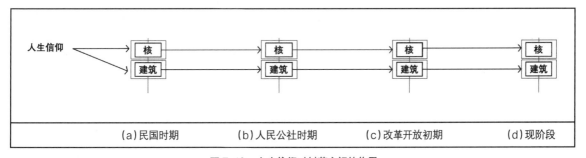

图 7-10 人生信仰对村落空间的作用

"力动体"作用机制变迁表　　　　　　　　　　　　　　　　　　　　　　　　　表 7-1

动力体系			民国时期 (1912~1949)	合作社至公社时期 (1950~1983)	改革开放初期 (1984~2001)	现阶段 (2002~2015)
外扩力	城乡关系	关系	分离，乡村主导	分离，城市主导	对立，城市主导	反哺，城市主导
		控制	乡村自治	国家政权	地方政府、市场经济	市场经济、国家政策、社会精英
		乡村内涵	村落共同体	国家行政单位	国家半行政单位	国家治理单元
		影响形态	村落体系、村落"界"要素、宅院空间形态			
			村落封闭、独立、排他	村落行政区划界定	周边村落联系加强、房屋空置出现	住房建设受城市影响，空心现象严重
	土地制度	制度	土地私有，有偿买卖	集体所有，无偿征地	家庭联产承包，无偿征地	家庭联产承包，无偿征地
		影响形态	村落"轴、核、架、群、界"宅院层级"规模、结构"			
			节地意识强烈，生产土地和宅基地精分，宅基地呈窄长形	村落缓建；平整土地，新修道路；宅院第一次更新；旧有活动场地改制	村落快速扩张，宅院二次更新，村落格局宅基统一；旧有活动场地荒废	宅院第三次更新，建设用地管制淡化；活动场地布局不当
	市场经济	发展	——	——	——	对乡村传统生活观、价值观、道德观、经济等瓦解
		影响形态	村落层级"轴、群、界"等要素，宅院层级"建筑、院落"等要素			
			——	——	——	村落沿道路发展，安防向住宅加强
	乡村生产	状态	种植小麦、玉米；家庭养殖、织布；食不果腹，生产崩溃边缘	集体农副业计划生产，家庭副业取缔；土地与个体分离，生产水平低	家庭联产承包，农业生产力提高，乡镇企业兴起，个体副业繁荣	特色经济作物盛行；乡镇企业衰落个体外出务工；副业为主收入
		目的	不饿死	糊口	温饱、盖房	过日子、盖房
		影响形态	村落层级"核、界"和宅院层级"建筑、院落"要素			
			集体生产场、宅前道路，院落为副业生产空间；住房建设缓慢	村落缓慢发展；村边缘均匀分布的生产队集体饲养场、队办企业	村落疯狂建设；集体生产场消失，乡镇企业盛行，家庭副业空间恢复	产业园诞生，村庄沿过境路发展；公共与院落生产空间萎缩
对外交通		内容	古道	新修道路	过境道路	
		影响形态	促进村落体系联系加强，住房建设交通便捷处选址，牵引村庄"轴、架、界"发展			
子嗣传承		对象	儿子	儿子	儿子	儿子
		人口繁衍	出生率、死亡率均高	50后、60后出生、结婚，70后出生	70后结婚，80后、90后出生	80后、90后结婚，00后出生
		影响形态	村落层级"群"要素，宅院层级"规模、建筑、院落、结构"等要素			
			宅院建设缓慢	一次更新：加扩建	二次更新：新建	三次更新：新建

续表

动力体系			民国时期 (1912~1949)	合作社至公社时期 (1950~1983)	改革开放初期 (1984~2001)	现阶段 (2002~2015)
内聚力	自然因素	内容	地形、水源、耕地限制村庄发展			
		影响形态	受地形影响村庄不均匀扩张；受水、地影响村庄分裂新迁居住点			
	安防	对象	匪贼、生人	盗贼、生人	盗贼、生人	盗贼
		影响形态	村落层级 "边界" 要素			
			熟人网络、城墙、土墙木门	熟人网络	熟人网络、高院墙铁门	高院墙铁门防盗网
	集体文化	特点	个人能力弱,他人依赖度强,人情网络紧密	集体参与,生产生活高度同质	人情网络恢复但交往范围缩小	熟人社会陌生化,个性加强,集体文化仍残留
		特色节日	春节、红白事、庙会	看集体电影、开大会、红白事	集体电影、大会、春节、红白事	集体大会、红白事
		影响形态	村落层级"架"、"核"及院落层级"过渡空间"			
			主街及庙、宅前道路、宅前空地	各队饲养室、大剧院	村委会、宅前道路、宅前空地	村委会、广场、宅前空地
	人生信仰	内容	崇神拜祖先	拜祖先、红白仪式简化保留	崇神拜祖先、红白仪式保留	崇神拜祖先、红白仪式保留
		特点	悲惨无助时代的精神依赖	拜鬼神受到唯物主义思想转变	经济建设时期注重物质追求而导致精神信仰荒漠化	精神空虚寻求自我安慰,信仰内涵转变,寻求文化认同
		影响形态	村落层级"核"要素			
			寺庙、宗祠,门房祖先牌位	各家门房偷放祖先牌位	新建寺庙、宗祠,门房祖先牌位	新建寺庙、宗祠,门房祖先牌位

7.4 驱动机制

百年变迁，每个阶段社会发展主题不同，因此主驱动力也不尽相同。民国时期乡村整体形态内聚，以自然因素、安防为首的传统内聚力作为主导驱动力，落后的乡村生产、城乡分离以及大地主土地制度都加强了空间的内聚。人民公社时期政策与制度为主导驱动力，对外交通和人口增长加速了乡村外扩，安防和人生信仰内聚弱化。改革开放初期乡村经济（乡村生产）为主导驱动力，与土地制度、人口增长三力齐驱促使乡村疯狂扩张，市场经济和城乡关系成为新生外扩力。现阶段城镇化建设（城乡关系）成为主导驱动力，市场经济和对外交通促使村民住房建设择址靠近城镇的地方，土地制度有所调整禁止再批宅基地，乡村经济不再单纯用于住房建设，乡村年轻人更愿意去城市发展，乡村人口增长不再疯狂。百年内，自然因素、安防、集体文化和人生信仰这类传统内聚力逐步弱化，到现阶段地形、水源、耕地对村落发展的影响微乎其微。而政策制度、乡村经济、城乡关系等新型动力因素正逐步强大（图7-11）。

纵观乡村百年发展，从上述研究可得到人口增长是内需动力，国家政策与制度是开关，经济发展是根本动力，而村民的物质需求是助推力，精神需求则是稳定力。对于乡村未来的发展，国家政策与制度是村落面对整合重构的关键驱动力，乡村生产结构是村落功能转型或升级的着力点，而平衡城镇化建设过程中的村民物质需求和乡土文化需求则是改善村落人居环境的关键所在。

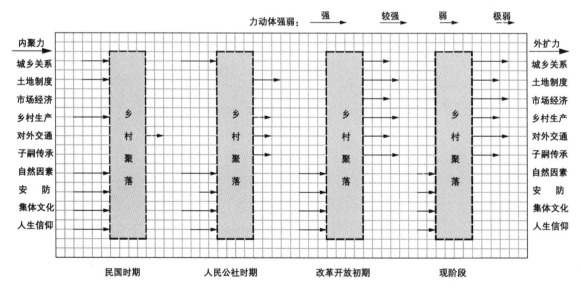

图7-11 关中乡村聚落百年变迁驱动机制模型图

7.5 本章小结

"力动体"体系包括外扩力和内聚力两部分，外扩力包括城乡关系、政策与制度和市场经济、乡村生产、对外交通和子嗣传承，内聚力则包括自然因素、安防、集体文化、人生信仰。城乡关系作用于村落体层级空间形态和村落"界"的变化，后期影响至宅院建设变化。土地制度影响村落"轴、核、架、群、界"和宅院规模。市场经济影响村落层级"轴、群、界"等要素，宅院层级"建筑、院落"等要素产生。乡村生产对"核、界"宅院所有要素均产生影响。对外交通影响村落发展方向。子嗣传承则针对村落"群"和宅院空间的改变。地形影响村落生长边界。安防作用于村落"界"形态。集体文化影响着村落"架、核"以及院落"过渡空间"要素。人生信仰作用于村落"核"与建筑信仰空间。

民国时期，以自然因素为首的传统内聚力是主驱动力；人民公社时期，政策与制度是主驱动力，改革开放初期，乡村生产是主驱动力，现阶段，城镇化建设是主驱动力。纵观乡村百年发展，人口增长是内需动力，国家政策与制度是开关，经济发展是根本动力，而村民的物质需求是助推力，精神需求则是稳定力。

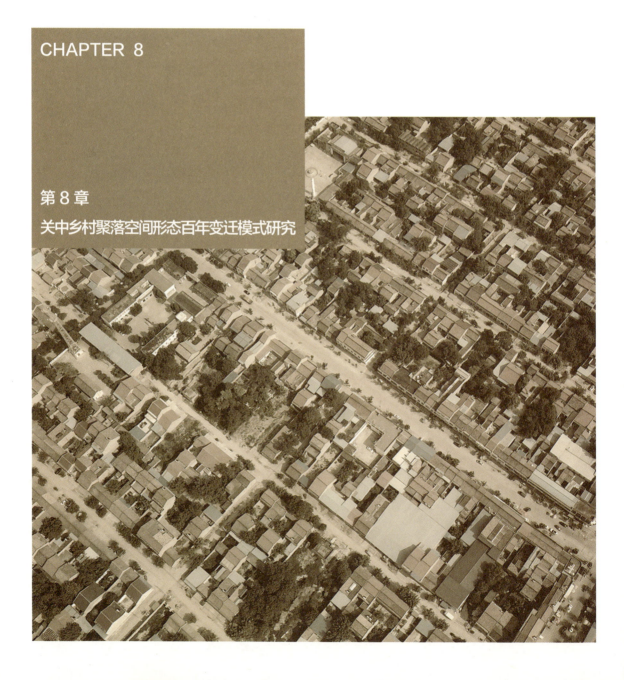

CHAPTER 8

第 8 章
关中乡村聚落空间形态百年变迁模式研究

8.1 乡村聚落体系空间变迁模式

将乡村聚落放在聚落体系中考虑,能更宏观地了解乡村聚落所处的体系环境和发展背景。随着城镇化建设、制度与政策以及市场经济等新型外扩力影响,乡村聚落体系及其形态发生着巨变(图 8-1)。其中,制度与政策将是未来村庄整合重构最重要的驱动力。

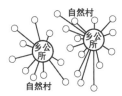   

(a)民国时期散点结构　　(b)人民公社时期团状结构　　(c)改革开放初期树状结构　　(d)现阶段网状结构

图 8-1　关中乡村聚落体系空间形态百年变迁模式

8.1.1 民国时期散点结构

民国时期,村落体系基本构成为自然村,自然村之上为乡公所、县政府等管理机构,层级管理薄弱,各自然村保持千年来独立封闭的形态。每个村落为自给自足的生产生活共同体,有独立的乡绅自治管理、完整的产业体系和独立的安防系统。这些村落被高高的城墙及壕沟包围,散点式镶嵌在关中平原。村落与村落之间通过农产品交易、联姻而相互保持着对外联系。

8.1.2 人民公社时期团状结构

农业合作化至人民公社时期(后简称人民公社时期),国家为了高效、高强度掌控和调配乡村资源,将自然村整合为生产大队,乡公所调整为人民公社。公社后期,生产大队下设生产队,自此公社—生产大队—生产队"三级所有,队为基础"的组织关系形成。当权力控制着经济,这种生产关系便衍生出行政功能,公社代行乡政府职能,政社合一,上级对下级拥有资源所有和调配权力,下级对上级需服从行政命令。公社成为国家控制乡村资源的基本单位,高度集权使得公社下的各生产队紧密抱团,向上输送资源,公社与公社间少有联系,形成"真空地带"。

8.1.3 改革开放初期树状结构

1983 年人民公社解体,政社分离,公社改乡、镇,生产大队调整为行政村,生产队更为行政小组,自此县—镇(乡)—行政村一组的树状层级形成。随着国家权力从乡村撤离,乡村自由贸易和人口自由流动恢复,城乡壁垒逐渐打开。1993 年,我国实行市场经济,村与村、镇(乡)、城市经济联系不再局限于行政的划分,区位、交通等因素使得体系开始多重交织。

8.1.4 现阶段网状结构

现阶段,越演越烈的城乡二元体制使得国家把发展视角放在城乡统筹建设上,提升乡村人口城镇化和促进乡村空间聚集重构,是规划建设的两大热点。对此,关中地区提出两个发展层级,即"中心镇"和"中心村"或"新型乡村社区",中心镇解决县域内人口城镇化,中心村解决镇域内乡村聚落集聚,从而建构起"中心城市—中小城市—中心镇—一般镇—中心村(新乡村社区)—基层村"的空间等级和各个等级互相联系多重交叉的网状结构。

中心镇是县域地区内的核心乡镇,拥有较好的地理区位和交通条件，具有较强的综合辐射能力和经济带动能力，既能依托大城市成为连接城乡的桥梁，又能带动周边乡村地区的发展。关中地区以中心镇结合大、中、小各级城市的空间辐射作用，推进乡村人口就地城镇化或向城镇转移。"村改居""拆乡并镇"都是整合用地资源，促进人口城镇化的方式。

中心村是指发展规模较大，设施配置齐全，能够为周边村庄提供服务辐射的村庄。关中平原地区以中心村（新型乡村社区）为核心"迁村并点"，整合乡村区域空间资源，提出"几村一社区""一村一社区""一村几社区"多样化发展模式。

8.2 乡村聚落内部空间形态变迁模式

行政村由自然村组成，村落空间形态变迁从行政村角度看，是自然村的空间整合重构过程，从自然村角度看，是其内部空间更新扩展的过程。因此，此部分研究包括以上两部分内容。而自然村内部空间形态变迁特征受对外交通过境路影响最为明显，因此按照过境路与村庄位置关系将自然村内部空间形态变迁分为与过境道路相离、相切和相交三种变迁模式。需说明的是，此模式适用于中型以上村落的生长轨迹，不适用于小规模生长单一、缓慢的村落。

8.2.1 整合与分裂：自然村生长

自然村的整合始终伴随着集聚与离散两种状态。这两种状态并非固定于某个阶段，而是由自然村自身生长力决定。集聚的村落可以再离散，离散后的村落可以再集聚。集聚通常分为自生扩张和多村融合两种模式，离散则分为迁建和分离两种模式（图8-2）。自生扩张指单个村落向四周生长，这是村落人口增长最常见的集聚方式。多村融合指两个及以上相近的村落在自生扩张中彼此连接融合，从而形成一个大型村落。迁建指曾经居住在不安全地区的自然村通过行政命令整体进行搬迁形成新的聚居点，例如冲沟边居住在窑院里的居民在中华人民共和国成立后陆续迁到平原上，新居住点通常在各自小组土地位置，因土地分散以致居住点规模小、形态散。分离是指新居住点因原生村落水源、土地容纳有限而分离出去形成新村，通常新村的规模较小。

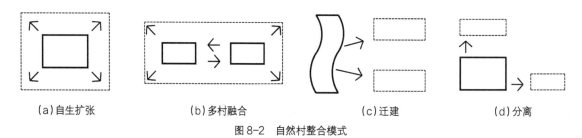

(a)自生扩张　　　(b)多村融合　　　(c)迁建　　　(d)分离

图8-2　自然村整合模式

8.2.2 轴：村落空间发展方向

轴是村落空间的发展方向。村落空间的扩张受外力带动。国道、省道过境路是村落对外联系的窗口，与过境路的远近决定着村落受外力的强弱，也决定着发展轴在形态内的坚守或转移（表8-1，见下一页）。

当村落与过境路相距甚远，发展轴承载内容与形态变化缓慢。民国时期，村落发展轴为村落中心轴线，因城门、城楼等公共开放空间集中在轴线两侧，故轴空间等级大于其他道路。人民公社时期，轴变化不大，村落自身扩张或多村融合。改革开放初期，村落扩张速度和规模空前，村落扩张后形成新形态产生新发展轴。现阶段,轴线无公共空间依存而无法继续发育成熟,轴承载的公共功能出现"空心",轴的空间形态与其他等级道路无异。

当村落与过境路相切,发展轴承载内容和形态变化剧烈。民国时期,村落发展轴为中心轴线,集生产、生活或商业于一体。人民公社时期,发展轴形态保持不变,村落向过境路扩张。改革开放后,村落沿境路衍生出新轴,与老轴形成双轴并存格局。老轴生产、生活和商业功能向新轴转移偏离村落,老轴空心。

当村落与过境路相交,发展轴承载内容和形态变化平稳。从民国时期到现阶段,发展轴始终为过境道路,但不同时期轴发展速度和内容并不相同。民国和人民公社时期,轴内容和速度与前两类模型无异,改革开放后,受交通优势主导,轴发展相当迅速,当然增长并不是无限的。当轴伸展到一定程度时,速度变缓。轴线上膨胀的生活、生产和商业功能与交通功能产生矛盾,聚落形态向垂直于轴向调整。

关中乡村聚落轴要素形态百年变迁模式　　　　　　　　　　表8-1

模型	民国时期 (1912~1949)	人民公社时期 (1950~1983)	改革开放初期 (1984~2001)	现阶段 (2002~2016)
过境路相离	村落中心轴	扩张或融合	新增产生,老轴衰落	新轴、老轴"空心"
过境路相切	村落中心轴	向过境路扩张	过境路为新轴,老轴衰落	新轴发展,老轴"空心"
过境路相交	村落中心轴	沿轴扩张	沿轴扩张	沿轴扩张放缓, 向垂直方向发展

8.2.3 核：公共领域的行政管理及生产、生活

核是村落通过长时间的社会交往和人际交往物化并固定下来的公共平台。核按功能可分为行政服务核、生活核、生产核等。行政服务核为政府提供管理和服务的公共建筑空间，例如行政管理、医疗、教育、文体等。生产核是村镇企业、村民进行生产的公共空间。生活核是村落根据生活需求所形成公共场所，例如祠堂、剧院、水井等。

同理，依据过境路与村落距离，核要素变迁模型也分为三类（表8-2）。

关中乡村聚落核要素形态百年变迁模式 表8-2

模型	民国时期 （1912~1949）	人民公社时期 （1950~1983）	改革开放初期 （1984~2001）	现阶段 （2002~2016）
过境路相离	多信仰核， 轴核相依	多行政管理核， 沿村外缘分布	核数量骤减， 沿村外缘分布	生活核缺乏， 沿村外缘分布
过境路相切	多信仰核， 轴核相依	多行政管理核， 沿村外缘分布	核数量骤减， 沿村外缘分布	生活核缺乏， 沿村外缘分布
过境路相交	多信仰核， 轴核相依	多行政管理核， 沿轴、村外缘分布	核数量骤减， 沿轴分布	生活核缺乏， 沿轴分布

民国时期，信仰核居多，如祠堂、城隍庙、财神庙，生产生活核有城门、水井、生产场，行政核为乡公所。核围绕轴展开分布，高度诠释了村落共同体概念。

人民公社时期，大集体生产队模式致使共同体消解，行政管理代替乡党自治，传统信仰遭受重创，"行政共同体""生产共同体"形成。生产队在村落边缘新建饲养室、工具管理室、队办企业和集体活动场地，原有的宗祠、神庙被党组织、行政组织代替，生活核充满时代特色如剧院、公社食堂等，核沿村外缘分布。

改革开放后，国家行政控制抽离，村落几千年形成下来的"血缘""业缘""地缘"秩序被破坏后无力复原，宗祠、城隍庙、财神庙空废。公社办公室变为村委会，各队饲养室、工具管理室消失，队办产业昙昙花一现后或公改私或破产。这个阶段，核要素数量骤减。

现阶段，公共核建设受到政府、村民重视。建制镇村落行政核功能不断完善，文体建筑空间如村民活动室、活动广场成为行政村建设政绩标准；农业生产核基本消失；信仰核宗祠、寺庙村民自行恢复或新建。但由于用地未经规划，新建核往往分布在村落边缘，其服务范围与可达性大大降低。同时，生活核严重缺乏，不利于乡土文化精神建设以及村落空间秩序和视觉标志建设。

8.2.4 架：路径系统

架是村落的路径系统。它既是承担村落生产生活的"动脉"，又是组织村落各功能的"骨架"。同理，按与过境路关系分为三类型（表8-3，见下一页）。

民国时期，道路体系简单但层次丰富、主次分明，依次为过境路—进村路—环城路—主街。厚实的黄土路自由蜿蜒。晾晒粮食、日常交往娱乐等活动均发生在街道上。交通方式以步行为主，偶有人力、畜力、交通工具（手推车、架子车、牛、马、骡车等），不足以对道路生产生活内容产生影响。

人民公社时期，道路向（沿）过境道路发展。环城路消失，道路等级变为过境路—进村路—主街—街道。黄土地变石子路，道路形态变得平直。个人生产生活活动被压缩，道路承载功能萎缩。

改革开放初期，与过境路相离的村落道路向四周扩张，与过境路相切的村落道路受外力影响较大，直接向过境路发展形成网格体系，道路层级为过境路—主街—街道。与过境路相交的村落沿过境路发展形成网状体系，道路层级为过境路—街道。道路生产生活气息浓厚。但机动车的出现改变了道路尺度，也打破了道路作为"露天公共活动厅"的功能。道路被车行道一分为二，日常活动也被迫退到两侧的宅前空间。

现阶段，与过境路相离的村落发展接近饱和，随着核的衰减主街功能消失，道路层级为过境路—进村路—街道。与过境路相切的村落继续沿其发展，道路层级为过境路—主街—街道。与过境路相交的村落道路层级为过境路—街道。三类变迁模型架元素承载内容越来越单薄形态均质，空间识别性极弱。过境路原本为对外交通大动脉，当村落与其融合，过境路便成了集商业、生产生活一体的多义空间。但住区与过境路直接相接，车流直接涌入村落，严重影响村落内部秩序。随着生产生活商品化与私密化，除晾晒粮食、婚丧嫁娶等活动外，村民很少在道路上进行活动。道路使用主体由人变为车，仅剩交通功能。

关中乡村聚落架要素形态百年变迁模式　　　　表 8-3

模型	民国时期 （1912~1949）	人民公社时期 （1950~1983）	改革开放初期 （1984~2001）	现阶段 （2002~2016）
过境路相离	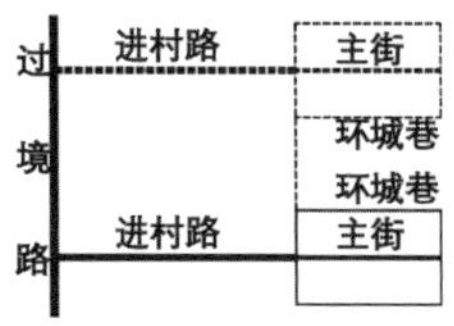 [图示]	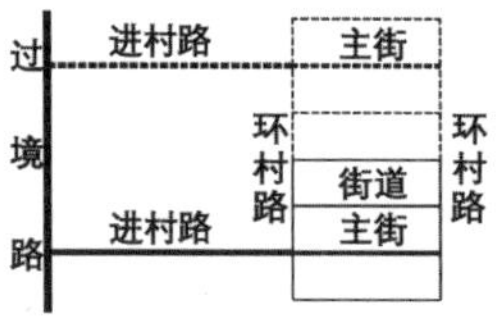 [图示]	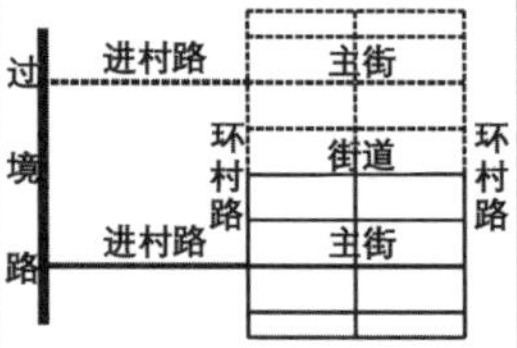 [图示]	 [图示]
	生产生活蓬勃，结构完整，层次分明	生产生活萎缩，层次分明	生产生活繁荣，路网缺乏辨识度	生产生活萎缩，路网均质无辨识度
过境路相切	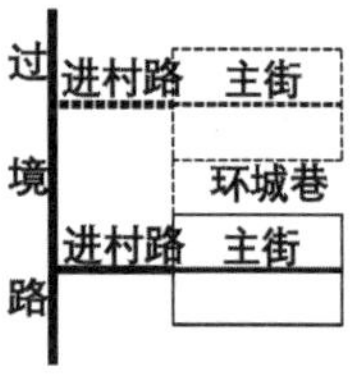 [图示]	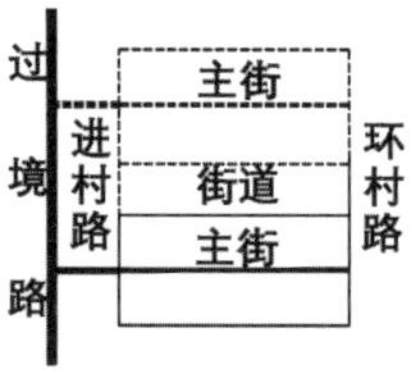 [图示]	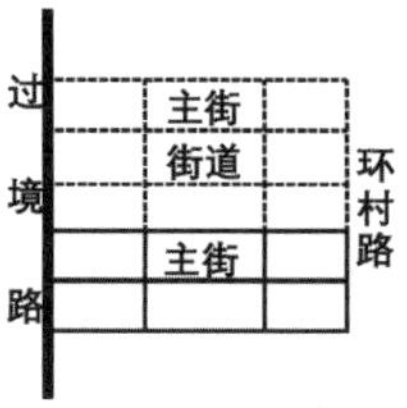 [图示]	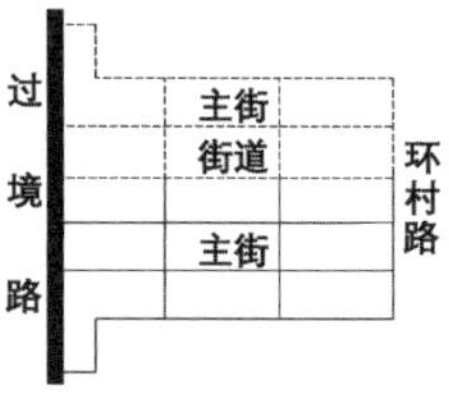 [图示]
	生产生活蓬勃，结构完整，层次分明	生产生活萎缩，层次分明	生产生活繁荣，街道接入过境路成干扰	生产生活萎缩，路网均质无辨识度
过境路相交	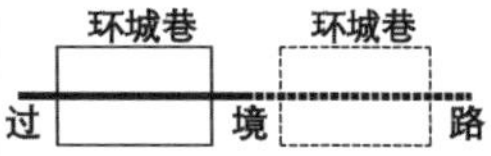 [图示]	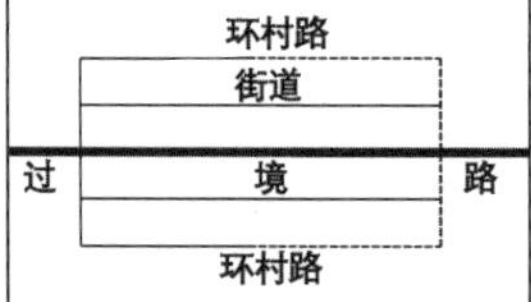 [图示]	 [图示]	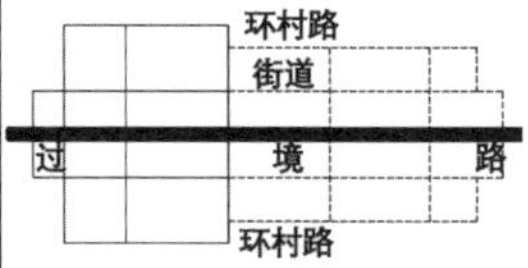 [图示]
	生产生活蓬勃，结构完整，层次分明	生产生活萎缩，层次分明	生产生活繁荣，过境路对街道形成干扰	生产生活萎缩，路网均质无辨识度

8.2.5 群：邻里单元

群是村落最小规模的居住组团，是邻里单元，即街区。它既是村民最小的公共活动范围尺度，也是村落形态的基本肌理单元。群由宅基地组成，随着宅基地制度的变迁，宅基地的获取方式、宅基地尺寸以及群的规模、密度和形态都所有不同。其更新程度由村落人口规模、经济条件以及市场经济影响强弱而定（图8-3）。

民国时期，宅基地自组织生长，呈大小迥异的狭长形，沿道路自由进退，形成丰富的凹凸界面。部分宅基地随着大家庭分家而分裂，一户变为两户，各自从前后巷进入住宅内部。村落经济实力、人口规模和土地数量决定着群的规模与密度。若村落经济好、人口少、土地多则群的规模大、密度低，反之亦然。

人民公社时期，宅基地初次更新，群界面依旧保持着原有的凹凸丰富界面。新批宅基尺寸更符合居住需求。随着子嗣成家，老宅基地一分为二，进深一户变两户，老宅基空置或扩大尺寸原地更新。当然群的更新程度与村落整体经济和老宅基尺寸适应性相关。

改革开放初期，宅基地第二次更新。村民新批宅基疯狂盖房，新宅基覆盖旧有宅基肌理，如兵营般规整紧密排列，界面笔直，背对背宅基地之间规划卫生巷。街区形成确定的规模和模式。

现阶段，群第三次更新。群扩张速度放缓甚至停滞，乡村人口溢出致使群出现空心。取消卫生巷平分给两侧宅基地。受交通因素主导，宅基地朝向出现差异。

 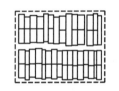  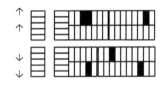

(a) 民国时期原生长　　(b) 人民公社时期规划介入　　(c) 改革初期整齐排列　　(d) 现阶段空心

图8-3　关中乡村聚落群要素形态百年变迁模式

8.2.6 界：场域围合

界（面）是村落的皮，是对空间与场域的围合。界包括柔性和硬性两类，柔性界面指的是过渡空间，如林带、宅前空间，硬性界面指的实体表面，例如城墙、住宅表面。同时，界分为两个层级，村落层级和街道层级。村落层级的界包括城墙、生产场等，街道层级包括宅前空间、宅前绿化以及住宅表皮等。界的围合是村落空间认同感和村民心理归属感的体现（图8-4，见下一页）。

民国时期，村落拥有完整的界面。城墙、城池、生产场、林带限定出村落范围，住宅进退不一，围合出充满生活气息的街道层级界面。

人民公社时期，界面变化不大。村落界面变为各生产队的饲养场、生产场和城墙片段。街道界面向整齐化过渡。民国与人民公社这两个阶段，村民有着极强的集体认同感和归属感。

改革开放初期，村落层级界面消失，宅院后墙直接与田野接壤。街道界面随着群的二次更新变得整齐生硬，宅前空间活动受机动车的影响而变得脆弱，促使村民交往向门厅发展，灰空间属性减弱。

现阶段，街道界面的宅前活动退到住宅檐廊下、门厅内。宅前空间一律水泥硬化。随着宅基地的空废加重，住宅界面出现凹陷断面。第三代住宅立面住宅表皮变得冷峻而缺少乡土温暖，尺度越来越脱离宜人范围，瓷砖贴面代替原有的精雕细刻缺少细节处理。建筑风格甚至模仿徽派、欧化，与关中乡土格格不入。

8.2.7 空间结构：五要素组织

空间结构是轴、核、架、群、界五要素的组合，体现的是空间秩序，是外扩力与内聚力综合作用的物化体现（图8-5，见下一页）。

民国时期，关中乡村聚落呈内聚封闭态势，空间井然有序，有完整的门户空间、主体空间，起承转合紧凑统一。人的路径空间体验从进村路开始，经历门户空间（城门、宗祠、寺庙）—公共空间（主街、街道、宅前空间）—半公共空间（院落）—私密空间（建筑）的丰富变化，步行节奏"停驻—行进—停驻—到达"使人体验感极具舒适。

人民公社时期，空间结构延续上一时期，但功能已发生置换。随着界面消失，整体空间层次减弱。外力强制将村落划分为"生产共同体"，村落空间以各生产队为核心重构。

改革开放初期，传统"村落共同体"空间结构解体，公共门户空间消失，主体空间层次单薄均质。路径体验由过境路直接进入村落公共领域。公共活动空间不再承担空间结构功能，随意镶嵌在居住群中或居住群外部。

现阶段，空间秩序混乱，居住空间膨胀，公共空间压缩，两者无序混合。临街独栋建筑促使前院消失，进入村落街道后直接进入各家建筑，"公共—私密"的空间层次以及"行进—到达"步行节奏使得村落仅仅成为居住点。同时，新建公共活动场所偏离居住区，与之毗邻的往往是通往田野的村落出口。村落的空间辨识度、公共属性以及人文属性逐渐退化。

8.3 乡村聚落宅院空间形态变迁模式

宅院是村落最小的生产生活空间单元。百年内，宅院空间形态以住房建设为主线发生三次变迁，经历房间从无到有，从少到多，从多到空的变化轨迹，是村民追求居住空间品质提升的物质满足到精神需求满足的过程。

第 8 章 关中乡村聚落空间形态百年变迁模式研究　215

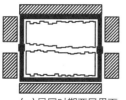 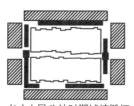 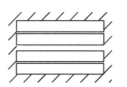 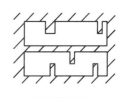

(a)民国时期两层界面　　(b)人民公社时期城墙毁坏　　(c)改革初期整齐化　　(d)现阶段空心

图 8-4　关中乡村聚落界要素形态百年变迁模式

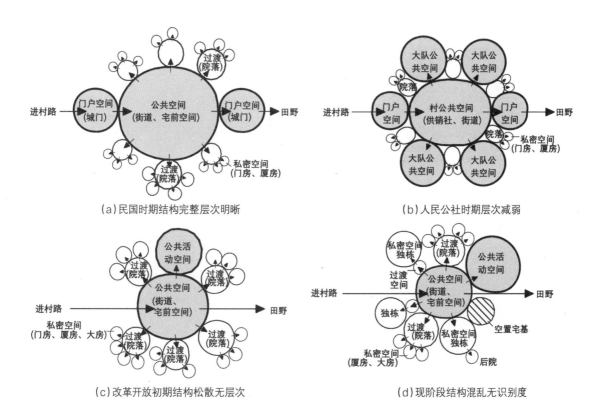

图 8-5　关中乡村聚落空间结构百年变迁模式

8.3.1 宅院建设指标

宅院建设指标变化是土地制度、乡村生产与子嗣传承等因素共同作用结果。经过百年，指标发生着惊人的变化，此处列举薛录村宅院指标进行论述（表8-4）。

关中典型村落宅基地建设指标百年变迁　　　　　　表8-4

时期		民国时期 （1912~1949）	人民公社时期 （1950~1983）	改革开放初期 （1983~2001）	现阶段 （2002~2016）
经济情况		贫困，饿死边缘	贫困，糊口	解决温饱	好转，盖房
人口繁衍		出生率死亡率均高	50后、60后出生结婚、70后出生	70后结婚，80后、90后出生	80后、90后结婚，00后出生
人口流动		极少	50后、60后、70后少量流出	50后、60后、70后、80后大量流出	60后、70后、80后、90后、00后大量流出
宅基地制度		宅基地私有，自由出租买卖	集体所有，集体成员无偿获取	集体所有，集体成员无偿获取	集体所有，集体成员无偿获取
宅基地获取量		极少	少量	中量	大量
宅基地获取方式		买卖、继承	无偿获取、继承	无偿获取、继承	无偿获取、继承、隐形买卖
宅基地获取目的		家族财产	改善宅院条件，老宅分迁新宅	改善宅院条件，老宅搬迁新宅	不动产，保障每个男嗣有房
宅基地流转		自由流转	禁止，无	禁止，隐形交易	禁止，隐形交易
宅基地空废化		无	无	少	较多
宅基地尺寸		4~6m×20~60m	第一次更新： 4~6m×20~60m	第二次更新： 8~13m×28~30m	第三次更新： 8~13m×28~33m
户均建筑面积（m²）		34.2	46	73.7	159
人均建筑面积（m²）		10.5	12.9	29.2	76
实际人均建筑面积（m²）		10.5	14.6	41.1	220.6
实际人均使用建筑面积（m²）		10.5	13.8	32.7	43.9
宅基使用率		100%	100%	87.5%	65.5%
比例分布	0（出租）	0	0	0	28.5%
	0~20%	0	0	0	14.5%
	20%~40%	0	0	7.1%	28.5%
	40%~60%	0	0	8.4%	28.5%
	60%~80%	0	0	31.0%	0
	80%~100%	100%	100%	53.5%	0
建筑使用率		100%	94.5%	79.6%	20%

表格来源：研究小组整理

注：◎本表数据为薛录村调研数据为例，民国时期数值对应薛录村1935年数值、人民公社时期对应1954年和1971年平均值、改革开放初期对应1985年和1998年平均值、现阶段对应2015年数值。

◎人均建筑面积＝总建筑面积/家庭人口；

◎实际人均建筑面积及＝总建筑面积/家庭常在人口；

◎实际人均使用建筑面积＝使用面积/家庭常住人口。

8.3.2 建筑：住居主体

1. 建筑布局（表8-5，见下一页）

民国时期，宅院建筑多为门房、厦房布局，少有富裕者建大房。建筑夯土结构，房间少但功能高度复合，尺寸多为3米×4米，多间并列，长辈在前，晚辈靠后。

人民公社时期，宅院原地加建扩建，门房、厦房（大房）格局不变。房屋由父母、子女房和局部拓展的厨房构成。

改革开放初期，宅院以新建为主，继续保持门房、厦房、大房布局。建筑砖混结构，以3米×6米为空间模数。房屋功能有新拓展，出现堂屋、粮仓。

现阶段，宅院建设向两层独栋建筑发展。房屋数量保证每个子女一间房，功能更细化，洗浴间出现。3米×6米的空间模数弱化了房屋集中布局的优势，缺少复合大空间。同时，集中式布局增加了室内空间的封闭程度，减少了建筑与院落的空间耦合，未形成良好的空间层次。

2. 父母子女用房（卧室）

民国时期，父母子女用房2~3间，每屋居住3~4人。单间尺寸3米×4~5米，家具仅有炕和矮柜。父母房为第一间，融合厨房、粮仓功能，灶炕相连。人民公社时期，居住条件改善不大。改革开放初期，新建父母子女用房，保证每位家庭成员均有房。房屋尺寸增大，6米×3米，每个房间为基本生活单元。现阶段，独栋建筑集中式大房出现，洗漱、起居等公共功能溢出。事实上，大房往往是子女居住，而父母长辈根据其生活习惯依旧住在老式门房厦房中，体现关中乡村不同代际间分宅不分院的居住特点。

3. 厨房

人民公社时期，住食分离，厨房才具备独立空间，但独立出的厨房也是集餐厨、交往、生产一体的复合空间。改革开放初期，随着粮仓、堂屋的兴建，厨房功能简化。现阶段，厨房空间无发展，但家庭人口减少和家电发展致使餐厨简易化，厨房使用率大幅下降。关中人喜好面食，烹饪简单无大油大烟，面条等食材可去超市购买成品，因此除特殊节日外，平日一个电磁炉就能解决吃饭问题。

4. 堂屋（客厅）

堂屋是集生产、日常交往、待客、用餐甚至临时居住等功能的大房间。旧时普通农户家庭无堂屋。到改革开放初期，堂屋结合子女用房出现在大房中。现阶段，堂屋更名为客厅，独栋布局以客厅为核心，卧室、辅助用房围绕布置，同厨房一样，除特殊节日，平日使用率不高。

5. 粮仓

专有粮仓空间的出现始于改革开放初期。但现阶段家庭产业结构转变，粮仓无粮转为杂物储藏间。

6. 洗浴间

洗浴间出现于现阶段，由父母子女房的无固定空间析出形成专有空间，是卧室外使用率最高的空间。但由于广大村落未通下水设施，洗浴间内无水厕功能。

关中典型村落宅院建筑形态百年变迁模式　　　　　　　　　表 8-5

内容	民国时期 （1912~1949）	人民公社时期 （1950~1983）	改革开放初期 （1984~2001）	现阶段 （2002~2016）
建筑布局	单元房 3 米 ×4 米，多间并列		单元房 3 米 ×6 米，多间横或纵向并列	单元房 3 米 ×6 米，多间集中封闭嵌套
房间功能变迁图示	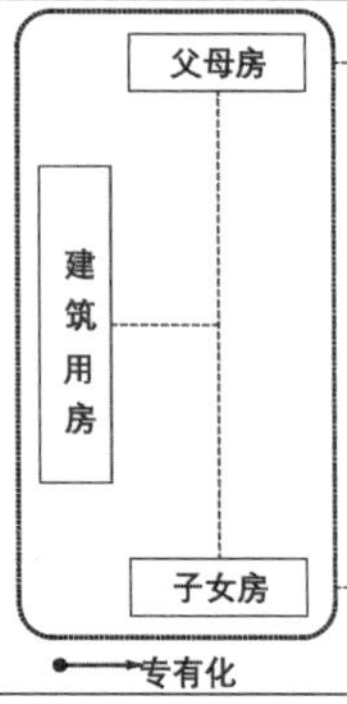		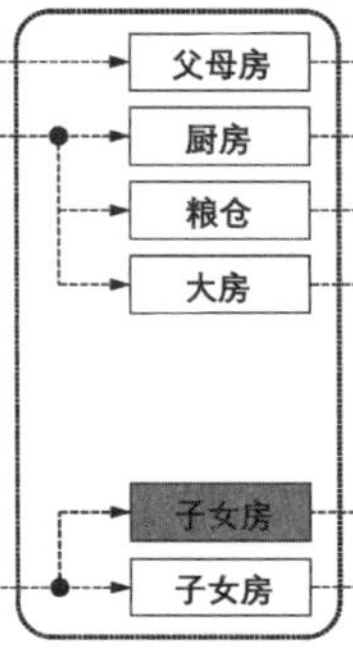	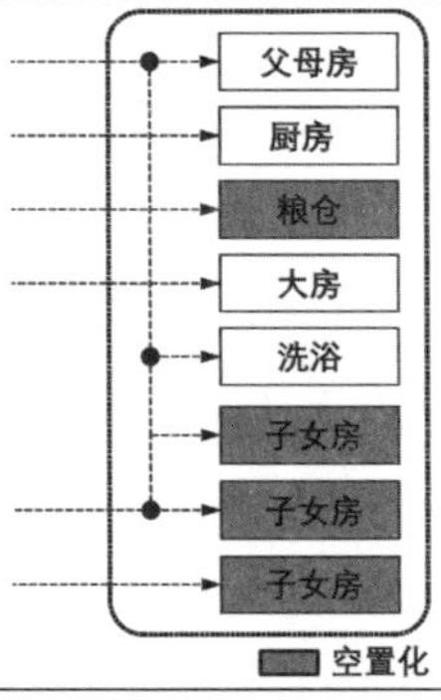
父母用房	父母与幼子共同居住，含厨房粮仓功能		父母 2 人，宽松	
子女用房	多子女共同居住，拥挤		子女 1 人，宽松	空置

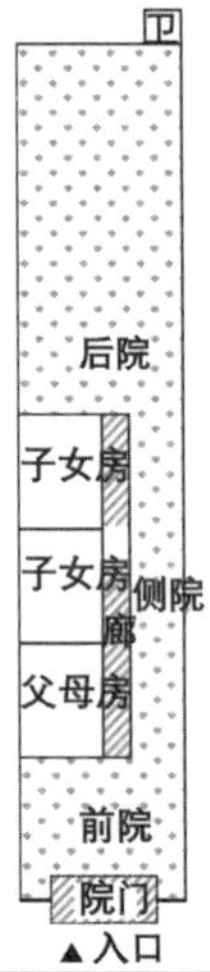

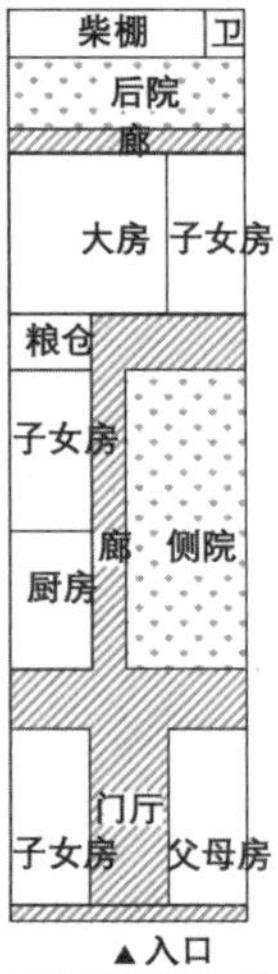

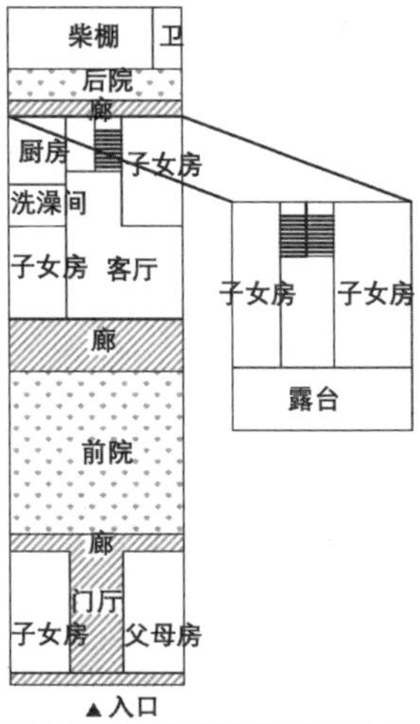

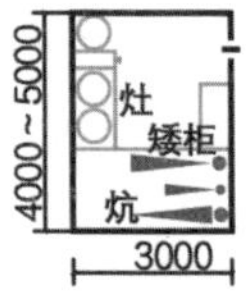

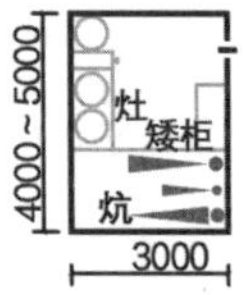

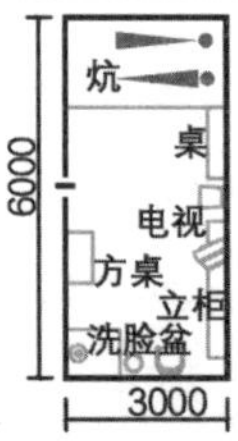

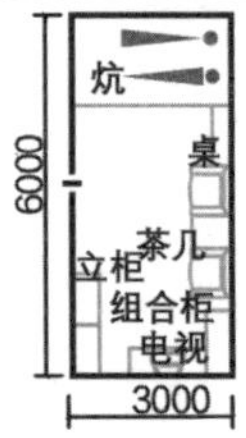

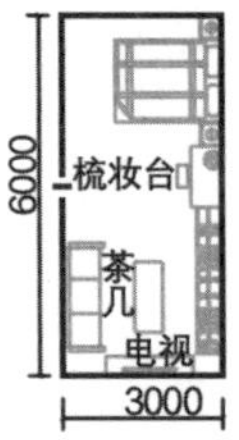

续表

内容	民国时期 (1912~1949)	人民公社时期 (1950~1983)	改革开放初期 (1984~2001)	现阶段 (2002~2016)
厨房	—	[图：案、水缸、粮仓、柴、矮桌，4000~3000×5000~6000]	[图：水缸、柴、案、矮桌、电磁炉、碗柜，4000~6000×3000]	[图：案、柴、矮桌、电磁炉、煤气灶、碗柜，4000~6000×3000]
	—	使用率高，含粮仓堂屋功能	使用率高，宽敞	使用率低
堂屋	—	—	[图：凳子、三轮车、堂屋、子女房、碳、方桌，6000~9000×6000]	[图：厨房、子女房、洗澡间、方桌、堂屋、茶几、子女房，5000~6000×6000]
	—	—	使用率高	使用率低
粮仓	—	—	[图：2000×3000]	[图：2000×3000]
	—	—	使用率高	使用率低或空置
洗浴间	—	—	—	[图：2000×3000]
	—	—	—	家人共同使用

8.3.3 院落：生产生活室外空间

院落是室内生产生活的室外延伸空间。功能从属必然导致空间形态从属。历经百年，院落经历从开放到封闭，从大到小，从连续到阻断，从生产生活多功能叠加到生产生活消解的变迁历程。

关中院落可分为前院、侧院、后院三种类型。由于其所处位置、私密程度以及朝向的不同，其承载的功能活动亦不相同。

1. 前院

前院朝向好，光照充足，是从事生产生活主要场所，工具存放、柴草堆放、作物加工以及衣物晾晒都在前院进行。

2. 后院

后院尺度较小，私密性强，一般作为卫生、饲养牲畜、储藏功能之用。现阶段，后院多为储存、卫生空间。

3. 侧院

比起前院私密性弱、后院私密性强的特点，侧院刚好中和，既能保证生产、生活不受干扰，也能保证空间不过于封闭和孤立。基于关中特有的厦房布局，侧院在家庭起居、会客及餐饮、厨房空间有限的情况下，提供家庭公共生活空间向室外扩展的可能。现阶段，建筑集中布置，侧院与房间的结合减弱，空间层次降低，使用率越来越低，景观生态功能加强。

4. 院落布局变迁

民国时期，宅院以院落为核心，前院、侧院、后院相连包围建筑。人民公社时期，房屋加建院落空间压缩。改革开放初期，门房扩大使前院空间弱化，侧院与后院被建筑分离。现阶段，院落被建筑包围面积进一步缩小，院落顶部甚至加盖彩钢棚封闭，生产属性和自然属性逐渐弱化甚至消失（表8-6）。

典型村落住宅院落及过渡空间形态百年变迁模式　　　　表8-6

民国时期 (1912~1949)	人民公社时期 (1950~1983)	改革开放初期 (1984~2001)	现阶段 (2002~2016)
（图示）	（图示）	（图示）	（图示）
院落连贯，过渡空间使用率高		前后院分离；过渡空间使用率高	院落封闭，生产生活减弱，景观功能增强；过渡空间减少

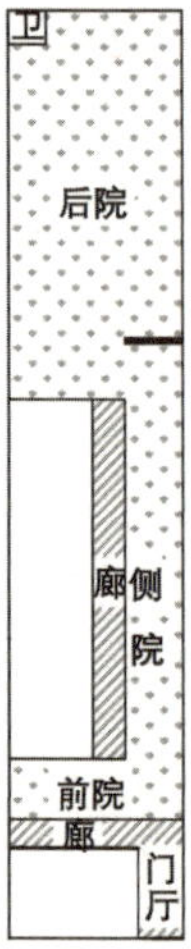

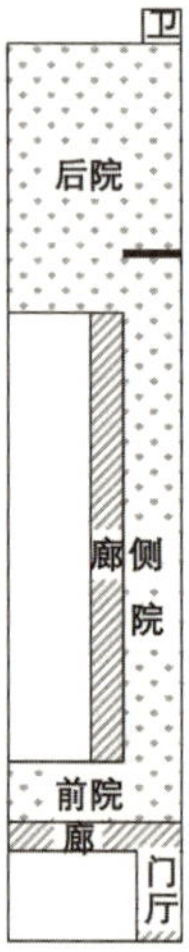

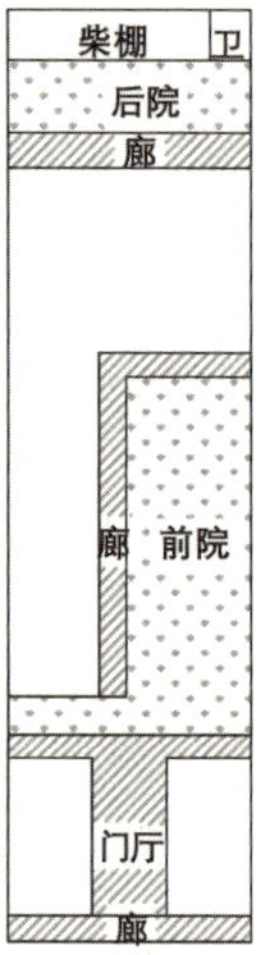

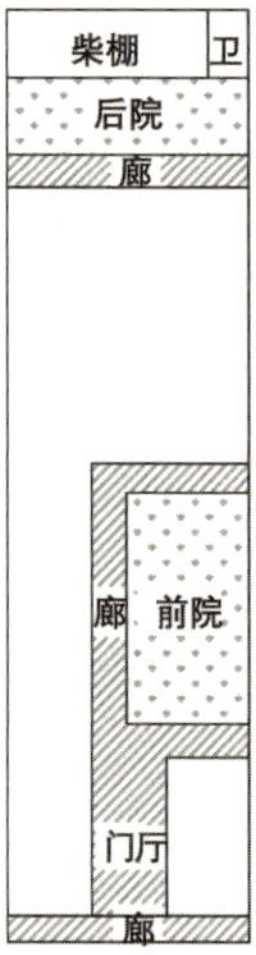

表格来源：研究小组绘制

8.3.4 过渡空间：建筑复合边界

过渡空间指宅院门厅、门廊、檐廊等灰空间，是连接房间内外的起承转合部分。

门厅、门廊既是交通空间，也是创造邻里交往、对外联系的重要空间，从民国到现在至今保持着高使用频率，门厅位置由侧院变为中间，方便机动交通工具出入。檐廊空间是重要生产生活空间，织布、晾晒粮食、吃饭交往都在此，是屋内功能的延伸，但随着建筑面积和功能的扩大，廊檐生产生活功能萎缩，平时用于存放物资、偶尔进行生产操作。然而，在特殊节日期间檐廊的利用率非常高，接待、仪式等各种活动在此发生。现阶段，集中式建筑形制的兴起导致过渡空间缩减，建筑与院落生硬结合，生产生活完全退到建筑内部进行（表8-6）。

8.3.5 空间结构：三要素组织

民国时期，宅院以院落为核心，建筑次之。院落空间层次灵活多变，使用流线转折生动。人民公社时期，宅院空间结构变化不大。改革开放初期，建筑与院落互分互融，但使用流线直进直出，生动性减弱。现阶段，宅院以建筑为核心，院落趋于封闭，室内外空间耦合互动降低，空间层次不足，灵活度降低（表8-7，见下一页）。

典型宅院空间结构百年变迁模式　　　　　　　　　　　　　　　表8-7

民国时期 (1912~1949)	人民公社时期 (1950~1983)	改革开放初期 (1984~2001)	现阶段 (2002~2016)
▲入口	▲入口	▲入口	▲入口
院落为主，建筑、灰空间、院落结合丰富		建筑院落均衡，层次减弱	建筑为主，耦合生硬

表格来源：研究小组绘制

8.4 本章小结

本章提出了"力动体"作用下的村落空间形态百年变迁模式。

1. 村落体系经历散点结构、团状结构、树状结构和网状结构四种模式。

2. 村落内部空间形态通过搭建与过境路相离、相切、相交三种模型得到，轴从中心轴发展到现阶段，丧失主导功能形成空心轴、偏心轴和交通轴三种形式；核由村落内部生产、生活核，发展到当前生产、生活功能缺失，远离村落内部，无空间识别度；架由村落公共客厅发展出人行尺度变为车行尺度，层次均质空间识别度低，过境路对村落内部产生严重安全干扰的问题；群则由自然生长，发展为现在紧密化、均质化和空废化；界由两层级丰富界面，到现在缺失、空陷，村落无闭合感、领域感；空间结构由完整层次丰富发展到秩序混乱、层次缺失、无识别度。

3. 宅院空间变迁包括指标下的建筑、院落、过渡空间和三要素结构的变迁。以薛录村为例，建筑使用率由民国时期100%变为20%，宅基地使用率由100%变为65.5%。宅院的数量和功能经历从无到有、从少到多、从多到空，布局经历厦房到独栋的变化过程。院落经历形态从开放到封闭、从大到小，从连贯到割裂，功能从生产生活繁重到萎缩，生态景观功能增加的变迁过程。而过渡空间则经历交往交通功能延续，生产、生活功能萎缩，但使用率始终相对较高的变迁。宅院空间结构则经历以宅院为核心转变为以建筑为核心，层次丰富、开放、公共转向层次生硬、封闭、私密的过程。

CHAPTER 9
第 9 章 结论

9.1 主要结论

本书以自上而下以土地制度为首的政策与制度和自下而上的生产与生活活动事件,对关中乡村空间形态在民国至当下百年时间的双向影响为主线,解读当前村落空间及其问题根本,寻求村落空间发展规律和演变模式,以期为乡村发展建设提供相关理论意见。结论主要分为三个部分:

第一,以薛录村为例,解读乡村体系快速变化、村落内部空间结构混乱、宅院空间空废三个空间问题的源起。

第二,综合薛录村、北党村和六营村变迁轨迹,总结关中村落空间变迁机制。

第三,基于变迁机制总结关中村落空间形态变迁模式。

9.1.1 关中村落典型空间问题源起解读

1. 村落体系快速变化源起

百年来,关中地区村落体系经历"点状、团状、树状、网状"四种形态变化,每种变化均由城乡关系大背景所决定。城乡关系是政府宏观调控的产物,反映了政府对国家发展战略以及乡村发展定位。民国时期(1912~1949),城乡分离,乡村自成体系,每个自然村自产自足,形成独立的"国"。人民公社时期(1950~1983),国家优先发展工业实行城乡二元体制,自然村组成生产大队和人民公社大集体,形成"队为基础,三级所有"的行政单位,自然村打破封闭状态,与周边村落开始发展融合。改革开放初期(1984~2001),人民公社解散,经济建设成为国家战略主题,乡村恢复镇、乡、村的管理体系,城乡发展势差过大,形成以城市建设拉动乡村发展的主导格局,村落沿着行政村—乡(镇)—县逐级建设。现阶段(2002年~至今)国家进行快速城镇化建设,实行城乡统筹发展战略,城市反哺乡村,但事实上,乡村人口与土地突破行政区划,沿交通干线流入城市,村落萎缩加速,自然村间联系紧密复杂,行政村间不断合并,村落重构是发展所需。关中村落体系将由分散、规模小、密度大的分布向集中、规模大、密度小的分布形式发展,中心村、中心镇则是主要的集聚点。

2. 村落内部空间结构混乱源起

村落内部空间结构与乡村内涵高度一致。百年来,村落空间与乡村内涵经历"村落共同体、公社大集体、自治居住点"三种类型变化。其背后逻辑为国家政策制度定义乡村内涵,行政管理搭建乡村骨架,生产生活为空间调试内容。民国时期即村落共同体阶段,村落空间内为公,外为住,宗法制度特色明显,结构完整层次分明。公社大集体时期,国家行政管理以生产队为基础,村中心为生产大队管理空间,村边缘为生产队饲养室、工具室,中间为村民居住区,这样的空间结构具有鲜明的时代特色,但随着村落边界打开,空间层次逐渐减弱。改革开放以后,村落成为基层自治单元,原有公共空间废弃,新建村委会于村外围。在经济建设浪潮中,乡村生产结构发生变化,农业副业从村落析出,村落仅仅成为居住点,依托于传统农业生产而建立的乡村生活秩序破裂。村落在缺乏乡土秩序束缚和科学规划引导的背景下,经济好转的村民急于住房建设,加速了村落结构的散乱。随着未来村落集聚与重构的趋势凸显,乡村行政管理秩序、生产生活秩序的建立对村落空间营造尤为重要。

3. 宅院空间空废源起

民国时期关中宅院居住拥挤条件恶劣。中华人民共和国成立后,宅基地无偿获取掀开了乡村住宅建设史,宅院空间经历"加建、新建、多建"的变化阶段。无疑，土地制度是这场变迁的总开关，而经济建设催化了乡村生产生活的物质属性，促使村民的物质需求逐步满足。人民公社时期，乡村住房在原有基础上加建扩建。改革开放初期，村民从老宅中逐渐迁出新建，住房布局遵从传统门房厦房上房格局，房间面积增大房屋数量增多，保证每位家庭成员都有独立的住房。

现阶段，家庭父母保证每个儿子都要有一处宅院，但事实上子辈人口已城镇化。从最初的理性建设，到后期看似非理性，实则是村民从物质追求到心理追求的转变。"父愁子妻"的传统观念代表着关中农民需完成子嗣传承的人生使命，宅院、房间的数量是家庭经济实力的体现，是娶妻生子的先决条件。另一方面也体现关中人安土眷家、落叶归根的乡土情怀。随着城镇化持续，宅院空废必定呈上升趋势，而当前乡村婚嫁物质观和代际居住习惯，是促进宅院空间整合创新、高效利用的必要途径。

9.1.2　关中乡村聚落空间形态变迁机制

研究将关中乡村空间形态变迁作用力分为外扩力和内聚力两类。外扩力包括城乡关系、政策与制度、市场经济、乡村生产、对外交通和子嗣传承。内聚力包括自然因素、安防、集体文化和人生信仰。城乡关系是影响村落发展的第一外扩力，作用于村落体系空间和村落边界、宅院建设。土地制度释放着不同人地关系和经济效益，主要影响村落内部及宅院空间。市场经济是乡村传统小农经济体的对立面，对乡村传统文化思想观念形成强烈冲击，进一步影响村落"轴、群、界"和宅院空间。乡村生产是创造乡村经济的手段，也是构建乡村社会秩序的基础，是村庄物质建设的根本动力，但农副业结构变化使得传统乡土社会秩序逐渐弱化，对村落"核"和宅院空间影响较大。对外交通影响村落的发展方向。子嗣传承是关中村落扩张的原生动力，改变村落"群"要素。地形、水源、耕地等自然要素是限制村落发展的重要因素。乡村安防通过实体边界和熟人社会内聚村落的发展。集体文化是中国乡村的特色烙印，村民要处理好与他人的社会关系，才能在村中立足，影响着村落道路空间、公共空间以及院落空间。人生信仰是村民对乡村传统文化与事件的传承，是在精神层面渴求的社会认定、种族认定和自我认定，主要作用于村落中的信仰空间。

民国时期，以自然因素为首的传统内聚力是主驱动力；人民公社时期政策与制度是主驱动力；改革开放初期乡村生产是主驱动力；现阶段城镇化建设是主驱动力。自然因素、安防、集体文化和人生信仰这类传统内聚力逐步弱化，而政策制度、乡村经济、城乡关系等新型动力正逐步强大。纵观乡村百年发展，人口增长是内需动力，国家政策与制度是总开关，经济发展是本根动力，而村民的物质需求是助推力，精神需求则是稳定力。因此，对于乡村未来的发展，国家政策与制度是村落整合重构的关键驱动，乡村生产结构是村落功能转型或升级的着力点，而平衡城镇化建设过程中的村民物质需求和乡土文化需求则是改善村落人居环境的关键所在。

9.1.3　关中乡村聚落空间形态百年变迁模式

空间形态经历四个时期变化民国时期(1912~1949)、农业合作化至人民公社时期(1950~1983)、改革开放初期(1984~2001)和现阶段(2002~2015)四个时期，体现在村落体系层级、村落内部层级及宅院层级三部分。

（1）村落体系形态趋于复杂化与体系化，经历散点结构、团状结构、树状结构、网状结构四种变迁模式。

（2）村落内部空间形态变迁从行政村角度看是自然村的空间整合重构过程，从自然村角度看是其内部空间更新扩展的过程,包括轴、核、架、群、界及五要素结构的变迁。

自然村的整合始终伴随着集聚与离散两种状态,集聚通常分为自生扩张和多村融合两种模式,离散则分为迁建和分离两种模式。通过搭建与过境路分离、相切、穿插三种类型,轴从中心轴,发展到现阶段丧失主导功能,形成空心轴、偏心轴和交通轴三种模式。核由信仰核生产生活核居中布置,发展到现阶段生产、生活功能缺失,行政核远离村落内部,信仰核逐步恢复。架由"日"字形、"田"字形发展到当下网格布局,承载功能由村落公共客厅发展到仅剩交通功能,道路等级弱化,空间识别度低。群则由自组织生长扩展为当下密集化、均质化和空废化,以薛录为例村落居住用地由1935年9.81公顷变为2015年40.99公顷,但宅基地空废率达34.5%。界由两层级丰富界面到现在缺失、空陷,村落无闭合感、领域感。空间结构由完整层次丰富发展到层次缺失、秩序混乱。

(3)宅院空间的变迁已经完成基本物质空间建设,亟须向个性化空间、精神文化空间转变。宅院空间形态变迁包括指标、建筑、院落、过渡空间和三要素结构的变迁。以薛录村为例,宅基面积由民国时期34.2平方米变为159平方米,人均建筑面积由10.5平方米变为76平方米,但建筑使用率由100%变为20%,宅基地使用率由100%变为65.5%。宅院的数量和功能经历从无到有从少到多从多到空,布局经历厢房到独栋的变化过程。院落经历形态从开放到封闭、从大到小、从连贯到割裂,功能从生产生活繁荣到萎缩、生态景观功能增加的变迁过程。过渡空间则经历交往、交通功能延续,生产生活功能萎缩,但使用率始终相对较高的变迁。宅院空间结构经历以宅院为核心,转变为建筑为核心,空间开放、层次丰富生动转向空间封闭、层次生硬的过程。

9.2 研究展望

乡村空间形态百年变迁的研究涉及乡村聚落体系、聚落单元、宅院等不同的空间层面,其中需要研究的内容异常广泛。因时间、能力和篇幅有限,关于关中乡村聚落空间形态研究还将进行下一阶段的继续深入。

未来的研究可从两个方向继续深入:

一是研究广度的拓展,本研究完成关中乡村内涵的解读和空间形态百年变迁的问诊,接下来将进行关中乡村空间形态适宜性发展的探讨。以关中普通乡村聚落空间形态的空废现状为出发点,着眼于乡村空间发展过程中,聚落单元内部空间和宅院的优化研究,实现乡村文化与空间的复兴,鼓励城乡一体化推进下的城乡居民自由多样居住方式,转化乡村的空废率。

二是研究深度的拓展,本书建立了关中乡村聚落变迁研究的基本框架,未来在建筑学专业研究的范围内,有几个方面值得深入研究:本书对于空间形态变迁动力系统做了定性研究,未来可深入量化研究,同时提出的聚落空间形态优化模式基于形态演变的基础,未来可结合习俗、地形、气候、文化等地域性要素做更为详细的相关性分析和分类研究,以增强其适用性。

基于本书的调研和分析,笔者在此处简要对关中乡村聚落空间形态优化提出几点拙见,后续研究需再深入。

9.2.1 乡村价值复兴

当前关中地区对传统村落的价值认知逐步形成共识,作为乡村文明的物质载体——普通村落的价值认知及传承则令人担忧。由于村落的真实价值得不到正确的认识,村落自身缺失文化自信。作者认为,在后期的乡村振兴战略中,乡村文化建设应与物质建设同等重要不容忽视。

1. 乡村人文价值

当下,乡村外出务工人员的回归现象多有发生,这说明城乡之间的人口流动将不只是单纯的"生存、就业",更多的是综合考虑"生存、生活、价值判断"的选择行为。

关中乡村有着丰富与独特的非物质文化遗存,浓厚的礼教观念、多样的节庆仪式,还有其有别于城市的居住模式而形成的熟人关系网。在当今城市快餐文化流行的当下,越来越多的从乡村走出的人开始怀念乡村,怀旧那份乡土人情。优秀的传统文化由于在城市的生活方式和价值观念下无法继续保存,只剩乡村成为那文化的一方净土和缓冲地。

2. 景观生态价值

乡村生产、生活融于自然环境中。关中平原为渭河冲积平原,地势平坦、土地肥沃,号称"八百里秦川",南为秦岭北坡,北有黄土台塬,地形地貌景观独特。除此之外,关中乡村自然景观还有土地、果园、林地,春有十里桃花,夏有万亩麦田,秋有风吹玉米地,冬有霜冻柿子林,自然风景优美。优美的自然环境不仅提供了观赏功能,还为乡村、城市提供了生态功能。自然环境对污染物的净化,对空气、水等自然资源的供应都为城乡可持续发展提供最可贵的生态基础。

9.2.2 关中乡村聚落空间形态变迁"力动体"优化

1. 平衡"外力"的聚合与分散效应

面对城市与乡村的发展势差现象,"城乡等值"无疑为解决该问题提供了二者价值的参考坐标。要统筹城乡资源,保护乡村健康发展首先应对乡村"力动体"中的"外力"进行调整,在其分散效应中寻找聚合乡村的平衡点。

1) 城乡关系: 发展小城镇群

就地发展小城镇,以小城镇为桥梁和纽带联系乡村城市,吸附人口、土地等资源回流,将乡村的经济、基础设施建设归并到城乡网络体系之中,是较好的解决路径之一。

2) 土地制度: 逐步商品化

宅基地改革的真正目标应该是追求其社会性与商品性的统一,实现宅基地双向流转。完善宅基所有权、资格权、使用权三权分置政策。赋予宅基地财产权和收益权,这与集体所有并不冲突,宅基地的财产收益理应由集体成员所共享。其次是突破无偿获取方式,以某个时间点为界,新批宅基地以有偿方式获取,对于以前无偿获取宅基地再对其进行商品交易的户主,集体应当收取适当所有税。对于一户多宅超出地方宅基地面积标准的宅基地,应当收取一定使用税,超出的面积越多,所有地税越多。在此基础上,宅基地确权是为前提。

3) 市场经济: 提升乡村市场适应能力

城市和乡村建立统一的经济市场,一方面市场经济优胜劣汰的法则致使诸多弱势的乡镇企业衰败;另一方面,市场经济打开了农产品市场的窗口,将乡村1.5产业推向多渠道发展形势。因此,利用市场经济给乡村带来的发展契机,复兴乡村自生经济与造血能力,首先应就近发展适宜产业,以园区、小型工厂的方式留住乡村就业人口;同时挖掘乡村特有资源并追加附加值,成体系地开发乡村农业、手工业、旅游业、服务业,运用现代运营管理模式复兴乡村经济市场。

2. 激发"内力"的聚合效应

千百年来,乡村在区别于城市生产生活体系下沉淀出自己独特的"人文价值"。在当下城乡壁垒打破后,这份"人文价值"受到前所未有的挑战。当乡村内在灵魂被冲击得支离破碎,其外在物质形态必将不复存在。因此,结合新时代的价值形态,保护和传承乡村人文价值,激活乡村内力聚合效应势在必行。

1) 生产: 开发农业后生产

目前农业发展已经进入瓶颈期,而工业、服务业聚集在城市,乡村产业亟须转型。学者认为农业的转型应是

"后农业式"发展模式,即农业的后生产性。"后农业"特点包括:从重视农产品的数量,到重视农产品的质量;农业多样性的增加与非农就业的增加;通过对农业环境的关注,降低单位投入,并提高农业可持续性耕作;农业生产形式的多样化政府支持下的环境规制与重构。乡村工业发展则应当结合小城镇建设,通过小城镇架起城乡之间的桥梁分散到广大乡村中去。

2) 安防:重塑边界与认同感

乡村空间边界可通过林木、构筑物等兴修物质手段达到,但重塑乡村的社会认同、恢复乡村秩序,则是件日久之事。当下乡村秩序处于礼俗和法治之间,法制改革和恢复乡党自治需双管齐下。

3) 子嗣传承:同宅不同堂

故在问题解决上笔者提倡父母子嗣同宅不同堂。主干家庭或扩大家庭居住同一宅基地,宅院内不同的住房形态符合年轻人与老年人不同的生活习惯,几代人共同照应,娘把儿养大,儿陪娘养老。

4) 社会交往:激发群体属性

以非物质文化遗存振兴为切入点,捡回丢掉的传统活动、手工艺是一个解决途径,例如复辟传统活动社火、秋千,组织村民某项农艺手工活比赛都是不错的手段。同时修复村落遗失的公共空间,恢复街道宅前的空间层次也是促进村民社会交往、激发群体属性的物质建设方案。

9.2.3 关中乡村聚落体系空间形态优化

1. 聚落选址

吴良镛在《人居环境科学导论中》提到动态聚居系统在区域内受三种力作用:主要聚居的吸引力、现代交通干线的吸引力以及具有良好景观的地区吸引力。结合关中地区特点,笔者将这三种作用力具体列为如下五种选址考虑因素:

1) 人口优势

集聚点的选址需要因循现状聚落系统的人口分布形态,选址靠近规模较大的聚落,通过在原聚落的基础上进行更新扩展,整合该区域的人口,减少人口转移。

2) 公共设施

村落内部配套的幼儿园、学校、诊所、市场等公共设施是其重要的社会生活因素,这些配套内容也是选址的重要依据。

3) 产业支撑

依托工业园区或现有聚落能够足够提供就业机会是聚落保证其活力,留住人口的根本,产业为村民提供了必要的生存条件。

4) 道路条件

除了产业,良好的对外交通条件也是聚落选址的一大考虑因素。"要想富,先修路。"方便快捷的道路交通是聚落对外交流的前提。

5) 生态环境

随着拥有优质生态资源村落在乡村旅游中体现出其更多的附加价值,关中平原地区乡村聚落发展过程中,对村落内外现存不等的树木、壕沟、水系等自然资源逐步重视起来。这也就提醒人们,对关中场地相对平整的普通乡村聚落与自然生态的关系也要重视起来,现存优秀乡村聚落空间形态与其场所内的林带、水系形态均有良好的互衬作用,整体呈现出协同化的人地关系。

当然,以上单个因素评价不能孤立地支撑体系内社区选址的最终判断,首先明确人口优势是体系调整的重要因素,聚落环境是不易改变因素,产业支撑是提升内力的决定性因素,相对而言,道路条件和公共设施是可变调整因素。将上述五因素综合考虑,最终形成区域村落综合优势选择参考体系。

2. 体系内聚落特色重构

普通村落是通过"人"这一主体在不同历史阶段的思考及行为下的适应性实践。在适应性实践的普通乡村聚落中隐含着对亲身经历过乡村变迁者而言具有强烈的个人情感寄托性的零碎化的构件、建筑、宅院、街道等系列物质化空间要素，这些要素无序列、无聚集效果。当某一个普通村落本体在等级化乡村聚落体系建构中面临"保留""拆除"不同的命运时，笔者建议采用聚集化应对策略，这一策略的实施依然在乡村聚落体系中的两个层级内展开。

首先在聚落区域层级内确认有无传统村落、历史文化名村，如果有可以将区域内的要素聚集在这个载体上进行集中保护和使用。其次区域内若无优势载体，可以依托所现状内的普通村落的某一单个要素作为基点，同时聚集周边普通村落内的院落、构建等要素来展开规模性塑造。

9.2.4 关中乡村聚落内部空间形态优化

对于前面章节变迁机制中当前出现的空间形态问题，笔者认为，整理重构空置宅基地，提升村落空间、居住环境品质，梳理功能与秩序，合理布置村落公共活动场所，打造空间认同感是当下村落内部空间形态的重点。

1. 轴：兼顾类型与功能

从第7章分析的三种轴变迁模型来看，"空心轴""偏心轴"和"交通轴"三种轴类型分别或重叠对应现阶段三种模型的发展问题，因此针对性地梳理不同类型扩展轴的承载功能是优化轴要素的重点。

优化"空心轴"首先需填充轴承担的基本生产生活功能，其中最主要的是注入公共交往活动功能。表现在物质空间优化上，则需结合公共活动开放空间分布，营造"点—线"空间，同时统筹考虑人行空间、建筑退界、边界、丰富绿化空间、休闲空间、活动空间，塑造发展轴的空间层次和尺度。

优化"偏心轴"首先应合理配置新轴与旧轴的功能。在保证对外辐射基础服务、对内激发生产生活的双重标准下，新轴以对外交通、商业服务、行政管理配套功能为主，而旧轴则以填充休息功能、公共交往等功能为主。物质空间优化上应结合不同功能体现不同轴形态的空间尺度、层次、界面等。例如，新轴应考虑商业和交通功能特点，统筹控制建筑退界、车行道、停车方式、人行道等，而旧轴则应结合生活生产特点，塑造轴空间的丰富性、亲切性与生活性。

优化"交通轴"的重点在于，解决过境道路作为交通大动脉与村落生产生活功能相生的矛盾，因此，结合村落自生调适发展出的团状形态，营造生产生活核心与发展轴适当分离是解决途径之一，表现在物质空间形态上则是新增次轴（组团）转移"交通轴"生产生活功能，保留原轴线的对外辐射能力。

在关中乡村，扩展轴基本依托村落对外交通主干线上，基本表现是人车交通功能，扩展表现是两侧以宅为底依附工、商业及金融、餐饮、行政新生类型核，这些内容所引发出不同的行为活动，这些活动呈现出在生产、生活范畴内的多样性和综合性。

2. 核：兼顾类型与分布

生产核消失，生活核丧失活性是核要素现状问题，因此优化核要素的重点在于重塑村落活力、完善核类型、优化核分布是两个途径。在国家对乡村治理模式的调整下，行政核日趋完善。伴随着乡村产业的重构整合，原有农业产业核的弱化是必然的不可逆过程，因此，以生活核为对象，激发村落潜在传统习惯和需求便是重点。补充生活核的日常休闲、活动功能，利用废弃宅基地、空置宅基地重新整合土地资源，塑造邻里街区层级内部的新核空间，打造组团模式。核内容一方面应尊重乡村生活方式另一方面应符合时代需求，同时利用重塑乡土人情的新核建设契机重塑乡村乡土风貌。同时还应重点打造村落门户生活核，这是重塑村落空间识别性与归属感的重要步骤。

3. 架：兼顾功能与体系

面对现阶段架元素功能萎缩，层次均质空间识别度低，过境路对村落内部产生严重安全干扰等问题，优化架的重点在于恢复架的功能与体系层级，适当弱化过境路与村落的连接。集中解决手法则是塑造架体系层级和空间层次。按照"过境路—进村路—主街—街道"的功能属性综合考虑架的尺度尺寸、人行道、车行道、绿化带、界面封闭或开放性以及架两侧依托功能。

过境路是以车行主导的人车混行的交通性复合型道路，同时需满足两侧商业需求。因此，过境路既要求方便车行，又不能带给行人产生过多干扰，可以2~3车道为宜，两侧设置一定的缓冲空间，考虑人行、绿化和室外商业活动的复合要求。

主街则是以人行主导的村落公共层级的复合型道路。因此，既要求人行、出入行车、停车等要求，又要满足大型公共活动中的行人活动与通行，可设置提供低速下两车交会宽度的车行道，通过道路的铺装、垂直度等设计降低车速。两侧兼顾人行道。

街道则要凸显生活性特征，以邻里交往、休闲、宅前绿化兼顾进出车行等多样性需求。宅院入口与道路之间的联系空间设计在满足车行基础上参考孕婴车位将尺寸控制在4米（2.5米+1.5米）左右，激发道路通行的灵活性，满足人行及停车双重需求，同时留有一定的宅前绿化空间。适当减少街道与过境道路车行联系，设置拦车石减少车行出入口。

4. 群：兼顾品质与多样

面对现阶段群要素紧密化、均质化和空废化的问题，优化群要素形态重点在于提升群居住品质和打造宅基地多样性，而前提需先对现有宅基地制度进行优化。表现在物质空间上，则是利用废置宅基地进行土地资源整合，降低居住密度，增加绿化、休闲交往的公共开放空间。同时利用宅基地流转，宅基地可拆分可合并，每个宅院根据自身需求打造形态多样性，促进格局多样化建设。

5. 界：兼顾限定与归属

面对现阶段界面要素缺失、空陷的问题，优化界面的重点应在于重塑界面限定作用，围合场域归属感。表现在物质空间上从分别从两个层级入手。

1）村落层级界面

关中平原地区地形平缓，偶有沟壑，少水系、林地，有不同等级的道路和不同层级的人工灌溉设施，这些构成了关中村落的基本基底。实体的建筑群、围墙等和柔性的林带、道路等这些元素使赤裸的村落空间在田野大背景中具有较好的识别性。因此，在村落发展过程中应有意识地利用周边具有约束力的变化地形、水利设施、道路等边界要素，或者围绕村落创造绿地、林地等边界要素，一方面形成与自然生态和谐相生的村落空间形态，另一方面，明确的复合边界会形成村落空间领域感。

2）街道层级界面

宅前空间：开发宅前绿化、四邻小聚、停车等复合型功能，以保证宅院界面的乡村性、多功能性。宅前地面改水泥硬化为青砖铺装，篱笆绿植打造乡土情怀。

建筑表皮：增加墙面细节，控制门、窗、墙的比例及高度适合人的尺度，水平面宜设门廊，门廊可以通过局部内凹、出挑檐子、柱廊等手法实现，垂直加水平的综合措施目标是创造复合性的宅院界面，从而使列型的宅院单元呈现出多样性的限定墙面和风貌协同、形态丰富的入口空间。

凹陷空废处理：拆除部分破旧宅院，塑造成邻里公共活动开放空间，使线形巷道空间扩展到网面状公共服务空间。该空间将较大规模生活单元拆分成若干个小规模生活单元，该公共空间又是几个小生活单元的纽带性积极空间。

6. 空间结构：秩序与层次

面对现阶段空间秩序混乱、层次缺失的问题，优化空间结构重点在于整理空间秩序，恢复空间整体结构，使得轴核相随，架主次明确，群数量适宜，边界丰富明确。

9.2.5 关中乡村聚落宅院空间形态优化

对应的宅院空间应该向人性化、精细化、高品质化发展，满足村民甚至城市居民的更高需求，促进社会交往和认同需求，提高乡村宅院的利用率。

1. 建筑：需求复合化与空间精细化

1）父母用房（卧室）

保留传统用房尺寸与功能布局，父母用房为独立使用的生活空间单元，承担了睡眠、个人活动、起居交往甚至餐厨的叠加功能。结合老人特殊性，应有良好日照朝向并可附带专用卫生间。同时在空间布局上应为配有老人独立或便于接触的室外活动空间，该室外空间能让老人活动、出入自如，同时方便与社会接触，看得见过往行人，招呼熟人。

2）子女用房（卧室）

与城市相比，乡村家庭不止一个孩子，以两个居多，这种情况下，需要对子女卧室重新思考。不同于城市狭小的卧室，宽敞的建筑面积是满足空间弹性使用的必要前提，这一点在乡村是容易做到的。以有两个子女的家庭为例，当子女处于幼年阶段，首先应保证家长的陪护空间，孩子的公共空间以及划分的各自私人区域。当这样的空间不能满足孩子处于青春期对私密性空间的需求以及家庭有条件提供另一个居室时，原有居室中的隔断可轻易拆除，双人空间又转变为单人的居室空间。

3）厨房

目前关中宅院的标准厨房为餐厨一体化的独立式空间，也是家庭成员（主要为妇女）交流会客的重要空间。独立式厨房可以避免厨房产生的油烟、气味以及噪声等对其他空间的干扰。相比城市厨房，其空间相对开敞，餐食与烹饪不同功能空间可以相互借用，共享交通以及餐桌在烹饪中可兼作备餐台，在特殊节日提供多人劳作、交流的可能性，节省空间、提高空间利用效率。

但在平时，关中追求饮食的简易性使得独立式厨房空间利用率较低，在门厅、堂屋一角用电磁炉即可简餐。因此，在新建房屋中可考虑开敞式厨房设计手法，在堂屋、门厅等公共空间布置简餐操作平台复合厨房功能，烹饪、就餐属于家庭公共活动，应与公共活动空间结合。各功能空间相互借用，实现空间最便捷的联系，一定程度上也是对传统宅院多功能复合空间的现代继承，便于家庭成员间的接触与交流，有利于形成和谐愉悦的家庭气氛。

同时，厨房应考虑与室外院落空间、过渡空间的结合。人类特别是乡村居民的原始亲自然属性在此应得到尊重与突出。

4）堂屋（客厅）

堂屋为宅院功能等级最高之处。故平日里堂屋仅作存物之用，特殊节日作待客、就餐正式之用。提高堂屋使用率，一方面，使堂屋与厨房复合，增加堂屋生活功能；另一方面，将堂屋与过渡空间、院落合理配置，增加堂屋开放性和公共性，促进堂屋承载生产生活内容的可能性，例如家务劳动、农作物简单加工、小型工艺品加工等。

5）藏储类房间

藏储类房间对乡村住宅来说是极其必要的，农业生产工具、废旧物品等应有专门的藏储空间。夹层、地下室、地柜吊柜、边角空间、阁楼空间都可利用藏储。

6）生理卫生类房间

卫生间是目前关中绝对多数宅院建筑亟须提升的一个重要方面。家庭中卫生间按照服务对象不同可分为公用卫生间和专用卫生间。

公用卫生间通常承载便溺、盥洗、洗浴的基本功能，洗衣、清洁拖布的家务功能以及贮藏卫生用品、清洁工具三种功能，空间布局适宜便溺部分、洗浴空间与家务贮藏空间独立设置，盥洗空间为公共前室的布局形式，多人可同时共用不同功能。专用卫生间一般结合卧室布置，通常只承载便溺、盥洗、洗浴等基本私密功能。各功能集中于一个空间内布置，干湿分离，空间利用率高。

7）个性类房间

随着生产的解放，乡村居民有越来越多的时间做自己喜好之事。因此，可结合村民个人需求，配置个性类房间应在考虑范围内。同时在节假日可转换为客人住房提高利用率。此外，随着城乡一体化的推进，还可考虑与城市居民短期或长期混合居住的情况，以此实现宅院的空置率转化。

2. 院落：与建筑功能相协调的室外空间

随着生产功能的衰减，目前关中院落主要作为乡村生活活动延伸空间。个人活动、家庭团聚、朋友交流、节庆、婚丧嫁娶，使用人数从一人、两三人到几十人甚至百人以上大幅度变化，对宅院空间也提出了不同尺度等级、公共与私密的要求。

前院与侧院朝向好，光线充足，对外联系方便。可用作配合老人用房、厨房与堂屋的功能延伸室外空间，形态布局以大空间结合小空间的形式。大空间用于家庭集会公共聚餐等活动，并结合扩大灰空间打造丰富的使用层次。小空间则用于家庭内部餐厨、家务劳动等活动，一般使用活跃的是老人和妇女，小空间的功能设置不仅使家庭公共生活更为便利，也可趁机保留或塑造乡村生产场景场所。后院私密性较强，可用作家庭储藏、个人房间的功能延伸室外内秀型空间。

3. 过渡空间：塑造多样活动空间

1）门廊

乡村新老宅院中，门廊在其空间中被普遍采用，具有较强的实用价值。一方面是对宅院入口空间的界定，完成室内外空间和心理的过渡；另一方面改善关中冬冷夏热气候条件下室外环境，两方面共同造就了门廊作为公共交往的重要空间。因此，结合门廊布置石凳座椅是必须考虑的。

2）门厅

门厅作为门廊的扩大空间，具有门廊的相同功能。首先，作为室内外生活的转变空间，需要为这一转变活动提供适当的条件，如为鞋帽、雨具、农具等用品设置存放空间。其次，作为对外公共交往空间，应配置桌椅等休憩空间。再次，作为视线和心理过渡空间，门厅对宅院内隐私保护需考虑照壁的设计，或偏心门厅利用厦房山墙进行视线与流线转折。最后，门厅整体布置应考虑与门廊相结合，使宅院有一组生动活泼、实用舒适的过渡空间。

3）檐廊或阳台

乡村檐廊或阳台，作为室内与室外的过渡空间，基于人类的亲自然属性，是使用率很高的家庭活动空间，例如晾晒衣物、餐厨活动、简单生产劳作等。目前，常常由于此类空间的不足，村民选择在院落加盖雨棚增加部分灰空间。同时，正兴起的二层大房建筑二层平面也大量缺乏此类过渡空间。结合不同的采光、私密性等使用需求，阳台可选用凹阳台、凸阳台和半凹半凸阳台等布置，既可用作粮食晾晒，也兼具家庭休闲、对外交流功能。

4）阳光间

阳光间是利用塑钢、玻璃等材料对檐廊或阳台进行围合，改造形成一个简单的气候调节器的空间。对于关中冬冷夏热的气候，阳光间尤具实用价值。在冬季犹如一个温室，能够创造温暖的冬季室内环境，夏季采用适宜的通风技术，帮助内侧主墙面的热量更好的散发。因此建议在宅院设计中推广，一层阳光间还可结合落叶乔木扩大气候调节效果。

4. 空间结构：统一与多层次

1）统一的图底关系

建筑是宅院主体，院落和过渡空间是建筑的功能延伸空间，三者应紧密结合形成统一的、相互包容的、可相互转化的图底关系。现代二层大房宅院由于集中式布局，院落并不是由建筑围合而成，仅是建筑周边的空地。建筑与周边环境的孤立这种图底关系并不能使建筑、过渡空间和院落三要素相互围合组合，形成丰富的空间层次。因此，建议建筑的布局适当增加建筑密度、降低容积率，考虑大方与厦房、门房相结合的方式，形成建筑与院落、过渡空间相互包容的统一的图底关系。

2）多层次需求

人的主体需求是多样性的，包括生理需求、领域性需求、私密性需求和邻里交往需求、自我实现的需求。高品质的宅院理应尊重居住主体不同层次的需求。

目前大多数宅院都能满足乡村居民生活的基本生理需求，包括对充足的阳光、清洁的空气、良好的通风、冬暖夏凉和居住安全的需求，舒适的温度及湿度在新建的建筑内表现较差。对领域性需求、私密性需求和邻里交往需求、自我实现的需求较少体现。因此，创造空间结构的多层次性，把握由公共、半公共、半私密到私密的组织关系是实现以上需求的前提。院落与过渡空间的塑造，与建筑主体的结合配置是重要的实现手段。其具体步骤见前文三要素的优化。

9.3 项目实践

9.3.1 需求：现代生活与乡土气息的取舍

作为乡村聚落演进的最小单体，由一个个具体民居案例经过历史演进、时代变迁、技术发展和人口流动等要素的推动，产生了宏观尺度下聚落的改变。结合乡村聚落的百年变迁，在聚落空间、乡村社区单元的变迁下，在当代生活中，乡村聚落中的生活单元需求也因居住模式、生产方式的改变而演进。

在前文 LJX 老屋的案例中，由于长辈离世，LJX 定居新屋，LJX 大哥成为老屋所有者，作为一年四季长居的住宅在功能方面转向了探亲和休假时侨居的住所。在问卷访谈中可以总结出 LJX 大哥作为住户的住宅演进意愿（表 9-1~ 表 9-3）：

住房改造意愿调研 1　　　　　　　　　表 9-1

问题 1	出于何种动机，想要在当下时间点对于目前既有的住宅进行更新？
回答	从小时候大家庭同住的时代走来，居住空间紧缺。为了能获得更好的居住条件这间老屋就在不断更新。 　　从 20 世纪 80 年代迁入此处宅基地以来，住宅格局在随着经济条件和使用者情况开始改变。在此居住的 40 多年里，伴随着我们兄弟姊妹的成长、就学工作生活变迁，新居空间环境发生了不小的变化，新居外迁拓展或在外地定居的情况也不断出现。 　　从硬性条件来说，最后一次加盖新居是在 2003 年至今已接近 20 年。最陈旧的门房部分已经 40 余年未经整理。从心理建设来说，作为故乡的旧居有很大的心理依恋。逢年过节或者恰逢假日可以在此落脚。从经济效益来说，老宅地处镇域中心有一定的发展潜力
总结与分析	总结来说户主对更新设计的动机有： 　　1. 长时间未进行更新改造，当年的摒弃了传统工匠手工营造，家家户户互相搭手模式而转为国家支援的施工队统建，不再使用旧有夯土黄泥转而使用砖木结合的 "新建筑" 经过 40 年过于老化。21 世纪 2003 年营建的正房施工手段与如今条件相比不可同日而语。 　　2. 近年内未在此处居住，但是可预见的是未来需要使用此处院作为闲居。 　　3. 提升经济效益，使老宅在居住的同时带来经营效益或升值空间

住房改造意愿调研 2	表 9-2
问题 2	目前居住环境面临的主要问题是什么?
回答	最终促成更新改造成为现实的要因是 40 年前建成的"新楼房"雨天积水,由于周边道路工程、一次次地拓宽加高,导致房屋楼地面严重低于屋前道路及地面,加上房屋无人居住、打理不及时,遇雨天积水现象称有发生,积水损害房屋也是的建筑发生沉降,积水防范成为此次更新改造下定决心的第一要因。 此外,三四十年来陆续建造的房屋,对于早已适应城市居住条件的家人,从方方面面均有不适应之处,对于有过乡镇民居生活经历者而言,尚可应付着短期使用;而对于城市生活环境下成长起来的下一代,受亲情的影响,回乡亲近自然、享受大家庭的亲情氛围愿望很高,但很难接受为提升的民居环境
总结与分析	1. 既有建筑的居住条件已经与现代化生产生活方式脱节。 2. 正房部分年久失修存在安全隐患。 3. 冬季寒冷,近年来不再烧炕室内保温不达标

住房改造意愿调研 3	表 9-3
问题 3	资金计划与控制、更新改造后的使用设想
回答	从今后的使用上来说不会立刻返乡常驻。但是最基本的是作为在老家的一处落脚之地。虽然更新改造的主要需求之一也包括冬季适宜性的提升。但是可预见的将来还是预计在气候适宜的条件下返乡小住。 童年的回忆里老宅总是人多房间少,因而这次改造升级希望在既有的可能性下增加房间数量。因为在功能使用上来说,每年的空置时间如果过长会考虑将此宅一部分作为民宿或者餐饮场所进行投资。 预算方面希望能尽量采取空间设计上精巧,材料外观上方便复制不要太标新立异的主旨
总结与分析	1. 需要此设计具有一定的可复制性。 2. 功能分区和冷暖舒适区有大致划分。 3. 各区域隐私性需要加强

9.3.2 方案: 规模策划与空间对比

1. 较小建设量方案

1) 方案概况

较小建设是以成本核算为首要的设计要点,在花费最小的情况下,完成更多的设计要求。其主要改造思路为提升室内热环境效益及舒适度。

(1) 正房部分:摒弃原有的过大开窗及开放式露台,门廊等。采用加入阳光间,封闭暖廊等方式方法,提升正房现有的建筑热工环境。

(2) 对于后院原有柴房及旱厕设置,以现代卫生的方式予以重新修建,完成厕所革命。

(3) 门房部分主要更改思路在于恢复传统建筑语汇中倒座的功能使用。原有的两间卧室的使用方式是 1982 年的择优而居住。将倒座部分恢复为明间开窗,侧面进入的方式更能迎合传的设计手法。

(4) 功能分区部分将正房和门房的动静分开,会客需求被分割于院子的两边。而门房主入口与通向院子出口的转折也加强了门房会客厅的内聚性。这样强化了会客厅内的停留作用而不是既有建筑中明间穿堂而过的状态(图 9-1,见下一页)。

2）设计不足

在此方案中，功能与空间已经被基本调整顺意。但是由于是以最小花费和更新为核心目标，在取舍上摒弃了一些功能。如：

(1) 建筑面积依然不足，与既有建筑相比变化不大。

(2) 穿过院子仍要淋雨。

(3) 二楼无卫浴条件，上下楼不方便。

(4) 无法较好地满足居住意外的活动。

2. 较大建设量方案

较大的建设以经济和相关规范允许的情况下将宅基地范围内土地进行最大化利用为要旨进行改造。要求能够灵活的切换使用模式：(图9-2、图9-3，见下一页)

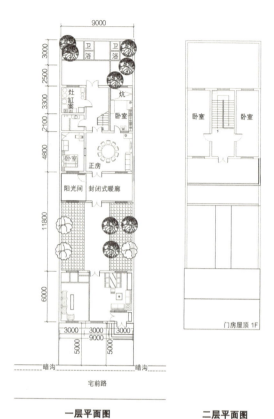

图 9-1　较少建设量方案平面图

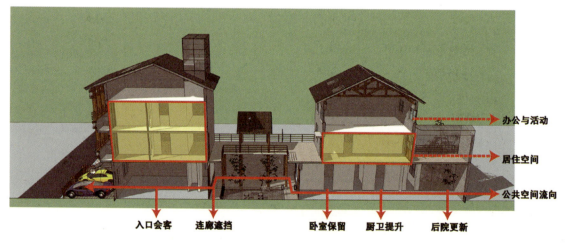

图 9-2　较大建设量方案流线

1) 概况阐述

最大建设中,门房部分和正房部分均被加到三层。连同阁楼夹层屋顶部分建筑面积大幅提升。在保留原有的使用逻辑前提下,增设连廊接通正、门房。

(1)门房及入口部分:外部环境方面修正入户地作为停车与绿化补足。入户门逻辑依旧承接上文中仿古式样的侧入方式。由于门房层数增加于是在其北侧增设楼梯一部完善流线。

(2)正房部分:正房一层原有功能不做修改。只是提升居住水平和现代化建设。包括而不限于厨卫浴现代设计,其中后院原有旱厕与柴房因而无需使用,在设计中留作绿化。

(3)二层:二层部分以7个标准客房为两侧的重心,以民宿投资作为出发点进行改造。为防止临街面隐私泄露和室内热舒适变化幅度过大增设遮阳板进行区分同时也提升沿街外立面。

(4)三层及阁楼:门房三层部分与二层部分卧室相同,便于管理。阁楼部分层高较低作为仓储空间,同时在楼梯间顶部阳光间采光。正房部分三层作为自由使用的大空间,同时引入高层高以添加夹层,灵活适应餐饮、民宿或者办公需要。

(5)庭院:庭院部分主要考虑到经营需求下需要景观绿植提升和铺地硬质化,与二层廊道组合形成微型天井。

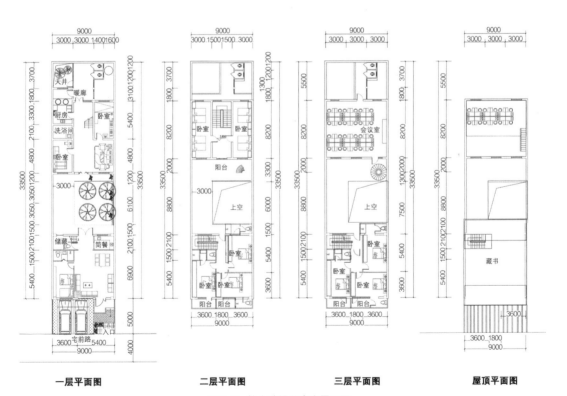

图9-3 较大建设量方案平面图

2）设计不足

此方案中以最大使用空间为第一要旨，获得了极大的建设空间。但是存在如下问题：

（1）层数过高，与街巷尺度相比存在一定的失衡。

（2）分区方面原住者与经营部分区分不明显。私密部分与开放空间存在杂糅。如果单独作为经营，相对坏处较少。

（3）加建过多，正房部分房龄尚可。加建一层半对结构影响较大，推倒重建则过于浪费。

3. 适中建设量方案

1）概况阐述

中等规模建设结合了前两种的设计思路，在方案策划阶段确定需求，采取"不偏不倚"的设计需要和设计方法（图9-4、图9-5，见下一页）。

（1）门房部分：延续了既往设计思路将"动区－会客"和静区分开，新添加了小型的厨房来提供简单地清洗、简餐等功能。

（2）连廊与厦房：在上一阶段建设中，连廊的主要目

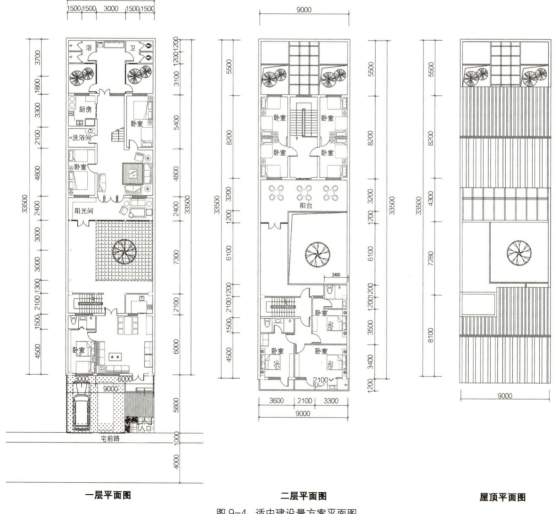

图 9-4 适中建设量方案平面图

的是解决院落雨水和减小西晒的作用。在不设置厦房的情况下,将正房和门房二层及以上的空间分割开来保留一定的独立性。而在本案中,由于建筑面积下降,不需要区分次级的独立空间。因此,二层平台设置后加玻璃廊道提升其可达性。

(3)正房部分:空间形态上维持原状,主要强调其自身建筑性能。一层檐下空间及玻璃廊道增设两道屏蔽门区分门房与正房。

2)设计不足

此方案经过推敲已逐渐完善,不足之处在于:

(1)正房二层无卫生间,且行走至门房处不便。

(2)从街巷尺度来说,左邻右舍均为西厦房,有一定的形态同质化。

4. 最终方案确定

结合多方案对比和与业主的多次沟通,最终暂时拟订的方案以既往设计作为蓝本进行修改,吸取各自优势与不足最终完成设计(图9-6,见下一页)。

1)整体设计:总体上建筑体量与中等规模建设相仿,在街巷 D/H 比上,二层的建筑规模显得不会过于突兀。同时,更改中等规模建设中的西厦房为东厦房,将正房门房连为一体。

2)门房:门房部分延续前部分形制,改动幅度较小。一层部分作为会客与过厅区分室内外动静分区,二层部分为三个标准卧室。

3)厦房:此案中厦房部分一层仍为架空层,使得对庭院的侵占不是单纯的面积减少而是以灰空间的形式丰富庭院界面。二层部分不再是既往设计中的连接平台,而是赋予了实际功能。

4)庭院与楼台:为了获得更大的院落空间,原本增设的庭院内的楼梯在本案中修改为了旋转楼梯节省空间。同时在建筑体量没有太大变化的前提下,增设亭台以获得更高的建筑视界。

图 9-5 中等规模建设解构分析

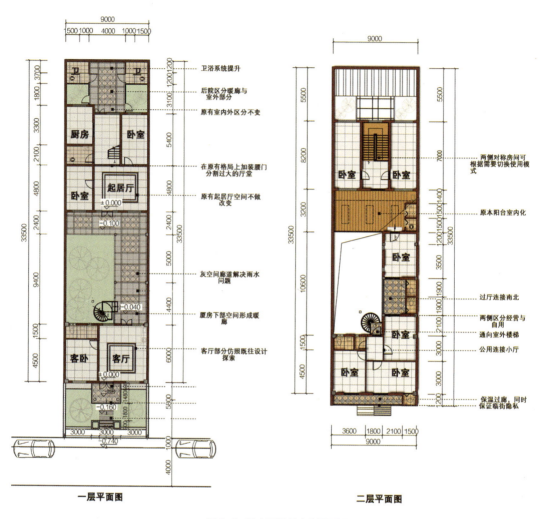

图9-6 适中建设量方案平面图

9.3.3 用法：功能置换与多模联动

1. 乡镇小型手工业加工作坊

作为小型工厂使用需要较长的流水线空间和前台接待、同时满足一定的员工食宿。在使用中以正房到厦房的长进深为基础，完成小型流水线。二层部分大致使用模式不变，用作住宿和仓储作物、原材料和成品等（图9-7左，见下一页）。

2. 餐饮农家乐

作为餐饮使用要求更多的大空间作为宴会厅完成红白事，也需要足够私密的包间作为辅助。以单独房间为基础普通包间可以达到6~7个，灵活改变（图9-7中，见下一页）。

3. 民宿 – 旅馆

作为民宿使用优先考虑标准间与合宿多人间设计。尽可能地满足各个卧室的独立性（图9-7右，见下一页）。

第 9 章 结论　239

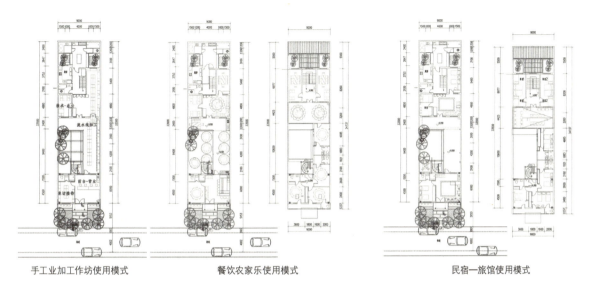

手工业加工作坊使用模式　　　餐饮农家乐使用模式　　　民宿—旅馆使用模式

图 9-7　中等规模建设解构分析

9.3.4　结果：方案实施与二次优化

1. 方案实施

在建成方案的实际完成过程中，由于施工条件、建筑材料及市场价格等多方面因素，最终建成方案与预定设计效果有一部分差别，但是总体效果与预定方案较为相同。截至目前，既有建筑改造的主体部分已接近完工。水暖电及相关设备迁入工作仍在进行中。按照前期策划与方案设计，拆除房龄已久的门房；以现浇混凝土为基础，按框架结构新建"L"形门一厦房以备能够持久更新优化室内空间（图 9-8、图 9-9、图 9-10、图 9-11，见下一页）。

图 9-8　门房部分拆除过程

图 9-9 现浇混凝土做法过程

图 9-10 新建厦房与屋面防水

图 9-11 建成效果

2. 现有不足

在新建成项目中进行实际感受、二次访谈及热舒适测算，发现目前还存在一些问题。

1）东厢房带来了西晒问题，同时考虑到隐私和日照问题过于开放的院落不能满足隐蔽的需求。因此在二次设计中需要对院落空间进行调整。

2）室外楼梯有一定的安全隐患，并且分区不明显。实际使用过程中与室外热交换过于频繁。

3. 优化与调整

1）对于封闭院落采取了较为经济的隔热网的方式。并且在西侧加入一道腰檐，在总平面关系上补完传统关中窄院的四道屋檐。在落影关系上提升遮阳面积降低院落阳光直晒温度。

2）对室外楼梯进行了初步的封闭，降低风险（图9-12）。

4. 设计小结

此项设计时间主要是基于前文理论指导、现状分析与业主诉求的基础上，通过对乡村聚落的最小单元民居建筑的建造技术与现代演进进行设计探索，分析并且验证其实现关中农村社区现代化的同时结合建筑地域特色文化的可行性。

通过对建筑的外墙、门窗、院门、地面及民居的设计探索，分析如何通过空间计划、技术的改良以及营建工艺的塑造，达到在满足经济可承担、结构稳定性、热舒适性的基础上展示关中乡村聚落空间的建筑地域文化特色。

一方面，通过将建筑设计理论与地域特色更好地结合以还原住宅空间的朴素的艺术形态；另一方面，将传统建造经验与现代的科研方式相结合，利用空间效果营造出关中新农村新时代下的优秀居住空间。

图9-12 二次优化施工

参考文献

[1] 国家统计局. 中国统计年鉴[EB/OL]. http://www.stats.gov.cn/tjsj/ndsj/

[2] 金其铭. 中国农村聚落地理[M]. 南京: 江苏科学技术出版社, 1989.

[3] 雷利·巴洛维. 土地经济学——不动产经济学[M]. 谷树忠等, 译. 北京: 北京农业大学出版社, 1989.

[4] 汪民安. 生产(第二辑)[M]. 柳州: 广西师范大学出版社, 2005.

[5] 贺云翱. 原始人类居住情况综述[J]. 南京博物院集刊, 1982(5).

[6] 李立. 乡村聚落: 形态、类型与演变: 以江南地区为例[M]. 南京: 东南大学出版社, 2007.3, 16.

[7] 陈晓峰. 小城镇主导型的中国农村城市化模式[J]. 城市发展研究. 2000(3):35-38.

[8] 刘英群. 论小城镇向大城市区域集中发展模式[J]. 城市问题. 1996.

[9] 陆大道. 我国城镇化和小城镇发展态势分析[J]. 国土论坛, 2005.

[10] 赵新平, 周一星, 曹广忠. 小城镇重点战略困境与实践误区[J]. 城市规划, 2002.

[11] 王萍. 村庄转型的动力机制与路径选择[D]. 杭州: 浙江大学博士论文, 2013.

[12] EVANS N, MORRIS C, WINTER M.2002. Conceptualizing Agriculture: A Critique of Post-productivism as the New Orthodoxy .Progress in Human Geography.26(3): 313 -332.

[13] 孙晓中. 我国农民集中居住整理模式的探讨与思考[J]. 江西农业学报, 2010(7).

[14] 王焕, 徐逸伦, 魏宗财. 农村居民点空间模式调整研究——以江苏省为例[J]. 热带地理, 2008(1).

[15] 宋卿. 河北省新农村建设土地利用模式研究[D]. 石家庄: 河北师范大学, 2008.

[16] 张金垄, 罗可, 胡杏云. 发达地区村庄建设现状的反思[J]. 华中建筑, 2008(11).

[17] 夏学銮. 中国社区建设的理论框架讨论[J]. 社会学研究, 2002.

[18] 段进, 龚恺, 陈晓东, 张晓冬等. 空间研究1——世界文化遗产西递古村落空间解析[M]. 南京: 东南大学出版社, 2006.

[19] 段进, 揭明浩. 空间研究4——世界文化遗产宏村古村落空间解析[M]. 南京: 东南大学出版社, 2009.

[20] 李斌, 何刚, 李华. 中原传统村落的院落空间研究——以河南邦县朱洼村和张店村为例[J]. 建筑学报, 2014(1).

[21] 梁林. 传统村落公共空间秩序研究——以陕西省合阳县灵泉村为例 [D]. 西安: 西安建筑科技大学, 2007.

[22] 郑凯. 陕西华县韩凹村乡村聚落形态结构演变初探 [D]. 西安: 西安建筑科技大学, 2006.

[23] 杜佳, 华晨, 吴宁, 童磊. 黔中喀斯特山区屯堡聚落空间特征研究 [J]. 建筑学报, 2016 (5).

[24] 张欣宇, 金虹. 基于改善冬季风环境的东北村落形态优化研究 [J]. 建筑学报, 2016(10).

[25] 丁沃沃, 李倩. 苏南村落形态特征及其要素研究 [J]. 建筑学报, 2013(12).

[26] 陈振华, 侯建辉, 刘津玉. 新型农村社区建设: 空间布局与建设模式 [J]. 规划师, 2014(3).

[27] 张子琪, 王竹, 裘知. 乡村老年人村域公共空间聚集行为与空间偏好特征探究 [J]. 建筑学报, 2018(2).

[28] 卢健松, 姜敏, 苏妍, 蒋卓吾. 当代村落的隐性公共空间: 基于湖南的案例 [J]. 建筑学报, 2016(8).

[29] 岳晓鹏, 王飞雪. 天津农村自建房户型现状及优化设计研究 [J]. 建筑学报, 2017(9).

[30] 黄一如, 叶露. 改革开放初期乡村住宅设计研究 (1978~1992) [J]. 住宅科技, 2017(12).

[31] 李佳阳, 龙灏. 制度环境影响下的乡村自建住宅空间演化 [J]. 建筑学报, 2018(6).

[32] 林琳, 杨凯妹, 卢道典, 李诗元等. 传统村社组织对聚落空间形态演变的影响——基于山西水北村的实证 [J]. 建筑学报, 2018(3).

[33] 郭建伟. 曼贺村水利灌溉与聚落空间形态演化之研究 [D]. 昆明: 昆明理工大学, 2008.

[34] 叶力天. 城乡统筹下生产方式对农村聚落形态的影响研究——以成都平原为例 [D]. 重庆: 西南大学, 2011.

[35] 胡振洲. 聚落地理学 [M]. 台北: 三民印书局, 1975: 78.

[36] 司徒尚纪. 广东文化地理 [M]. 广州: 广东人民出版社, 2001: 134-136.

[37] 张金珊. 关中农村住宅的使用现状及规划设计对策研究 [D]. 西安: 西安建筑科技大学, 2011.

[38] 凯文·林奇. 城市意象 [M]. 北京: 华夏出版社, 2001 (4).

[39] 齐康. 城市建筑 [M]. 南京: 东南大学出版社, 2001 (8).

[40] 张玉坤. 聚落·住宅——居住空间论 [D]. 天津: 天津大学, 1996: 27.

[41] 王昀. 传统聚落结构中的空间概念 [M]. 北京:

中国建筑工业出版社, 2009: 11.

[42] 张东华. 浅谈聚落空间的组织要素及相互作用 [J]. 四川建筑, 2006 (5).

[43] 潘莹, 卓晓岚, 施瑛. 两个村庄的 100 年——潮汕乡村聚落近现代演化研究 [J]. 南方建筑, 2015 (6).

[44] 林涛. 浙北乡村集聚化及其聚落空间演进模式研究 [D]. 杭州: 浙江大学, 2012.

[45] 谭立峰. 河北传统堡寨聚落演进机制研究 [D]. 天津: 天津大学, 2007.

[46] 马航. 中国传统村落的延续与演变——传统聚落规划的再思考 [J]. 城市规划学科, 2006 (1).

[47] 尹怀庭. 陕西乡村聚落分布特征及其演变 [J]. 人文地理, 1995.

[48] 彭鹏. 湖南农村聚居模式的演变趋势及调控研究 [D]. 上海: 华东师范大学, 2009.

[49] 汪民. 江汉平原水网地区农村聚落空间演变机理及其调控策略研究 [D]. 武汉: 华中科技大学, 2016.

[50] 范少言. 乡村聚落空间结构的演变机制 [J]. 西北大学学报自然科学版, 1994 (04).

[51] 何军. 关中农村发展变迁研究 [D]. 咸阳: 西北农林科技大学, 2006.

[52] 郭晓东. 陇中黄土丘陵区乡村聚落空间分布特征及其影响因素分析——以甘肃省秦安县为例 [J]. 干旱区资源与环境, 2010 (9).

[53] 吕静, 岳励. 吉林省乡村聚落演变动力因素研究 [J]. 吉林建筑大学学报, 2016 (02).

[54] 史焱文. 传统农区工业化进程中乡村聚落空间演变研究~以河南省新乡县、长垣县为例 [D]. 郑州: 河南大学, 2016.

[55] 潘崟. 农村聚居动力机制研究 [D]. 重庆: 重庆大学, 2017.

[56] 何峰. 湘南汉族传统村落空间形态演变机制与适应性研究 [D]. 长沙: 湖南大学, 2012.

[57] 王勇, 李广斌. 苏南乡村聚落功能三次转型及其空间形态重构——以苏州为例 [J]. 城市规划, 2011 (7).

[58] 史焱文. 传统农区工业化进程中乡村聚落空间演变研究 [D]. 郑州: 河南大学, 2016.

[59] 成亮, 陈锦富, 李魏. 甘南藏区乡村聚落空间构建模式研究——以乡 (镇) 政府驻地村为例 [J]. 华中建筑, 2016 (8).

[60] 储若男, 许岩. 关中传统民居的地域特征探究 [J]. 新西部 (理论版), 2013.

[61] 刘舜芳. 关中窄院民居 [J]. 西安冶金建筑学院学报, 1993.

[62] 乔启明, 蒋杰. 中国人口与食粮问题[M]. 上海: 中华书局影印本, 1937.

[63] 陕西统计数据库(试运行版). 指标查询: 人口[EB/OL]. http://tjsjk.shaanxitj.gov.cn:7001/tablequeryIndex.do

[64] 陕西统计数据库(试运行版). 指标查询: 农业[EB/OL]. http://tjsjk.shaanxitj.gov.cn:7001/tablequeryIndex.do

[65] 秦晖. 田园诗与狂想曲: 关中模式与前近代社会的再认识[M]. 北京: 语文出版社, 2010.

[66] 马明方. 关于陕西省土地改革和一般工作任务的报告(1950年8月23日陕西省第一次各界人民代会议通过)//陕西省人民政府土地改革委员会. 陕西省土地改革资料汇编(第一集), 1951, 10: 4, 11.

[67] 习仲勋. 习仲勋[M]. 北京: 中央文献出版社, 214页.

[68] 陕西省地情网. 农牧志[EB/OL]. http://www.sxsdq.cn/sqzlk/xbsxsz/szdyl/nmz/

[69] 陕西省咸阳市乾县地理环境. 中国小康网[EB/OL]. http://www.xianyu.chinaxiaokang.com/xianyangshi/qianxian/yilan/2019/1214/807403.html.

[70] 杨欢, 张沛, 杨甜. 关中地区县域乡村类型划分及乡村性时空差异分析[J]. 小城镇建设, 2017(9).

[71] 陕西地情网. 农作物[EB/OL]. http://www.sxsdq.cn/dqzlk/dfz_sxz/qxz/

[72] 章有义. 抗日战争前我国农民租税负担的估计[J]. 中国经济史研究, 1991(4).

[73] 横山县志编纂委员会. 横山县志[M]. 西安: 陕西人民出版社, 1993.

[74] 陕西省地方志编纂委员会. 陕西省·农牧志[M]. 西安: 陕西人民出版社, 1993.

[75] 乾县志编纂委员会. 乾县志[M]. 西安: 陕西人民出版社, 2003.

[76] 蒋杰. 关中农村人口问题[M]. 咸阳: 西北农林专科学校, 1938.

[77] 乾县志编纂委员会. 乾县志[M]. 西安: 陕西人民出版社, 2003.

[78] 陈嘉瑞的博客. 过年的秋千(关中民风7)[EB/OL]. http://blog.sina.com.cn/s/blog_620300bb0101gwrf.html.

[79] 乾县南华寺的博客[EB/OL]. http://blog.sina.com.cn/u/2365795857.